— 中国民办教育研究丛书 —

REMAIN TRUE TO THE ORIGINAL
ASPIRATION ALWAYS

不忘初心得始终

胡大白教育实践创新研究

王建庄 著

RESEARCH ON
THE INNOVATION OF

HU DABAI'S
EDUCATIONAL PRACTICE

社会科学文献出版社
SOCIAL SCIENCES ACADEMIC PRESS (CHINA)

胡大白简介

胡大白 1943年5月生,江苏铜山人,中共党员,黄河科技学院创办人、董事长,教授,中国当代教育名家,河南民办教育研究院院长,享受国务院政府特殊津贴专家。第十届全国人大代表,第一届、第二届中国民办教育协会监事会主席。荣获"中国十大女杰"、"全国三八红旗手"、"60年60人中国教育成就奖"、"中国好人"、"中国好校长"、"世界大学女校长终身荣誉奖"、新中国成立70周年"河南省突出贡献教育人物"等称号。主持全国教育科学规划课题、中国高等教育学会教育科学规划重点课题等多项;出版《中国民办教育通史》《当代河南教育发展报告》《民办高校内涵式发展战略研究》《民办高校现代大学制度建设》等多部著作。多次获得国家级和河南省教学成果奖、河南省发展研究奖。

新华社、中央电视台"东方之子""半边天""对话"栏目、中国教育电视台、《人民日报》、《光明日报》、《中国教育报》、《华盛顿邮报》等都曾专题报道过她先进的办学理念和管理经验。

胡大白因公致残后于1984年10月创办了郑州市高等教育自学考试辅导班,即黄河科技学院的前身。由辅导班到全国第一所民办高等专科学校再到全国第一所民办本科大学,黄河科技学院在16年的时间里实现了从培训教育到普通高等教育的飞跃。本科教育获批后,学校在具有中国特色的社会主义民办大学发展道路上不断探索,成为国内外有一定影响力的现代民办大学。经过40年的艰苦奋斗,学校现拥有4个校区,占地2800亩,2022年全日制在校生达到41706人。黄河科技学院闯出了一条艰苦创业、滚动壮大的科学发展之路,开辟了中国民办高等教育领域的新天地,创造了民办高等教育发展的奇迹。

序

研究当代中国民办教育，绕不开黄河科技学院，绕不开胡大白。

胡大白在创办黄河科技学院和引领黄河科技学院探索具有中国特色的社会主义民办大学发展道路的过程中，形成的坚持中国共产党的领导、坚持社会主义办学方向、吸收中国优秀的传统教育思想、借鉴当代先进的教育理念、不断创新管理模式、不断提升人才培养质量的教育思想和实践，已经成为当代中国民办教育的品质基调。

黄河科技学院办学 40 年来形成的办学宗旨、办学理念、育人经验、发展特色和创新成果，正在当代中国民办教育的发展中起着示范作用。

胡大白是黄河科技学院的创办人、掌舵人。胡大白创办黄河科技学院，是当代中国民办教育史上的一个奇迹，她的人生经历也充满了传奇色彩。从理性角度而言，真正使胡大白成功的，是她的坚定信仰、丰富学识、理性思考、敏锐睿智、慈爱胸怀和坚韧不拔的努力。

胡大白基于自身基础教育阶段、高等教育阶段的从教经历，在从创办郑州市高等教育自学考试辅导班到建设黄河科技学院，引领民办高等教育发展的实践中，将中国优秀的教育思想和世界现代教育理念结合起来，走出了一条在当代中国社会条件下创办民办大学并使之健康发展的路子，为中国当代民办教育的发展提供了可以借鉴的经验。胡大白在建立中国特色的现代大学制度的实践中不断探索，推动民办高等教育不断实现更高质量的发展。

黄河科技学院由小到大一步步发展起来，已经成为在国际国内有一定影响力的民办高校。胡大白在推动郑州市高等教育自学考试辅导班发展成为全国第一所民办本科高校——黄河科技学院的办学实践中，在黄河科技学院勇立潮头、引领中国民办高等教育的发展实践中，不断丰富教育理念，其教育实践活动也具有了当代价值和历史意义。

一　胡大白的教育实践活动

胡大白的教育实践活动，大致可以分为三个阶段。第一个阶段应该从她 1964 年 7 月自郑州大学毕业到郑州十三中报到开始，此后她在郑州十三中和郑州七中开展了十一年的基础教育工作实践。1975 年 10 月至 1984 年 5 月，胡大白在郑州大学任教，在郑州大学开展了九年的高等教育工作实践。二十年的课上课下教书育人，是她作为微观教育教学的亲历者，在体制内从事基础教育和高等教育的基本实践。第二个阶段指她从 1984 年 10 月创办郑州市高等教育自学考试辅导班到 2000 年 3 月黄河科技学院获批普通本科教育的阶段，这一阶段是她作为开拓者，创办当代中国第一所由国家批准建立的民办本科大学的艰苦实践阶段。第三个阶段是从 2000 年 3 月至今，这一阶段是她作为掌舵人，实现黄河科技学院一步步健康发展的探索实践阶段。

胡大白的教育实践，几乎涵盖了当代中国教育的各个领域。从大的方面看，涉及学校教育、社会教育和家庭教育，深耕的是学校教育；从教育的投资主体看，涉及公办教育和民办教育，主要是民办教育；从教育的类型看，有普通教育、职业教育、成人教育和特殊教育，中心在普通教育；从教育的层次看，涵盖基础教育和高等教育，主要在高等教育；从教育经历看，既有一线实践，也有理论研究，既有微观教学，也有宏观管理。综合起来，胡大白的教育实践形成了其作为当代教育名家"敢为天下先"的创业史、实践史和思想史，内容丰富，枝繁叶茂。

二　胡大白教育实践创新的主要方面

（一）十年找党，牢牢把握社会主义办学方向

这里解决的是"为谁办教育"的问题。

胡大白办学的动因就是"为国分忧，为民解愁"。其办学初心可能是朴素的，办学方向是明确的。她认为，民办学校只有形成一个坚强的政治领导核心，才能保证党的教育方针得以认真贯彻落实，才能持续健

康发展。她的教育理念的核心就是，在当代中国社会主义制度下，教育必须坚持党和国家的教育方针，为社会主义事业和人类进步服务，为人的成长服务。胡大白认为，为谁办教育，不同的历史时期有不同的要求。在历史的长河中，虽然教育的形式不断变化，但教育的育人目的一直未改。要在当代中国现实条件下办好教育，就不能脱离时代，不能脱离社会实际。胡大白坚定地认为，在当代中国，民办教育决不能和中国共产党的事业割裂开来。1985年，即郑州市高等教育自学考试辅导班创办的第二年，百废待举，胡大白仍坚持把建立党组织当作头等大事来抓，她多次主动找到区、市、省等有关部门，表达学校要求建立党组织的强烈愿望，但因为没有先例、没有文件，所以一直没有得到明确的答复。在胡大白一次次的努力下，功夫不负有心人，1989年5月，经郑州市委直属机关党委批准，学校建立了临时党支部。1994年6月，学校建立了党总支，党组织关系挂靠在当时的郑州市科委党委下，这标志着学校正式建立了党的组织。经过十年不懈努力，胡大白终于在民办学校建立了中国共产党的基层组织，黄河科技学院成为全国第一所建立党委的民办高校。因此，她也成为当代中国民办教育"找党"第一人。1997年5月4日，中共郑州市委组织部批复同意成立中共黄河科技学院委员会暨纪律检查委员会。同年6月26日，中共黄河科技学院第一次党员大会召开，选举产生了中共黄河科技学院第一届委员会，胡大白任党委书记。

胡大白"十年找党"的故事，影响了一代又一代民办教育人。

直到今天，黄河科技学院的党建工作一直走在前列，党的方针政策贯穿在学校的各项工作中，党组织的战斗堡垒作用、党员的模范带头作用得到充分发挥。作为一名党员领导干部，胡大白在引领学校沿着社会主义办学方向前进的同时，恪尽职守，履行着一名普通党员的职责，不管多忙，都要完成组织交办的任务，而且还要将党的理论创造性地运用于工作和生活当中。在繁忙的工作中，她坚持用"学习强国"学习平台进行学习，完成每日答题任务，而且还要给答题的教职工党员点赞。

（二）开拓拼搏，闯出一条民办高校发展之路

这里解决的是"怎么办教育"的问题。

1984 年，胡大白和杨钟瑶创办郑州市高等教育自学考试辅导班时，家里能够拿出来的全部积蓄只有三十元。辅导班报名第一天，来报到的只有一个人，但开班那天的人数却超出了预期。既然迈开了步子，胡大白就没有准备停下。从办辅导班开始，她走的就是一条前人没有走过的路，她在艰难困苦中居然把辅导班办成了全国成人教育的一面旗帜。经过不到十年的辅导班和培训教育的办学实践，胡大白就创办了正规的民办大学。开展高等专科教育仅仅六年，学校就迈上了本科教育的台阶。在当代中国的大背景下，胡大白审时度势，筚路蓝缕，终于以实践回答了在当代中国社会条件下怎么办好民办教育的问题。学校创办之初，胡大白提出的办学愿景，适应了国家、社会和家庭对当代教育的需求。黄河科技学院在人才培养理念、课程体系和教学模式改革、校企合作、质量评价体系建设、科学研究、创新创业教育和国际交流合作等方面不断探索，不断推进人才培养模式创新。在学校初具规模后，胡大白就加大力度，进行当代民办大学制度建设，以大学章程构建的框架为主轴，首先从宏观上研究民办高校现代大学制度建设的理念和价值，继而对民办高校的董事会、党组织、行政管理体系、学术管理体系、民主管理体系的运行进行了系统研究，并在黄河科技学院的办学实践中进行检验。在初步建立了实体制度后又回到理论层面进行研究分析，之后再到实践中进行检验。2017 年 5 月，由社会科学文献出版社出版的著作《民办高校现代大学制度建设》，比较系统地阐述了胡大白在这方面的实践经历和理性思考，在业界引起较大反响。

2019 年，胡大白提出"系统性、整体性、重构性"的原则和构建"纵向层次少、横向幅度宽、大行政、大教务、大科研"管理格局的整体框架。通过改革，学校撤销系的建制，在教研室建立科教中心，成立党政学工、教学科研、产教融合三个办公室。明确了部、中心的职责和领导干部的配备数量，管理岗位大幅度减少。部分学院实现了"扁平化"管理，提升了工作效能，保持了发展活力。

正是有了对教育、对国情、对社会的正确判断和准确把握，胡大白才能在长期的办学实践中正确处理学校与政府职能部门、社区、媒体及社会组织的关系；科学对待各种专家团组、各种检查评估；积极参政议政，在增强自身实力的同时扩大社会影响，为学校的发展奠定良好的外部发展环境。她用对事业的爱、对师生的爱，用坚定的理想信念，妥善处理学校和教师之间、学校和学生之间、学校各部门之间的各种关系，将目标统一到学校发展上来。

基于对当代中国教育发展的清醒认识和自己肩负的使命，胡大白一步一个脚印探索前进，引领中国民办教育特别是民办高等教育实现了跨越式发展。从河南民办高等教育规模来看，1994~1995 学年全省民办高校招生计划只有 200 人，到 2022~2023 学年，全省民办高校在校生已经达到 80.87 万人，占到全省普通高校在校生总数的 28.64%。近 30 年间这一数值增加了 4000 多倍。在这一过程中，黄河科技学院始终是一面高扬的旗帜，起到了很好的表率作用。

全新的发展模式，使得黄河科技学院迅速形成规模。不断地思考谋变，推动学校形成了"敢为天下先"的品牌，在教育理念、培养模式、教育教学改革等方面形成了可以推广的经验，建立了与当代中国民办高校发展相适应的管理体制和运行模式。

（三）守正创新，引领当代中国民办教育健康发展

这里解决的是"办怎样的教育"的问题。

40 年来，胡大白一边实践，一边思考，将思考付诸实践，再将实践凝结成思想。1994 年，黄河科技学院的 6 个专业共招生 200 人，2022 年普通高等教育在校生达到 41000 多人、成人教育在校生超过 20000 人，胡大白实现了自己"办一所对学生最负责任的大学"的理想。虽然大学已办成，但胡大白的脚步没有停止，她广泛学习当代世界先进的教育理念，并将之与中华民族优秀的传统文化和教育思想结合起来，将发达国家教育的成功经验和当代中国教育实际结合起来，探索"自力更生、勤俭办学、自我积累、滚动发展"的中国特色民办高校发展模式；创造性地构建了民办高校"五位一体"的法人治理结构，构建了

"本科学历教育与职业技能教育相结合""学科教育与职业技能教育相结合""技能训练与职业素质教育相结合"的育人模式，形成了黄河科技学院鲜明的特色。黄河科技学院在完善大学运行体系的同时，不断改革创新，在创新创业教育、数字化转型、大部制改革等方面一次又一次走在前面，得到了政府、社会和学生的认可和好评。此外，胡大白从长远发展入手，建立了河南中原创新发展研究院、中原学研究院、河南民办教育研究院等科研院所，创办了面向全国公开发行的《黄河科技学院学报》和校报。学校的教育科研成果数量和质量也一直保持在高位。

在发展过程中，胡大白将中国优秀的传统教育思想和自己的教育实践结合起来，学习当代教育发展的前沿理论知识，根据当代中国的经济社会环境，在遵循教育的基本规律的基础上不断创新，先后出版了《民办高校内涵式发展战略研究》《民办高校现代大学制度建设》等著作。形成了有黄河科技学院特色的当代中国民办教育发展模式。创新建立了党委领导制度、董事会制度、党政领导联席会议制度、行政管理制度、学术管理制度、民主管理制度等现代大学制度。在理念创新、制度创新、模式创新、体系创新及应用科技大学的体系框架和建设布局等方面进行了卓有成效的探索，引领推动了当代中国民办高等教育的健康发展。

三 胡大白教育实践的意义和影响

胡大白是不幸的。作为郑州大学的教师，1981 年冬天她应学校安排到新乡市修武县讲课。当时她入住的招待所采用烧煤的方式取暖，12 月 8 日夜，因一氧化碳中毒而半昏迷的她起身想要自救，却被一壶开水浇在身上，导致全身重度烫伤面积达 37%，一夜之间她从风华正茂的大学女教师变为残疾人，她的人生也从光明跌入灰暗。胡大白是幸运的。她有支持她的领导和同事，有关心她的家人和亲友，有骨子里的责任感和使命感。而她最大的幸运，在于《宪法》（1982 年版）打开了当代中国民办教育发展之门。胡大白在责任和使命的驱使下浴火重生，御风而行。现在看来，这个门好像就是为她打开的，胡大白以伤残之躯勇毅地踏上了这条虽然崎岖但洒满阳光的征途。

1985 年 6 月，引起郑州教育界强烈关注的事件，是胡大白创办的辅导班学员高等教育自学考试的合格率达到了惊人的 87%，而当年全省的合格率只有 6%；1994 年春节前夕，引起河南教育界强烈关注的事件是全国第一所民办普通高等专科学校——黄河科技学院花开郑州；2000 年春分刚过，引起全国乃至国际教育界强烈关注的事件是黄河科技学院获批实施本科教育，黄河科技学院成为当代中国第一所也是当时唯一的一所由国家批准建立的民办本科大学。

早年家庭的影响和自己受教育的经历形成了胡大白对知识学习和教育传授的感性理解；从基础教育到高等教育全教育阶段的工作实践，使她对教育的社会功能和科学发展有了理性的思考。40 年来，她将感性的实践所得和理性的思考结合起来，一直进行着中国特色教育的探索。2017 年 11 月，由教育部直属的中国教育学会等 6 家权威机构联合开展了"中国当代教育名家"评选活动，经过广泛发动推荐、严格审核遴选、开展专家初评、专家委员会终评等环节，最终在全国 2016.33 万位教职工中评选出 90 位"中国当代教育名家"。胡大白和许嘉璐、顾明远、潘懋元等实至名归。

我们认为，以《宪法》（1982 年版）颁布为起点，以 1999 年《面向 21 世纪教育振兴行动计划》实施为标志，当代中国民办教育在这 18 年中完成了"必要补充"的使命；以 2000 年黄河科技学院"专升本"为起点，以 2017 年新的《民办教育促进法》实施为标志，民办教育在这 18 年中完成了"重要组成部分"的使命；以 2017 年党的十九大召开为标志，中国民办教育进入新的发展时期，成为教育改革发展的重要力量。当代中国民办教育发展第二个阶段的起始标志之所以是黄河科技学院的"专升本"，是因为中国的民办教育从这一刻起，真正构建了从学前教育、基础教育到高等教育的完整体系。

胡大白的教育实践和理论创新，既有鲜明的特色，又有广泛的推广意义，在形成了可以借鉴、可以推广的经验的同时，获得了党和政府的肯定、师生的认同和社会的赞誉。

胡大白先后当选全国人大代表和河南省人大代表，当选河南省第七、八、九、十次党代会代表。曾担任中国民办教育协会监事会主席、河南省民办教育协会会长。荣获"中国十大女杰"、"全国三八红旗手"、"中国当代教育名家"、"60年60人中国教育成就奖"、新中国成立70周年"河南省突出贡献教育人物"、"中国好校长"、"河南省劳动模范"、"河南省道德模范"、"河南省优秀共产党员"等称号。而胡大白对自己的定位，一直是一个尽心尽责的教育工作者。

一直在实践，一直在做。默默奉献，润物细无声。她把党的事业当作自己的终生追求，把党的关怀、国家的关怀传递给师生，将大爱化解为日常行为，使教育在当代中国回归本真并科学发展，为未来中国教育的理念、形态、模式和评价方法都提供了有益的借鉴。

虽然黄河科技学院已经成为当代中国民办教育的一面旗帜，但是胡大白的理想远不止于此。一切都刚刚开始。世界正面临着前所未有的变局，科学技术的发展方兴未艾，教育正在走向高质量发展。胡大白带领全体黄科院人和关心支持学校发展的各界人士，整合一切积极因素，正在探索建立更高水平的中国特色的现代大学制度，在将这一制度应用于黄河科技学院继续发展实践的同时，也将为中国民办教育的健康发展提供更多可以借鉴的发展思路。

目录 C O N T E N T S

第一章　求是创新　引领发展

汲取中外先进教育思想和教育原则，凝练出黄河科技学院的办学理念。

办学宗旨：为国分忧，为民解愁，为社会主义现代化建设服务。

办学愿景：办一所对学生最负责任的大学。

办学方针：以提高教育教学质量为中心，以提高管理水平为手段，以加强思想政治工作为保证。

黄科院精神：开拓、拼搏、实干、奉献，即清醒敏锐的开拓精神、勇往直前的拼搏精神、坚韧不拔的实干精神、大公无私的奉献精神。

校训：厚德博学、砺志图强。

专业建设："两个拳头"，打造工程技术与外、经、商贸专业两个拳头专业；"三个亮点"，体、音、美（艺术）相结合的专业体系特色。

党建工作："十年找党"；校卫队和业余党校是党建工作的重要抓手。

四项机制：党委书记与校长的沟通机制；党政领导联席会议机制；党政领导名义任职、共同负责、分工协作机制；校领导中心组理论学习机制。

中国特色的现代大学制度：党委领导制度；董事会制度；党政联席会议制度；行政管理制度；学术管理制度；民主管理制度。

独特育人模式：本科学历教育与职业技能教育相结合；学科教育与职业技能教育相结合；技能训练与职业素质教育相结合。

2018 年 10 月 12 日，胡大白和河南民办教育研究院研究员座谈，提出：

不能照搬，咱也照搬不了，没有那个条件，可是也不能甘居人后。不一样就是创新，但是创新不能随意。既要遵循规律，又不能僵化于传统；既要学习已有的先进经验，又要提升改进。我们实施差异化发展战略，在定位和制定发展规划中坚持"三项原则"，处理好"三个关系"。"三项原则"是瞄准一线，适应需求；标新立异，切忌趋同；扬长避短，量力而行。"三个关系"是现实性与前瞻性的关系；全局性与区域性的关系；变动性与稳定性的关系。据此将学校定位为教学（应用）型，以培养具有较强职业实践能力的应用型人才为目标，把本科学历教育与职业技能教育相结合，在公办高校不愿做、高职院校做不到的"空白地带"，选择自己的培养目标和发展空间。并按照这个定位，以增强核心竞争力和形成办学特色为重点，制定学校的发展规划。

理论指导实践，实践不断创新。胡大白在创办郑州市高等教育自学考试辅导班，创办专科、本科层次的黄河科技学院，在建设有中国特色的社会主义民办大学的实践中，确立了鲜明的办学目的、办学方向，在遵循教育规律的基础上不断创新。

第一节　教育理念与教育方法创新

一　承继传统，博采众家

（一）传承：古为今用

1. 教育目的

教育的功能，是通过培养人来实现社会进步。胡大白献身教育、兴教办学的目的，是"为国分忧，为民解愁，为社会主义现代化建设服务"，这也是黄河科技学院的办学宗旨，是胡大白教育目的的宏观体现。这样的理念，是胡大白在承继传统的基础上结合当代中国教育实际凝练出来的。

2018 年 10 月 12 日，胡大白和河南民办教育研究院研究员座谈，提出：

孔子的教育思想，也不能说是集大成的、放之四海而皆准的，但是有很多积极意义，现在也不过时，要不孔子怎么会有"至圣先师"的称号？建在我们校园中的中国民办教育博物馆门前就有孔子的全身像，我们学习他的教育思想和教育方法，传承他正确的教育理念。民国时期蔡元培、黄炎培、陶行知、晏阳初、徐特立等都有积极的建树，值得学习。

为谁培养人。这是当代教育人不能回避的问题。其实从有教育开始，教育就一直肩负着社会责任。

孔子生活在由"学在官府"向"学在四夷"转变的时期，孔子适应社会发展的需要，把教育的受众扩展到了平民，打破了贵族对学校教育的垄断，但是他的教育主张依然是培养"君子"。培养"君子"的目的是"复礼"。

朱熹的道德教育思想注重个人的道德修养，他提出："修德之实，在乎去人欲，存天理。"他强调："圣贤千言万语，只是教人明天理，灭人欲。"在此基础上，"学者大要立志，才学便要做圣人"。接受教育的目的是"做圣人"。

蔡元培教育的视野进一步扩大。1912 年，他在《对于教育方针之意见》中明确提出了"军国民教育、实利主义教育、公民道德教育、世界观教育和美感教育"五育并举的教育方针。

黄炎培、陶行知、晏阳初、徐特立等在教育实践和教育思想的形成过程中，更多地考虑了受教育者的成长。

胡大白承继并发展了这些先进的教育思想。"为国分忧"承继的是中国传统教育中"以天下为己任"的思想；"为民解愁"解的是每一个求学若渴的学子的愁，是每一个家庭培养子女的愁；"为社会主义现代化建设服务"关注的是时代教育的命题，是在将教育融入时代发展的大背景下，脚踏实地地承担自己社会责任的庄重承诺。

2. 教学原则

2018 年 10 月 12 日，胡大白和河南民办教育研究院研究员座谈，提出：

因材施教的原则、教学相长的原则、循序渐进的原则、知行合一的原则等，都是经过实践检验的成熟的教学原则，必须遵守。我还倡导快乐教育的原则，学习本来是快乐的事情，教学更是快乐的工作，孟子得天下英才而教育之不亦乐乎，我们今天的学生更可爱，那我们的工作就更快乐。

因材施教。不同的学生有不同的特点，世界上没有两片完全相同的树叶，也不会有两个完全相同的学生。孔子在教育中经常就同一个问题对不同的学生给予不同的回答。王守仁认为，每个人的资质是不同的，即使圣人与圣人之间也有不可忽视的差异。正因如此，王守仁认为教学有必要因材施教。他还以医生对症下药来打比方："夫良医之治病，随其疾之虚实、强弱、寒热、内外，而斟酌加减，调理补泄之要，在去病而已，初无一定之方，不问证候之如何，而必使人人服之也。君子养心之学，亦何以异于是！"由此可见，在王守仁眼里，教书育人与治病救人一样要因人而异。[①]

胡大白在教育实践和学校管理过程中不但要求其他教师，自己也身体力行，将学生从固化的环境中引领到开阔的天地，在遵循国家教育方针的大前提下，鼓励学生个性发展。同时，她将这个原则延伸到学校管理实践中，为不同的教职工提供不同的职业发展空间，实现了"因材施策"，给他们提供愉悦的精神环境，充分调动了教职工的工作积极性。

教学相长。教师的知识水平在教育教学活动中受学生学习的激发而

---

① 田景正、刘黎明：《中外教育名家思想》，华东师范大学出版社，2016，第 73 页。

不断提高，这是优秀传统教育思想所达成的共识。胡大白认为，教师工作的过程也是知识水平提高的过程，如果教师总是"输出"，知识的"库存"总有一天会枯竭。何况我们生长在一个知识不断更新的时代，教师必须不断充实自己。胡大白认为，将这个原则应用到教学实践中，教师的"教"最终是为了实现"不教"，要唤起学生自我教育、自我学习的能力，要鼓励学生大胆思考，敢于创新，有所发现，有所发明，有所创造。

循序渐进。从孔子到徐特立，从苏格拉底到杜威，教育家们都从不同的角度强调了教育由低到高、持续提升的原则。王守仁认为教育应"随人分限所及"①。夸美纽斯认为，教学不能急于求成，不能让学生在学习上花过多时间。他强调，教师应该先激发学生的求知欲再进行教学，如果没有激发学生的求知欲就不应该进行教学。教学应该从易到难、由简单到复杂。为做到这一点，应该把功课学习分成不同的阶段，努力使先学的内容为后学的内容奠定基础。与之相对应，教师应该仔细划分时间，使每年、每月、每日、每时，都有相应的学习任务。教学应该从最简单、基础的内容开始，"每一种艺术都应当包含在最简短和最实用的规则里面"，"每一条规则都应当用最简短和最清晰的字句表达出来"②。

胡大白认为教育不可能一蹴而就，所以不能揠苗助长。但是将现代科学技术应用于教育教学实践，可以有效地提升育人效果，这样的应用，是教育在科技不断进步的今天的"循序渐进"。

知行合一。在孔子看来，有的人能熟读《诗经》，却不能完成国家交给他的政治任务，让他出使外国，他却不能独立去谈判筹措。这样的人，纵使书读得再多，对于社会也没有多大贡献。广博的学习最后要落实到切实的力行才算达成目的。基于对力行的重视，孔子极力反对言过其实，提出："古者言之不出，耻躬之不逮也""君子欲讷于言而敏于

---

① 田景正、刘黎明：《中外教育名家思想》，华东师范大学出版社，2016，第72页。
② 田景正、刘黎明：《中外教育名家思想》，华东师范大学出版社，2016，第213~214页。

行"。在考查学生方面，孔子更注重学生实际行为。① 王守仁认为"知"与"行"是人认识过程的两个方面，"知"中含"行"，"行"中含"知"，"知""行"两者相辅相成、相互促进。他进一步指出："知行原是两个字说一个工夫""知是行的主意，行是知的功夫；知是行之始，行是知之成。若会得时，只说一个知，已自有行在；只说一个行，已自有知在"②。黄炎培、陶行知、晏阳初等都强调了实践对于教育效果的重要意义。

胡大白将"知行合一"的原则应用到办学实践上，在学校发展的关键时刻，知前路而躬行。正是因为"知"，明白了发展方向和发展规律，才有了"行"——坚韧不拔的行动。在学校管理上，吸收消化先进的理念，结合自己学校实际不断实践，不断调整，在"知"与"行"的过程中选定最合适的道路。在培养学生技能方面，她主张与行业企业紧密合作，甚至将高技术企业引进学校，使学生在学习书本知识的同时进行实践，促使学生在"知""行"过程中获得直接经验。

快乐教育。老子认为，教育活动是一个由易到难、由少到多、由简及繁、由浅入深的过程，教师应注意让学生从容易做起，由浅近入手，打好基础，日积月累，不断进取，终有所成。③ 愉悦性原则是夸美纽斯教学原则体系的重要组成部分，几乎贯穿在他所有的教育著作中。在《大教学论》中，夸美纽斯强调，大教学论是"一种教起来准有把握，因而准有结果的艺术；并且它又是一种教起来使人感到愉快的艺术，就是说，它不会使教员感到烦恼，或使学生感到厌恶，它能使教员和学生全都得到最大的快乐"④。

胡大白认为学习是一件十分快乐的事情，把学生禁锢在书山题海中的教育是不成功的教育，所以她要求教职工从学生的角度出发想问题、订计划、制作人才培养方案。同时在对教师的管理中，她强调行政后勤

---

① 田景正、刘黎明：《中外教育名家思想》，华东师范大学出版社，2016，第18页。
② 田景正、刘黎明：《中外教育名家思想》，华东师范大学出版社，2016，第72页。
③ 田景正、刘黎明：《中外教育名家思想》，华东师范大学出版社，2016，第38页。
④ 〔捷〕夸美纽斯：《大教学论》，傅任敢译，教育科学出版社，1999，第1页。

部门是服务机构而不是"官场"，要通过各自的工作，使教师身心愉悦，从而在做好教育教学工作的同时使个人获得快乐，收获精神幸福。

（二）博采：见贤思齐

科学技术的进步、经济社会的发展，催生了一系列先进的教育理念。胡大白不囿于已有的经验，主动学习、消化、接受新思想、新理念，以丰富自己的教育思想，指导自己的教育实践。

2023 年 10 月 31 日，胡大白召开河南民办教育研究院工作会议，关于学生培养，她提出：

社会发展到今天，科技日新月异，人的观念不断更新，学生整体观念和认知发生了变化，我们的教育理念也必须变化。所有的教育措施和方法，出发点只有一个，就是学生的成长。学生的成长，不是考试成绩有多好，不是要当"状元"，"状元"只有一个，我们面对的，是全体学生。全面发展，一个是学生个人的全面发展，一个是全体学生的全面发展，这两个维度必须把握好。教育不能单纯地讲知识，要使学生养成好的品质，要学会创新。教育的成功在于使学生建立一定的知识体系和做人的基本操守。要把一个人放在社会发展的大背景下进行培养，要把知识放在整个体系的大背景下给学生掌握。这看起来很难，但是认真了就不难。

1. 以人为本的理念

社会已经发展到了以人为本的时代，教育作为培养和造就社会所需要的合格人才，以促进社会发展和完善的事业，应该在回应社会公共诉求的基础上体现以人为本的精神，把重视人、理解人、尊重人、爱护人、提升和发展人的精神贯穿教育教学的全过程。胡大白关心的是国家发展和人的发展需要，因此更关注人的成长，更注重开发和挖掘人自身的禀赋和潜能，更重视人自身的价值及其实现，她致力于培养人的自尊、自信、自爱、自立、自强意识，不断提升人们的精神文化品位和生活质量，从而不断提高人的生存和发展能力，促进人自身的发展与完善。

2. 全面发展的理念

现代教育以促进人的自由全面发展为宗旨，更关注人的发展的完整性、全面性。表现在宏观上，教育是面向全体公民的国民性教育，注重民族整体的全面发展，以大力提高全民族的思想道德水平和科学文化水平，提高民族的知识创新和技术创新能力，增强包括民族凝聚力在内的综合国力为根本目标；表现在微观上，教育以促进每一个学生在德、智、体、美、劳等方面的全面发展与完善，造就全面发展的人才为己任。这就要求教育在观念上实现由精英教育向大众教育、由专业性教育向通识性教育的转变，在教育方法上采取德、智、体、美、劳等多育并举、整体育人的教育方略。作为民办高等学校的创始人，胡大白自办学之初就强调学生的全面发展，提倡"先做人，再成才，全面发展"，要求学生做国家发展、民族强盛的合格的建设者和接班人，同时又是个人成长、家庭幸福的创造者。

3. 素质教育的理念

传统教育重视知识的传授与吸纳，现代教育更注重教育过程中知识向能力的转化工作及将知识、能力内化为人们的良好素质，强调知识、能力与素质在人才整体结构中的相互作用、辩证统一与和谐发展。针对传统教育重知识传递、轻实践能力，重考试分数、轻综合素质等弊端，现代教育更加强调学生实践能力的锻造、全面素质的培养和训练。胡大白认为能力与素质是比知识更重要、更稳定、更持久的要素，主张把学生综合素质的培养与增强作为教育教学的中心工作来抓，以帮助学生学会学习和强化素质为基本教育目标，旨在全面激发学生的诸种素质潜能，使知识、能力、素质和谐发展，提高人的整体发展水准。

4. 创造性理念

现代教育强调教育教学过程是一个高度创造性的过程，以点拨、启发、引导、开发和训练学生的创造力为基本目标。现代教育主张以创造性的教育教学手段和高超的教育教学艺术来营造教育教学环境，以充分挖掘和培养人的创造性，培养创造性人才。胡大白将创新创业教育列入学校中心工作，亲自组织制定创新创业教学人才培养方案并主持编写教材，强调要着重培养学生的创新精神、创新能力与创新人格；培养创新创业复合型人才。

5. 主体性理念

长期以来学校教育"以教师为中心"的理念忽略了学生的主体作用。主体性理念的核心是充分尊重每一位受教育者的主体地位，要求"教"始终围绕"学"来开展，使学生由被动的接受性客体变成积极的、主动的主体和中心，使教育过程真正成为学生自主自觉的活动和自我建构过程。胡大白在实践中不断思考，在"办一所对学生最负责任的大学"的前提下，要求教育过程从传统的以教师为中心、以教材为中心、以课堂为中心转变为以学生为中心、以活动为中心、以实践为中心，倡导自主教育、快乐教育、成功教育和研究性学习等新颖活泼的主体性教育模式，点燃学生的学习热情，培养学生的学习兴趣和习惯，提高学生的学习能力，使学生积极主动地、生动活泼地学习和发展。

6. 开放性理念

封闭僵化不是胡大白的风格，开放包容、兼收并蓄、激浊扬清是胡大白的鲜明个性。科学技术日新月异，信息的网络化、经济的全球化使世界日益成为一个联系更加紧密的有机整体。传统的封闭式教育格局被打破，取而代之的是一种全方位开放式的新型教育。新型教育包括教育观念、教育方式、教育过程的开放性，教育目标的开放性，教育资源的开放性，教育内容的开放性，教育评价的开放性，等等。胡大白认为，当代教育要广泛吸取世界一切优秀的教育思想、理论与方法；要结合国情走国际化、产业化、社会化的道路；要从学历教育向终身教育拓展，从课堂教育向实践教育、信息网络化教育延伸，从学校教育向社区教育、社会教育拓展；要不断开启人的心灵世界，不断提升人的自我发展能力，不断拓展人的生存和发展空间；要充分开发和利用一切传统的、现代的、民族的、世界的、物质的、精神的、现实的、虚拟的资源，将各种资源用于教育活动，以激活教育实践；要面向世界、面向未来、面向现代化设置教育教学环节和课程内容，使教材内容由封闭、僵化变得开放、生动，更具现实包容性与新颖性；要打破传统的单一文本考试的教育评价模式，以"形成性评价+终结性评价"为主干，建立起多元化的更富有弹性的教育评价体系与机制。

7. 生态和谐理念

人的健康成长需要宽松和谐的社会生态环境。现代教育主张把教育活动看作是一个有机的生态整体，这一整体既包括教育活动内部的教师、学生、课堂、实践、教育内容与方法等诸要素的亲和、融洽与和谐统一，又包括教育活动与整个育人环境设施和文化氛围的协同互动、和谐统一，把融洽、和谐的精神贯注于教育的每一个有机的要素和环节之中，最终形成统一的教育生态整体，使人才健康成长所需的土壤、阳光、水分、空气等各种因素产生和谐共振，实现人的全面发展。胡大白身体力行，倡导"和谐教育"，追求建构整体有机的"生态性"教育环境，力求在整体上做到教学育人、管理育人、服务育人、环境育人，营造人才成长的最佳生态区，促进人才的健康和谐发展。

8. 系统性理念

知识经济的发展催生了学习化社会，教育已经成为伴随人的一生的最重要的活动之一。教育不仅是学校单方面的事情，也不仅是个人成长的事情，更是关系到社会进步与发展的大事，是关乎整个国民素质普遍提高的事情，是关乎精神文明建设及两个文明协调发展的全局性、战略性大业，是一项由诸多要素组成的复杂的社会系统工程，涉及许多行业和部门，所以需要全社会普遍参与、共同努力才能搞好。胡大白敏锐地意识到，我国正在形成的是一种社会大教育体系，它需要在系统工程的理念指导下统一规划、设计和一体化运作，以培养人们的学习能力、提升人们的生存和发展能力为目标，以实现社会系统内部各环节、各部门的协调运作、整体联动为基础。胡大白身体力行，努力把健全教育社会化网络作为构建教育环境的中心工作来抓，促进大教育体系的良性运行与有序发展，以满足学习化社会对教育发展的迫切要求。

二　独具特色的办学理念

黄河科技学院办学理念的培育过程，也就是胡大白把自己的教育报国梦升华为全体黄科院人共同梦想的过程。

黄河科技学院在办学之初就明确提出"为国分忧，为民解愁，为社会主义现代化建设服务"的办学宗旨；在办学过程中，进一步提出了"办一所对学生最负责任的大学"的办学愿景；为了保证教育教学质量，形成了"以提高教育教学质量为中心，以提高管理水平为手段，以加强思想政治工作为保证"的办学方针；在艰苦创业的过程中，学校形成了"开拓、拼搏、实干、奉献"的黄科院精神，即"清醒敏锐的开拓精神、勇往直前的拼搏精神、坚韧不拔的实干精神、大公无私的奉献精神"；为了塑造健康向上的校园文化，引导青年学子健康向上，学校凝练出"厚德博学、砺志图强"的校训。

上述办学宗旨、办学愿景、办学方针、黄科院精神和校训，组成了一整套独具黄河科技学院特色的办学理念。这一套办学理念，也就是黄河科技学院的价值体系，其核心价值就是办学宗旨与办学愿景，行为法则就是办学方针、黄科院精神和校训。这一套价值体系把为国为民、勇于担当的奉献精神和审时度势、"敢为天下先"的创新精神与民办高校的特点有机地结合起来，既符合党的教育方针和社会主义现代化事业的需要，又为广大师生员工提供了明确的人生目标和行为规范；既体现了民办高校自身的特点，又易于被广大师生员工所接受；既体现了中国特色社会主义现代化事业的现实需要，又继承了中华文明"自强不息，厚德载物"的优秀传统，使中国优秀的文化传统在黄河科技学院具有了与时俱进、蓬勃旺盛的生命力。

（一）多元化发展

在办学过程中，学校形成了普通本、专科学历教育与自学考试助学教育、学历文凭考试教育并举，多层次多学科协调发展的格局。

（二）引进人才市场

1. 以就业为导向的教育思想开始形成

20世纪90年代，对于大多数家庭来说，培养一个大学生非常不易，常常要举全家之力。在这么大的投入下，每个家庭都希望孩子能够学到知识，拿到文凭，最重要的还是要让孩子能够找到好工作。于是，坚持"以学生为中心，以就业为导向"，培养高素质创新型人才，就成为黄河科技学院的一个办学特色，其典型做法包括"无缝式接轨""订单式教育"等。

所谓"无缝式接轨"，就是消除适应阶段，帮助学生在毕业时直接就业。专科学历教育的"无缝式接轨"是通过三个"前移"实现的。其一，就业教育时间前移。学生就业教育大多安排在毕业前的一段时间。而黄河科技学院，自新生入学第一课起，就开始了就业观念、学习目的、学习内容、学习方法的教育，帮助学生一入校就做好毕业后就业的心理准备和能力准备；学校每个学期都会开展就业教育，毕业前还要专门对学生进行就业指导。其二，实习时间前移。一般而言，大多数学校学生的实习都会安排在学生毕业之前的一段时间。黄河科技学院则将实习穿插在教学进程中，学生学习一段时间的理论知识，便到实习单位锻炼一段时间，通过实践发现问题，带着问题再学习理论。这样既巩固了已学知识，使学生及时发现不足，又激发了学生的学习兴趣，增强了学生的实践能力。其三，技术培训时间前移。教学大纲中一般没有技术培训的环节，技术培训实际上是学生找到工作后的岗前培训。黄河科技学院为了让学生毕业前多掌握一两门社会紧缺技术或结合专业拿到一两个上岗证，在毕业之前便对他们进行技术培训。这样，学生一找到工作就能有效胜任岗位，同时也节省了企业的培训成本，这种技术培训深受学生和社会的欢迎。如工学院在技术培训中，结合专业特点和市场需求，专门对学生进行专业技术资格、岗位证书培训，许多学生在毕业前就拿到了预算员、施工员、安全员、材料员等证书，做到了"一专多能，一人多证"，所以，工学院毕业生每年5月之前就能全部实现就业。这也就是学校推行的"双证制"，学校要求毕业生在获得学历证书的同时，努力取得相关专业的职业资格证书。学校相继被批准设立全国计算机等级考试直属考点、全国计算机应用技术证书考试培训部、全国大学英语四六级考点、建筑预算员考点、会计岗位证书考点、剑桥信息技术证书（CIT）培训基地等。1998年学校开始把资格证书工作纳入各院系

（专业）目标责任书内，并将资格证书工作作为衡量各院系（专业）教学质量和工作政绩的一项重要指标。为了提高全国计算机等级考试的合格率，实验中心专门举办计算机等级考试一级和二级培训班。因此，多数毕业生具有较高的综合技能和较强的竞争能力。

"订单式教育"就是根据市场需求来设置或及时调整专业、课程，让需求变成订单，让订单决定教学，即所谓"以需定招，以需定教"，确保学校教的、学生学的是社会需要的。在论证专科学历教育各个专业的培养方案时，学校没有照搬公办学校的模式，而是联合相关企业一线专家，与企业共同确定培养目标，基本规格和知识、能力、素质结构，这也是开展"订单式教育"的一种体现。"订单式教育"使学校教育与市场需求紧密结合起来，实现了学生与工作岗位的有效衔接，受到了用人单位的普遍欢迎。

> 为更好地实行"无缝式接轨""订单式教育"，胡大白提出，在教授必备的基础理论知识和专门理论知识的基础上，要特别加强实验、实训、实习，让学生重点掌握从事本专业领域实际工作的基本技能，较快适应生产、建设、管理、服务的一线岗位；课程设置要适合职业教育，理论课课时适当减少，专业课教学要突出针对性和实用性；要结合不同专业、不同课程的实际，引进新知识、新技术、新工艺，不断更新教学内容。[①]

2. 设立中原人才市场航海路分市场（黄河科技学院人才市场）

1993 年原国家教委颁布的《民办高等学校设置暂行规定》明确指出，民办高校学生"毕业后自主择业，国家承认学历"。1994 年，原国家教委印发《关于进一步改革普通高等学校招生和毕业生就业制度的试点意见》，提出国家不再以行政分配而是以方针政策指导、奖学金制度和社会就业需求信息来引导毕业生自主择业。1994 年成为新中国高

---

① 资料来源：黄河科技学院校史稿。

等教育改革的一道分水岭，从此，指导和帮助学生就业，成为全国所有高校的一项重要工作。1994年学校实施学历教育，这一年正好是高校毕业生不包分配的开始。其实，从办各种培训班开始，如何指导和帮助学生就业就是胡大白高度重视和着力解决的现实问题。举办辅导班初期，由于大部分学员是国家干部和在职职工，就业的矛盾并不突出，但随着全日制自考生日益增多，就业问题就凸显出来了。大学生自主择业政策的出台看似是让所有大学毕业生站在了同一起跑线上，实际上对民办高校学生是一个更大的冲击。为了帮助学生更好地就业，胡大白努力争取，创造性地将人才市场引进校园，帮助学生就业，帮助学生就好业。

1997年，时刻关注学生就业的胡大白说出了她琢磨已久的新点子、新思路："把人才市场引进我们学校，把用人单位请进我们学校，直接与学生对接，效果会不会更好？"把人才市场建到高校校园，不要说在河南，就是在全国，也是前所未有之举。但当时河南省人事厅、人才交流中心的相关领导表示支持胡大白这一改革创新的思路，同意尝试在黄河科技学院设立人才市场。①

1997年2月15日，河南省人才交流中心主任孟庆华等到校洽谈设立中原人才市场分市场有关事宜，胡大白主动提出在学校航海路校区设立人才市场的建议，该建议得到一致同意。双方商定中原人才市场选派一名副主任兼任航海路分市场（黄河科技学院人才市场）主任。航海路分市场（黄河科技学院人才市场）的管理人员主要由学院人才交流中心的工作人员组成。

1997年4月6日，河南省人才交流中心下属的中原人才市场航海路分市场（黄河科技学院人才市场）开业典礼在黄河科技学院航海路校区举行。原河南省人事厅副厅长刘连超和胡大白共同为中原人才市场

① 资料来源：黄河科技学院校史稿。

航海路分市场（黄河科技学院人才市场）揭牌。

人才市场引入校园的创意，无论是在当时还是现在，都是高校与政府在解决就业问题上合作的典范。对于黄河科技学院学子来说意义尤其重大，他们可以"不出校门就找工作了"。

自 1997 年挂牌开始，中原人才市场航海路分市场（黄河科技学院人才市场）每周六、周日举行人才招聘会，并不定期举行大型人才招聘会。1999 年的春季招聘会，招聘单位达到 200 余家，参与学生达到 7000 余人。

人才市场进校园，与学校以就业为导向的思路互为支撑。学校安排工作人员先后在河南、广东、福建、浙江、上海、江苏、北京等地设立了 500 多个就业实习基地，很多学生在实习中经受锻炼、展示才智，早早就获得了实习单位的认可，通过实习实现了就业。人才市场还与全国 3500 多家企事业单位建立了长期用人关系，能够及时掌握就业需求动态，有针对性地推荐毕业生，这不但极大地提高了毕业生就业率，还提高了毕业生的就业质量。反过来，通过人才市场的运作，学校与用人单位之间也建立了有效的信息沟通渠道，学校能够更加及时准确地掌握社会需求的变化，从而为专业和人才培养方案的调整提供依据。

（三）专业建设的"两个拳头""三个亮点"

学校"专升本"后，胡大白一方面要求学校各部门学习公办学校的经验，尽快建立本科教育的运行机制；另一方面不失时机地提出创出特色，打造"两个拳头""三个亮点"的创新要求。

创出特色，即满足社会对各类工程技术人员的需求，大力发展工科，形成工科为主的发展特色；兼顾其他学科，办好经济类、外语类、艺术类、体育类各个专业，促进学生全面发展。这就形成了重视"两个拳头"（即工程技术与外、经、商贸专业）、"三个亮点"［即体、音、美（艺术）相结合］的专业体系特色。

一是推行实践型教学模式创新。胡大白强调，教学要"精讲、多练"，克服"满堂灌、一言堂、填鸭式"的教学方法；要将教学活动搬到室外、校外，与社会、市场、企业建立起紧密的联系，加强实践教学，强化实习实训；要锻炼学生的思维能力和动手能力，充分展示学生的创意和设计，检验学生的学习成果和实践水平。实践型教学模式的建立，使黄河科技学院的教学工作开创了全新的局面。

二是紧随国家形势与社会需求，开展 WTO 专业培训班。2002 年是我国加入 WTO 的第 1 年，也是我国全面落实 WTO 相关规划及公开承诺的第 1 年。为使中国 WTO 专业人才与国际接轨，尽快培养更多熟悉 WTO 规则的本土化专业人才，WTO 中国研究中心特开设 WTO 专业证书系列课。2002 年 6 月，黄河科技学院先后举办两期 WTO 专业培训班，并聘请了国务院发展研究中心、北京大学、清华大学、首都经济贸易大学的 8 位专家学者，这在当时的河南还属首次。2002 年 6 月 25 日，来自欧盟、白俄罗斯、澳大利亚、韩国、赞比亚等 20 个国家的 30 位驻华大使和外交使节组成的黄河科技学院考察团，在河南人民会堂为黄河科技学院的 WTO 专业培训学员颁发结业证书。

三是推进国际交流与合作办学取得新进展。20 世纪 80 年代，经济全球化势不可当地冲击和影响着高等教育，增进了全球的教育合作交流。中外合作办学成为高等教育国际化发展战略实施的重要突破口，也为解决国内优质教育资源不足问题提供了新的路径。20 世纪 90 年代，黄河科技学院开启国际合作交流，先后与日本新潟综合学院集团、加拿大多伦多国际学院、东京工学院等签订了友好学校协议书。胡大白多次到美国、日本、澳大利亚及欧洲高校考察，洽谈合作意向。2002 年，学校设立国际交流中心，开展国际合作工作；同年，成立对外汉语教育学院，开始招收留学生，黄河科技学院也成为第一所由教育部批准接受留学生的民办高校。

2003 年，学校与美国肖特学院达成合作办学意向，申办中外合作办学本科教育项目，并于同年成立国际学院。2004 年 5 月 31 日，河南省教育厅批准黄河科技学院与美国肖特学院合作举办计算机科学与技术专业、工商管理专业两个专业本科学历教育项目；2006 年 9 月，教育部核准该项目，并颁发项目批准书。黄河科技学院与美国肖特学院在师资、人才培养、科学研究等方面开始全面合作。该项目采用"2+2"模式，即本科教育前两年在黄河科技学院进行，后两年在美国肖特学院进行。

2004 年 5 月初，美国弗吉尼亚大学达顿商学院邀请胡大白去给学生做报告并参加该校的毕业典礼。弗吉尼亚大学是美国最好的国立大学之一，其达顿商学院享誉世界。胡大白之所以受到邀请，是因为达顿商学院将黄河科技学院"5 美元创办一所大学"的发展史作为他们的一个教学案例，这说明黄河科技学院的办学和发展史得到了国际同行的认可和推崇。

三　学历教育人才培养模式的探索

1994 年 8 月，黄河科技学院普招专科首次招生计划全部录满，但是开学后有个别学生没有报到。显然，作为全国首批开展学历教育的民办高校，黄河科技学院要想得到考生及其家长的信任，还有很长的路要走。此外，学校的办学条件、师资队伍、软硬件等和公办学校相比，还存在较大差距，民办学校在社会上的整体认可度还不高。如何使学生和家长信任学校？怎样做好专科层次学历教育？胡大白有清醒的认识：黄河科技学院要想赢得更大的生存和发展空间，必须办出自己的特色，不能完全照搬公办高校的发展模式，而应该面向基层，为地方服务，从办学定位、人才培养类型和培养目标上找准定位，走差异化发展道路。

1994 年建校 10 周年时，胡大白在《创办具有中国特色社会主义民办大学》一文中，正式提出"人才培养模式"概念。同年，学校提出了"面向地方，面向生产、建设、管理和服务第一线，培养理论够用、专业技能强的应用型高级专门人才"的人才培养目标。学校一方面坚持学历教育的培养标准，使学生具备所修学科专业的基本知识、基础理论和基本技能，具有从事本专业实际工作的基本素质和综合能力；另一方面重视学生职业技能的培养，满足生产、建设、管理和服务第一线的人才需要。

1998 年，胡大白组织全校开展了"教学改革大讨论"活动，正式提出构建富有时代特征和学校特色的人才培养模式。对于黄河科技学院的人才培养模式，胡大白认为其最大的特色在于主动适应市场。虽然，就专科教育而言，无论是公办高校还是民办高校，都在强调面向基层，面向生产、建设、管理和服务的第一线，培养适应职业岗位的实用型、技术型和技能型专门人才，但民办高校在培养人才上应避开公办高校的强项，发挥自己的优势，找准定位，创出特色，坚持以社会需求为导向，瞄准经济建设和社会发展第一线，以培养应用型人才为主；在学科与专业设置上，努力做到人无我有、人有我新、人少我多。

黄河科技学院既是民办高校，也是地方高校。作为民办高校必须以社会需求为导向；作为地方高校必须为地方和基层的经济建设和社会发展服务。这是贯彻党和国家教育方针的必然要求，是高等职业教育的时代使命。学校只有坚持以市场需求为导向，面向地方，服务基层，才会有更广阔的发展空间。根据这个思考，胡大白在学校工作中不断探索，致力于将知识教育和技能培养有机结合起来，走一条办学新路。

在"夯实基础、调整结构、提高质量、创建特色"的十六字发展方针指引下，学校在学科专业设置、教育教学改革、育人模式、规范管理等方面，既按照国家本科学历教育要求树立了正确的发展方向，又结合民办高校的自身特点建立起了富有特色的教育管理模式，使学校真正实现了质量、规模、结构、效益的协调发展，为优化育人环境、提高本科教育质量提供了坚实的保障，也为学校的本科教育向更高平台发展打下了坚实基础。

第二节　体制机制创新

一　党建高质量发展

1997 年 6 月 26 日，中国共产党黄河科技学院第一次党员大会召开。

1998 年 3 月 28 日，学校党委印发《关于建立党委工作部门的通知》，建立党委办公室，成立"中共黄河科技学院委员会业余党校"，1998 年 11 月 17 日，学院党建学会成立。党委职能部门得到健全。同时，为加强基层组织建设，学校在各部门建立党总支或党支部。截至 2000 年底，学校党员总数为 368 名，基层党组织数量由成立党委时的 8 个党支部增加为 1 个党总支、11 个党支部。①

在党委统一领导下，纪委、业余党校、工会、团委的组织建设得到加强，并发挥各自的职能作用。纪检工作被列入党委会的重要议事日程，在贯彻落实党员领导干部党风廉政建设责任制和组织召开民主生活会、加强对党员的党性党风教育工作等方面发挥着积极作用。学院成立党委以后，依据《中国共产党章程》及党内有关法规，结合民办学校实际，明确党委职责范围，先后制定《党委会议事制度》《党委民主生活会制度》《党委中心组学习制度》《民主评议党员制度》《关于发展党员的工作细则（试行）》《党政领导干部党风廉政建设若干规定》《"创先争优"活动评比制度》等制度、规定和办法。1999 年下半年，学校党委和行政部门共同安排部署，对学校现行的涉及党政工群的各种制度进行了全面梳理和废、改、立工作。1999 年 11 月，将确立的包括党政工群相关制度在内的各种规章制度汇编成册，形成学院《管理工作手册》。党委各职能部门都明确了职责，党的各项工作落到了实处，同时实现了与教育主管部门、上级党委和社会各方面的对接。

"以党建为核心，全面加强思想政治工作"是学校党建工作的主要经验。据此学校建立培养入党积极分子的载体——校卫队，将校卫队纳入党建工作重要内容，并重视加强业余党校建设，使业余党校和校卫队成为黄河科技学院开展思想政治工作的两个有力的抓手。校卫队和业余党校成为学校党建工作的亮点和特色。

---

① 资料来源：黄河科技学院校史稿。

（一）创新民办教育党建工作机制

有人认为，民办姓"私"，党建是"公"，从而从主观上不重视党对民办教育的领导。胡大白坚定地认为，在当代中国，民办教育决不能和中国共产党的事业割裂开来。所以在1985年，即郑州市高等教育自学考试辅导班创办的第二年，在百废待举的繁忙操劳中，胡大白坚持把建立党组织当作头等大事来抓，经过十年不懈努力，胡大白终于在民办学校建立了中国共产党的基层组织。因此，她也成为当代民办教育"找党"第一人。

民办高校党委要成为政治核心，不是一句空泛的口号，需要在学校的重大决策和各项工作中体现出来。黄河科技学院主要通过建立和落实"四项机制"，强化了党委的政治核心地位，保证了学校的社会主义办学方向。

一是党委书记与校长的沟通机制；二是党政领导联席会议机制；三是党政领导名义任职、共同负责、分工协作机制；四是校领导中心组理论学习机制。

中国共产党成立以来，始终把为中国人民谋幸福、为中华民族谋复兴作为自己的初心使命，中国共产党领导的教育事业，必然和党的宗旨紧密联系在一起。

2018年9月10日，胡大白在庆祝第34个教师节暨"亮身份树形象比贡献，争做出彩黄科院人"活动启动仪式上指出：

我们学校一直十分重视党建工作，1989年建立临时党支部，1994年建立党总支，1997年成立党委，是全国第一所建立党委的民办高校。多年来，学校围绕中心工作，充分发挥党委政治核心作用，认真落实立德树人根本任务，为促进学校事业持续科学发展提供了坚强的思想政治保证。党的建设在引领和推动学校高质量发展，促进学校坚定不移地走以提升质量、强化特色为核心的内涵式发展道路，全面提高教育教学质量等方面发挥着重要作用。党员作为促进学校发展的中流砥柱，必须把身份亮出来，把先锋形象树起来，把贡献比出来，充分发挥先锋模范作用，争做出彩黄科院人。

民办学校的党建工作更应该加强，只有认真贯彻党的方针路线，才能按照教育规律培养党的事业的可靠接班人。我是一个党员，你也是党员，我们面向党旗宣誓的誓词不能忘，不能违背。如果一个党员违背了誓词，忘记了责任，他的信仰就是虚假的，他这个人就是虚伪的。没有信仰就不要入党，入党了就要按照党章履行义务。我们做教育的，就要把学校工作和党的事业联系起来，为党培养人。

办教育，胡大白在政治上始终保持着清醒的认识，那就是要坚持党的教育方针，坚持社会主义办学方向，为国家培养社会主义事业的建设者和接班人。早在 1985 年，即郑州市高等教育自学考试辅导班创办的第二年，胡大白就开始考虑以学校的名义建立党组织。由于当时对于民办学校要不要建立党组织、如何建立党组织、党组织关系隶属问题等都没有明确的政策规定，也没有先例，上级有关部门没有给予明确的答复。但学校追寻建立党组织的努力一直没有停息。虽然学校有临时党支部，但其与学校迅速发展的规模和态势已不相适应。1991 年，学校党组织关系和档案关系挂在了当时的郑州市科委科技人才交流中心。1994 年 6 月，参照民营科技企业建立党组织的有关政策规定，经郑州市科委党委批准，学校成立"中共黄河科技大学总支部委员会"，党组织关系挂靠在当时的郑州市科委党委下。齐树德任党总支书记，陈勇民任党总支副书记。至此，学校党组织正式建立，黄河科技学院成为全国第一所正式建立党组织的民办高校。胡大白的"十年找党"被传为佳话。

（二）民办高校党建工作的开创性探索

民办高校中党委的地位和作用与公办高校有所不同。在黄河科技学院，党委职责范围的确定和党内各种制度的制定与确立，经历了一个逐步提高认识、逐步明确定位、不断完善提高的过程。

胡大白带领领导班子成员经过探索实践，在民办高校党建工作方面做了大量开创性工作：一是逐步建立健全党的组织和党的工作部门；二是按照《中国共产党章程》及党内有关法规，结合学校实际，建立了党组织的规章制度；三是建立并加强业余党校建设，创建由先进青年学生组成的校卫队组织并制定了《黄河科技学院校卫队章程》；四是积极探索"以党建为核心"的思政工作模式等。以这些开创性工作的成功经验为基础，学校党委探索出了民办高校党组织发挥作用的有效途径和方法，明确了"围绕中心抓党建，抓好党建促成才"的党建工作思路，创立了"以业余党校和校卫队为抓手，积极培养发展学生党员"的组织工作格局。开创性的党建工作不仅为学校持续健康快速发展提供了坚强有力的政治保证，也得到了上级党组织的充分肯定。

学校党建工作的成功经验多次在全国、全省高校党建工作会议上被用作经典案例进行推广。《人民日报》《光明日报》《河南日报》等主流媒体多次对学校党建工作进行专题报道。1998 年，黄河科技学院党委被评为郑州市先进党委。同年 6 月 23 日，学校党委接受郑州市科委系统党委工作目标考核组考评，被评为党委目标管理优秀单位。之后学校党委又多次获得河南省高校党建工作先进单位荣誉称号。2022 年纳米功能材料研究所"全国党建工作样板支部"建设顺利通过教育部验收。学校党委被河南省民政厅评为河南省全省性社会组织"党建工作观摩点"。黄河科技学院获批立项河南省教育系统廉政专题研究项目 2 项，是全省唯一一个被准予立项并获经费支持的民办高校。

（三）创新党建与思政工作

党的建设和思想政治工作是高校赖以发展的生命线。"专升本"后，黄河科技学院从民办高校的实际出发，高度重视党的建设和思想政治工作，学校的党建和思想政治工作进入创新发展的新时期。

1. 充分发挥党组织的政治核心作用

（1）学校党的建设进入稳定与创新发展时期

2000 年 6 月，中共中央组织部、中共教育部党组印发《关于加强社会力量举办学校党的建设工作的意见》，这是国家第一个针对民办学校党建工作的指导性文件，使民办高校党建工作在地位、任务和要求上得到基本明确。

2000 年 7 月 5~7 日，第九次全国高等学校党建工作会议在北京举

行，胡大白作为全国民办高校党委书记的唯一代表参加这次大会。同年
10 月 13 日，校党委在第九次河南省高校党建工作会议上被河南省委组
织部、省委高校工委、省教育厅党组授予"河南省高等学校先进党委"
称号。

为加强学校的党建工作，学校党委开始配备专职党委书记。2000
年 11 月，经郑州市科委党委批准，程宏任党委书记，胡大白任党委副
书记、不再兼任书记职务。同时，学校还先后聘请一些具有党务工作经
验的老同志，将他们充实到基层党组织和单位职能部门，这些举措使学
校党组织的领导力量得到加强。

2004 年 1 月 5 日，河南省委组织部印发通知，将黄河科技学院党组
织关系由郑州市委组织部划归河南省委高校工委管辖。此后，中央和河
南省有关社会力量举办学校党的建设方面文件的相继出台，为进一步加
强和完善学校党的建设提供了明确的、系统的法规性依据，学校党的建
设进入稳定发展、创新发展时期。

（2）建立"党组织发挥政治核心作用"的长效机制

为了发挥党组织的政治核心作用，学校党委班子积极探索民办高校
党组织发挥作用的方法和途径，建立了"党组织发挥政治核心作用"
的长效机制，从上至下，创新党建发展新格局。

在学校管理层面，建立党委书记和党员领导干部参与学校改革发展
重大事项决策的机制：一是党委书记与校长的沟通机制；二是党政领导
联席会议机制；三是党政领导名义任职、共同负责、分工协作机制；四
是校领导中心组理论学习机制。

（3）多措并举加强基层党组织建设

在基层组织建设方面，学校党委多措并举，不断强化基层党组织在
各项工作中的政治核心作用。一是在新成立的单位和部门及时成立党的
支部委员会；二是随着各基层单位的发展壮大，及时成立党的总支部委
员会；三是根据学校发展需要，适时调整和充实基层党组织成员。在实
践中，逐步遵循"便于党员参与活动、有利于党组织开展活动和发挥
作用、有利于加强党员的教育和管理、有利于促进学校改革发展"的

原则设置党的基层组织。同时，在机构设置上，将教学单位的教师党支部按教研室或研究室设置；学生党支部按系、专业或年级设置，党员人数多的按班设置，逐步实现本科学生班级"低年级有党员、高年级有党支部"的目标；机关、后勤等部门的党支部一般按部门设置，实现了党组织和党的工作在学校的全覆盖。

同时，进一步巩固发展好"以业余党校和校卫队为抓手，积极培养发展学生党员"的组织工作格局。

在黄河科技学院，党课培训不仅进行党的基础知识、基本理论和路线的教育，具有系统性，还采用播放影视纪录片、开展专题讲座、进行实践教育等多种形式，别具特色，使学生在精神上、思想上、行动上不断得到历练。

校卫队作为校党委领导下的先进青年学生自律组织，在学习、科研、参与学校管理方面始终发挥着模范带头作用。2004年4月，学校制定了《黄河科技学院校卫队章程》，成立校卫队总队，总队下辖2个支队，总队办事机构设立政治部、培训部和办公室。2008年2月，校卫队建制调整，总队下辖6个支队。校卫队的管理机制更加完善，承担的任务更加重要，特别是在关键时刻能发挥出突击队的先锋示范作用。

"以业余党校和校卫队为抓手，积极培养发展学生党员"的组织工作格局，促使业余党校和校卫队这两个抓手结合起来，培养考察入党积极分子。业余党校解决思想问题，校卫队提供实践锻炼的平台，两者有效结合，保证了学生党员的培养质量。而"以业余党校和校卫队为抓手，积极培养发展学生党员"的组织工作格局，也成为学校党建工作的一个突出特点。

2. 加强大学生思想政治教育工作

2022年3月10日，黄河科技学院召开党建研究课题推进会，胡大白和代表座谈，提出：

有些人不重视党建工作，认为这是走形式。这是对党的事业的认识不够，还有就是不知道思想政治工作的重要性。一个大学，思想政治工作做好了，其他工作就好做了。我在党建方面致力于将工作做扎实，有了这个保障，就可以腾出精力提高教学质量了。有代表说，有的地方工作有点虚。形式主义最终害的是自己。我们办事情都不能虚，不仅是党建，做什么工作都要认真，踏踏实实，一步一个脚印，工作才能健康推进。

（1）把思想政治教育摆在人才培养的首要位置

"以党建为核心，全面加强思想政治工作"是黄河科技学院德育建设的鲜明特色。学校在实施本科学历教育之后，进一步把思想政治教育摆在人才培养的首要位置，积极采取全员育人、全程育人、全方位育人的措施。

（2）发挥思想政治理论课的主阵地、主渠道作用

加强思想政治教育，是促进学生健康成长、"全面开展思想政治教育"的核心任务。学校早在1997年就成立德育教研室。2004年，学校将德育教研室更名为社科部，主要负责全校的思想政治理论教学、科研、社会服务、相关管理工作以及全校大学生的思想政治教育工作。从2004年至2008年，社科部所开设的课程包括"马克思主义基本原理概论""毛泽东思想、邓小平理论和'三个代表'重要思想概论""中国近现代史纲要""思想道德修养与法律基础""形势与政策"等，这些课程先后开设，贯穿学生大学四年的学习生涯，构成思想政治教育体系，逐步建立、塑造并强化学生正确的世界观、人生观和价值观，提高学生对社会主义事业的认同感、使命感和责任感。

（3）坚持开展以军训为特色的新生入学教育

军训在黄河科技学院有着优良的传统，是学校长年坚持德育建设的有效途径。"专升本"后，学校的军训工作进一步完善，成为德育建设的显著特色。2002年3月，教育部下发《关于在高级中学开展学生军事训练若干问题的意见》，提出在普通高等学校和高级中学开展学生军事训练，从2002年起学生军训被作为普通高等学校本、专科学生的必修课，纳入教学计划。学校按照国家要求，于2002年9月下发文件正式成立军训领导小组，全面领导学生军训工作。在机制上，把全校入学

军训新生分为 2 个军训团,按教学单位编成连、排,依照教育部《高等学校学生军事训练教学大纲》所规定的内容设定训练和教学科目。从2002 年到 2023 年,学校每年都下发正式文件来保证军训及入学教育工作的开展,每年评选出军训先进单位以及军训优秀学员以示嘉奖。以军训为主的入学教育,不仅拓宽了学生的国防知识面,开阔了学生的国防视野,提高了学生的国防素养,也培养了学生爱国爱党的政治情怀、奋勇争先的拼搏精神与协作和谐的团队意识。

（4）加强以思想政治教育为重点的精神文明建设

高校的精神文明建设,集中体现在把思想道德建设贯穿于教学的全过程和管理的各环节,营造校园文化氛围更是精神文明建设的重要途径。"专升本"后,学校十分重视把传授知识与陶冶学生道德情操结合起来,组织各种校园活动弘扬"开拓、拼搏、实干、奉献"的黄科院精神。丰富多彩的活动培养了学生的竞争意识,激发了学生的学习热情,提高了学生的组织能力。

"黄河讲坛"是学校精心打造的品牌,讲坛以拓宽和增长师生的视野与知识,提高学校师生的文化素养,营造健康文明的校园文化氛围,增强校园文化的凝聚力为宗旨,涵盖文史哲、政法、经管、艺术等多个学科。2007 年 11 月 17 日,第一期"黄河讲坛"在南北两个校区同时举行。曾任河南省文联副主席兼河南省作协主席的田中禾教授,以《文学与人生》为主题,在北校区开坛首讲;时任河南财经学院资深博导、河南省经济学会会长的专家杨承训以《提高自主创新能力,建设创新型国家》为题,同时在南校区开讲。仅 2008 年,"黄河讲坛"就开设讲座 24 场,以多个学科、不同视角解读社会焦点事件、学术热门观点,不仅逐步拓宽了师生综览学术视域的维度,而且启迪智慧,增强文化素养,提升了校园文化的凝聚力。

3. 以党建带团建,推动共青团工作健康发展

在实施本科学历教育后,学校团委进一步加强思想建设、组织建设和作风建设,充分发挥了党的助手和后备军的作用。学校在各二级学院设立分团委和团总支,进一步加强团组织建设、壮大团员队伍。

长期重视志愿服务活动。在校内外组织"保护母亲河"活动，开展学雷锋义务维修活动，开展义诊、暑期社会实践和社会服务等特色活动。

高度重视团中央所组织的学生竞赛。学校团委积极组织学生备战共青团中央举办的"挑战杯"全国大学生系列科技学术竞赛，培养学生大胆创新、勇于拼搏的团队精神。为了冲击省级和国家级的"挑战杯"大赛，校团委自2006年起每年都在校内组织"挑战杯"竞赛，磨炼队伍。校团委专门成立课外学术科技活动领导小组、专家指导委员会和评审委员会，精心组织开展"挑战杯"竞赛。由于在校内平台先做历练，优秀的竞赛队伍在参加省级或国家级比赛时屡屡斩获好成绩，2006年获得省级三等奖1个，鼓励奖4个；2008年获得省级金奖1个，银奖1个，优秀奖4个。尤其是2013年由工学院城市规划专业创作的"云间绿城"项目，参加了第十三届"挑战杯"全国大赛，开创了河南省民办高校晋级该赛事全国总决赛的先河。

2008年，黄河科技学院团委以"自强教育"为切入点，在全校开展"磨砺自强奋进意志，激发创新学习潜能"的自立自强教育主题活动，先后共有82名学生报名参与了"中国大学生自强之星"的评选。2008年11月，黄河科技学院商贸学院2005级市场营销专业学生杨潇荣获"中国大学生自强之星"提名奖，黄河科技学院获得高校"优秀组织奖"荣誉称号，全国共有58所高校获此殊荣，河南省仅3所高校获得。

2003年，学校团委被河南省委组织部、共青团河南省委授予"河南省党建带团建实施团建基础工程先进单位"和"红旗团委"称号。2004年8月9日，共青团中央书记处书记及共青团河南省委领导考察黄河科技学院团建各项工作，认为学校团建工作非常好，很有特色。2006年，学校团委被共青团中央授予"全国五四红旗团委"称号。

（四）不断将党建工作推向深入

在通过教育部高校本科教学工作水平评估之后，面对发展的新形势和新任务，黄河科技学院以改革创新精神全面推进党的建设新的伟大工程，促进学校又好又快发展。

1. 加强党的先进性建设

党的先进性建设是党的建设的永恒主题。学校党委认真贯彻党的十八大、党的十九大、党的二十大精神，从政治建设、思想建设、组织建设、党风廉政建设等方面，着力加强党的先进性建设，增强了干部队伍、人才队伍和党员队伍的整体活力，提高了基层党组织的创造力、凝聚力和战斗力。

（1）及时跟进，积极学习

党的十九大于 2017 年 10 月 18 日开幕，胡大白带领全体中层以上党员领导干部集中收看开幕式实况，开幕式后立即和党委书记一起组织党委一班人进行学习。党的二十大召开前夕，胡大白和党委书记先后召开党委中心组会议、中层以上干部会议和各二级机构党组织负责人会议，部署学习党的二十大精神工作。党的二十大于 2022 年 10 月 16 日开幕，胡大白和大家一起收看开幕式实况，聆听总书记报告。开幕式后，党委立即组织讨论学习。

党的二十大闭幕后，黄河科技学院业余党校第一时间印发《关于党的二十大精神进党校有关工作安排》，编印学习资料，推进党的二十大精神进业余党校工作。要求各分党校把深入学习宣传贯彻党的二十大精神作为当前及今后一个时期的首要政治任务，要精心组织、周密安排，不断走深走心走实。一是坚持系统学习和专题研讨、个人自学和组织培训、线下学习和线上教育相结合，确保全体党员、入党分子等全覆盖。二是组织开展基层党支部专题组织生活会。印发《中共黄河科技学院委员会关于召开组织生活会的通知》，明确会议主题、重点任务、时间要求、参加的对象及有关要求等。各基层党组织分别通过支部大会、党小组会、党员自主学习等形式进行深入学习，并组织广大党员紧密结合不同岗位实际，运用灵活多样的方式，开展讨论交流，确保真正受到教育、受到感染、受到鼓舞，真正把党的二十大精神和红旗渠精神融入思想中、落实到行动上，推动各项工作不断实现新突破、取得新成效。三是组织开展全员培训。组织学校全体党员参加由河南省委组织部举办的河南省党员教育"云课堂"（学习贯彻党的二十大精神网络培训班），通过组织实施，落实各项要求，实现党组织全覆盖，党员全员参与。3810名党员通过考试，获得结业证书。

（2）加强基层党组织建设

2009年12月1日，学校印发《中共黄河科技学院委员会基层组织工作条例》；2009年12月30日，印发《中共黄河科技学院委员会关于进一步加强基层党组织建设的意见》。根据两个文件，到2014年学校基层党组织建设主要呈现三个特点：一是实现基层党组织全覆盖。结合民办高校实际，不断优化组织设置，教师党支部一般按教研室或研究室设置，学生党支部按年级或专业设置，机关按处室、部门设立党支部。学校设有1个分党委，14个党总支，5个直属党支部，76个基层党支部。二是注重选好配强基层党组织书记。各党总支和直属支部，均配备专职书记或专职副书记，每年都对基层党组织书记进行专题培训。三是加强党员管理。凡是学校的专职人员，只要能证明其党员身份，都要编入党的支部，参加党的组织活动。

2008年11月20日，学校印发《中共黄河科技学院委员会关于认真做好新形势下发展党员工作的意见》；2009年10月25日，印发《中共黄河科技学院委员会发展党员工作细则》；2014年9月20日，印发《中共黄河科技学院委员会关于进一步加强学生党员发展和教育管理服务工作的意见》。学校党委紧紧围绕培养高素质人才的需要，加强党员培养和发展工作。一是坚持早发现、早"选苗"，着力扩大入党积极分子队伍。从每年新生入校的军训开始就注重入党教育，激发广大学生积极追求政治进步的热忱，每年都有90%以上的学生提出入党申请。二是坚持把业余党校作为培养入党积极分子的主要阵地。业余党校对申请人在入党前后进行三次培训。第一次是对申请入党的学生进行初级班培训，重点是学习党章，进行党的基本知识教育。第二次是对确定的培养对象进行中级班培训，重点是理想信念教育和"三观"教育。第三次是对新发展的党员进行高级班培训，重点是加强党性修养。2009~2014年，业余党校举办各级培训班共287个班次，共培训学员49018人次。

2013 年 2 月和 7 月，学校业余党校先后被授予"郑州市先进基层党校"和"河南省先进基层党校"称号。三是坚持把校卫队作为考察入党积极分子的有效载体。校卫队是在校党委的直接领导下，由学生党员和入党积极分子组成的先进学生自律组织。学校规定，积极分子入党前，必须在校卫队中接受培养考察。一方面与业余党校配合，进行思想再教育；另一方面以校卫队为抓手，将培养要求与学校中心工作相结合，让他们以实际行动接受组织的考察。四是坚持标准，严格程序，切实保证党员发展质量。从培养环节、材料审查、规范程序等方面严格把关，把真正优秀的师生吸纳入党，保证发展质量。2009～2014 年，学校发展党员 8079 人，其中教职工党员 134 人，学生党员 7945 人。

2022 年学校增设基层党支部 2 个，基层党支部更名 3 个。外国语学院、医学院、商学院、附属医院、机关三总支 5 个二级党组织及其所属 16 个党支部完成班子成员调整增补工作。全年发展党员 1040 人，其中教职工党员 20 人，学生党员 1020 人。组织举办"黄河科技学院 2022 年度基层党支部书记培训班"，培训内容包括习近平总书记重要讲话、党的最新理论成果、党的建设方面的工作制度，涵盖政治建设、组织建设、统战工作、宣传思想工作和意识形态工作等。在培训方式上，既进行理论知识学习、专题辅导（包括专家现场讲座、视频专题辅导）和大会经验分享交流，又进行基层党建工作理论知识闭卷测试；在培训组织形式上，既有学员自主学习、二级党组织集体学习，又有为期 6 天的集中培训。最后开展心得体会评比，并对心得体会进行汇编，巩固理论学习培训的成效。

（3）深入开展"创先争优"活动

2011 年是中国共产党成立 90 周年。学校党委重点从九个方面安排部署 2011 年的工作任务：一是紧紧围绕落实中长期战略发展规划，在实现学校"十二五"良好开局中创先争优；二是紧紧围绕迎接建党 90 周年，在学先进赶先进中创先争优；三是紧紧围绕抓基层打基础，在加强基层组织建设中创先争优；四是紧紧围绕迎接党建评估，在提升党建工作水平中创先争优；五是紧紧围绕办实事做好事，在服务师生奉献社会中创先争优；六是紧紧围绕提升学校文明水平，在创建省级文明单位中创先争优；七是紧紧围绕学生成长成才，在加强思想政治教育中创先争优；八是紧紧围绕党风廉政建设，在营造风清气正环境中创先争优；九是紧紧围绕和谐校园建设，在维护安全稳定工作中创先争优。

2011 年 6 月 30 日，在河南省庆祝中国共产党成立 90 周年大会上，胡大白被授予"河南省优秀共产党员"称号。同年 10 月 26～30 日，胡大白作为全省民办高校唯一的党代表，出席了河南省第九次党代会。2012 年 2 月，学校被河南省委组织部、河南省委高校工委评为"河南省高等学校党建工作先进单位"，是受表彰的 30 个先进单位中唯一的民办高校。同年 6 月 29 日，在河南省创先争优活动表彰大会上，学校党委被授予"全省创先争优先进基层党组织"称号，黄河科技学院是唯一获此殊荣的民办高校。

学校党建工作受到多家媒体的关注。2011 年 5 月 10 日，《河南教育》以《积极创新民办高校学生党员发展工作》为题；2011 年 5 月 12 日，新华网和中央党校理论网以《黄河科技学院：创新民办高校党建》为题；2011 年 7 月 5 日，河南省委主办的《党的生活》刊登《创新思路，着力打造民办高校党建工作品牌》的文章，从不同角度对学校党建工作进行报道。特别是 2011 年 4 月 12～14 日，中宣部《党建》杂志社派出第二编辑室主任苗遂奇和编辑冯静，在河南省委宣传部党员教育处处长的陪同下，来黄河科技学院进行为期三天的专题采访，并于 2011 年第 9 期《党建》上，以《对黄河科技学院党建工作的调研》为题，对学校党建工作进行全面报道，揭示黄河科技学院科学发展的奥秘。2012 年 6 月 12 日，《光明日报》以《黄河科技学院抓党建促发展》为题报道学校党建经验。2012 年 6 月 19 日，学校被确定为中组部主办的《共产党员手机报》和《党员教育通讯》的党建信息联系点，成为全国 298 个联系点中仅有的 5 个高校联系点之一。2012 年 7 月 20 日，在上海召开的全国民办高校党的建设工作座谈会上，教育部副部长、党组副书记杜玉波在讲话中对黄河科技学院在党建工作中进行的有益探索和取得的成绩，给予了充分肯定。

（4）深入开展群众路线教育实践活动

2012年11月，党的十八大作出在全党深入开展以"为民务实清廉"为主要内容的党的群众路线教育实践活动的重大部署。2014年2月21日，河南省委高校工委印发《关于民办高校开展党的群众路线教育实践活动的通知》。学校党委按照上级党组织的部署积极开展工作。一是精心组织。按照上级要求，及时制定了教育实践活动方案，成立了领导机构和日常工作机构，明确了任务和职责。二是率先垂范。各级党员领导干部主动深入基层进行调研，虚心听取师生对校领导班子和个人在"四风"及服务师生等方面存在的问题；认真学习教育实践活动有关学习资料，积极撰写学习心得体会；带头查摆问题、剖析原因，积极开展批评和自我批评，并认真进行整改。三是加强督查指导。严格按照"学习教育、听取意见，查摆问题、开展批评，整改落实、建章立制"三个环节的工作要求，做到有部署、有检查、有指导、有总结，确保了教育实践活动的顺利开展。四是注重整改。对师生所提意见，进行了分类梳理，并建立了整改台账，明确了责任。各分管校领导和相关部门积极落实，每个问题都有回应，绝大多数问题得到较好解决。制定了《关于进一步改进工作作风密切联系师生的若干规定》，使机关作风有了进一步改进，服务基层的意识进一步增强。

（5）推进党建工作制度化、规范化、科学化发展

为进一步加强各级党组织的全面发展，提高工作的科学化水平，学校党委制定或完善了多项制度，有效推进了党建工作制度化、规范化、科学化发展。

建立健全规章制度。校党委坚持民主集中制，严格贯彻落实《中国共产党普通高等学校基层组织工作条例》《中共中央组织部中共教育部党组关于加强民办高校党的建设工作的若干意见》《高等教育法》《民办教育促进法》的精神，先后制定了《党委会议事规则》《党政联席会议议事规则》《党委民主生活会制度》等规章制度，实现了以制度管人、按制度办事、用制度规范领导行为，增强了学校党政领导班子执政为民、服务师生的理念和意识。

2. 加强大学生思想政治工作

学校始终围绕"为谁培养人、培养什么人、怎样培养人"的根本问题，充分发挥党组织在思想政治教育方面的政治优势和组织优势，加快探索"以党建为核心，全面加强思想政治工作"的思想政治教育新途径。同时，紧密结合民办高校实际，不断优化学生党组织设置，扩大组织覆盖面。在学校规模不断扩大和专业设置不断优化的情况下，由原来按院（系）设置学生党支部，调整为按年级或专业建立党支部。同时，注重选好配强党支部班子，特别是将政治上成熟、业务上精通、作风上务实的党员选为支部书记。党支部按照贴近学生思想、学习、生活实际的原则，积极创新思想政治教育工作的方式方法，充分发挥党组织在思想政治教育中的引领作用。

（1）构建"大学工"的思想政治教育工作机制

学校党委整合大学生思想政治教育的相关机构，按照"大学工"的构建思路，成立了黄河科技学院学生工作委员会，由其全面负责学生思想政治教育、党建、校园文化建设、管理服务等工作。学生工作委员会设置思政教育部、党建工作部、校园文化建设部和学生管理服务中心，实现了学生思想政治教育工作引领、管理、服务、咨询、指导的一体化，形成了思想政治教育工作合力，提高了思想政治教育工作的针对性和实效性。黄河科技学院在教育部思想政治工作司"全国民办高校党的建设和思想政治工作优秀成果奖"评定中获一等奖。

（2）形成党委统一领导、党政群团齐抓共管的全员思想政治教育工作格局

学校在积极探索创新思想政治教育工作方式方法的实践中，不断深化全员、全过程、全方位的"三全"育人模式，取得了可喜成绩。

一是构建"党委统一领导、党政群团齐抓共管、有关部门各负其责、教职员工积极参与"的全员思想政治教育工作格局。坚持把思想政治教育纳入学校事业发展规划和年度工作计划，纳入基层党组织工作指标考核体系，制定了一系列工作制度，实现了思想政治教育工作的经常化、规范化、制度化。

二是建立"入学教育—日常管理—毕业就业"三位一体的全过程思想政治教育服务体系。在此过程中，有一个显著的特点，就是将"职业生涯规划教育"贯穿于这个服务体系，为学生营造了一个"安全稳定、宽容和谐、自由开放"的学习环境，建立了一个"倡导自主学习、支持广泛实践、崇尚个性发展"的学习氛围，实现了服务学生成长成才的思想政治教育目的。

三是形成"课堂育人、实践育人、管理育人、文化育人"相结合的全方位思想政治教育工作合力。积极深化思政理论课改革，深入开展核心价值观教育；大力倡导社会实践活动，引导学生践行社会义核心价值观；不断加强辅导员职业化、专业化建设，发挥思想政治工作队伍保障作用；加快推进校园文化建设，营造了浓厚的思想文化氛围。

（3）积极开展丰富多彩的思想政治教育活动

学校充分发挥思想政治理论课在大学生思想政治教育中的主渠道作用，坚持以理想信念教育为核心，深入开展思想政治教育工作，通过开展一系列健康向上、丰富多彩、形式新颖的教育实践活动，进一步加强学生的理想信念教育，激发广大学生爱党、爱国、爱校的热情。

一是强化以党建为核心的思想政治教育，组织开展爱国主义精神和黄科院精神教育活动，增强广大师生的爱党、爱国、爱校热情。

二是充分发挥思想政治理论课主渠道作用。在强化实践教学上，将理论课教学实践与学生社会实践相结合。在深化理论课考试改革上，将理论课考试与学生平时的学习态度、实际表现相结合。

三是引导广大学生在社会实践活动中积极践行社会主义核心价值观。2013年学校被团中央、教育部授予"圆梦中国，公益我先行"首届全国大学生微公益大赛暨暑期"三下乡"专项社会实践活动优秀组织奖，青年志愿者协会第五届环保绿色营被授予全国大中学生暑期"三下乡"社会实践重点团队和全国百强团队。学校项目办被评为"全国大学生志愿服务西部计划优秀项目办"。

四是通过开展评选"学子榜样""优秀毕业生""教师之星""身边的感动"等活动，树典型，立榜样，一批践行社会主义核心价值观的先进人物纷纷涌现。

五是积极发挥"黄河讲坛"、"五个一工程"、校史馆、博物馆等载体的文化育人功能，培育社会主义核心价值观，营造文化氛围，通过举办宿舍文化节、社团文化节、科技艺术文化节、周末文化广场等校园文化活动，增强了师生的文化自信和价值观自信。

3. 加强思想政治工作队伍建设

辅导员队伍是开展大学生思想政治教育工作的骨干力量，学校高度重视加强辅导员队伍建设。学校坚持"引领、指导、咨询、服务"工作理念，以"让学生从容面对未来"为工作目标，不断完善辅导员工作机制，增强辅导员工作针对性，严格辅导员考核评价体系，建立"全方位、多形式、分类别"的辅导员培训体系，夯实了大学生思想政治教育的组织基础，探索了一条职业化、专业化辅导员队伍建设的新路子。

学校印发了《黄河科技学院辅导员考核办法（试行）》《黄河科技学院辅导员考核办法（修订稿）》《关于辅导员进修资格证书奖励办法》《关于进一步加强辅导员工作的意见》《黄河科技学院专职辅导员职称评定办法（试行）》《黄河科技学院辅导员培训计划（2013—2017）》《黄河科技学院辅导员职业大赛实施方案》等文件，将辅导员工作不断推向深入。

学校每年召开专题辅导员培训会议，开展工作交流和辅导员团体心理辅导技能培训，不断提高辅导员的思想认识水平，帮助辅导员掌握团体心理辅导的基本理论、方案设计、操作步骤及技巧，使辅导员能对不同学生群体开展针对性的团体心理辅导。

为激励辅导员队伍不断提高整体素质和业务水平，学校自 2009 年开始对辅导员开展业务知识考核竞赛，并鼓励辅导员参加河南省委高校工委、河南省教育厅主办的全省高校辅导员职业技能竞赛。

通过以上措施的落实，学校辅导员队伍职业化、专业化水平进一步提升。截至 2014 年初，辅导员整体专业化程度达到 57.04%，其中学生事务方向为 82.76%，心理咨询方向为 80%，就业指导方向为 61.29%。

（五）加强文化与文明单位创建

学校重视加强文化阵地建设与管理，在办好纸质媒体的同时加强网络媒体建设，使校园网成为传播先进文化的新渠道、加强大学生思想政治教育的新阵地、全面服务大学生的新平台。同时，注重加强精神文明建设，积极争创省级文明单位，在全校营造昂扬向上、团结奋进、开拓创新的良好氛围。

1999 年经当时的新闻出版署批准公开发行的《黄河科技大学学报》①，是学校校园内占主导地位的媒体，是加强思想政治教育和开展新闻宣传工作的重要阵地。

学校高度重视校报的建设和发展。2012 年初建立全校信息工作平台（以邮箱为主），由专人专门收集院专信息并分发给各个编辑进行后期加工处理。2014 年，建立全校宣传工作信息群（微信平台），形成了从新闻中心到全校各单位、从老师到学生、从采编人员到信息员的全校一体化网络宣传体系。

2009 年以来，在每年的全国和全省高校"校报好新闻奖"评选中，《黄河科技大学学报》新闻报道作品获得多个奖项。2013 年《黄河科技大学学报》荣获 2013 年度河南民办高等教育"十佳校报"。

2009 年，学校创建了图片专网，不断更新大量展现学校良好风貌和办学实力的照片，实时展示学校新变化、新动态、新特色。建立了新闻信息应急预警机制，制定了《网络突发紧急事件上报制度》，指定专人 24 小时网上巡逻，遏制媒体不实报道。自此，网络舆情巡检与预警机制正式步入正轨，有效改善了学校发展的网络环境，有力促进了学校品牌建设与招生宣传工作。

2011 年，学校官网主页改版，首次实现所有校内新闻全部上网、当天新闻当天上网的目标。

2013 年，重新修改和完善了"百度知道"问题解答工作惯例、图片专网的上传及维护流程、网络部关于新闻照片的要求说明、贴吧信息

---

① 1999 年《黄河科技大学学报》创刊，2019 年正式更名为《黄河科技学院学报》。

管理制度等一系列部门规章制度。2014 年，构建了由校报编辑部、校报记者团、各单位信息员、网络部编辑组成的全校一体的网络宣传体系。制定官方微信管理办法，形成了"三选三审"制度。

新媒体影响力迅速提升，联系协调校内各单位新媒体，初步打造新媒体矩阵。官方微信一跃成为学校第一自媒体，"黄大丫"深受学生欢迎，每次在省内高校微信影响力排行榜中均居前列，官方微博成为首批河南省高校新媒体联盟成员。

学校历来重视精神文明建设。1998 年 2 月，黄河科技学院被授予"河南省文明学校"称号。2011 年 12 月 31 日，河南省委、河南省人民政府授予黄河科技学院"省级文明单位"称号，黄河科技学院成为河南省第一个获此殊荣的民办高校。

二 创新思想政治工作模式

作为民办学校掌舵人，胡大白深知抓好思想政治工作的重要性，始终把思想政治工作放在学校各方面工作的第一位。

办学初期，学校就注重创新思想政治工作模式。一是学校健全了党团组织，成立了学工部专门抓学生工作。行政人员和班主任是开展思想政治工作的骨干，教师把思想政治工作贯穿在整个教学环节中；行政人员在各项工作中体现思想政治教育，通过团委会、学生会及其他各种学生组织调动全体学生做思想政治工作的积极性，形成一个关心国家、关系政治，积极要求进步的生动活泼的政治局面。二是密切联系师生员工的思想实际开展工作。如制订思想政治教育计划；将马克思主义立场观念教育与政治理论课相结合；理想教育在刚入学或学生的思想转变期（自考前后、毕业前）进行；法治教育与实际治安事件结合进行；道德教育贯彻在各种适当场合中。三是采用丰富多彩的思想政治教育形式。"看"，组织师生员工看适合进行思想政治教育的影像资料，如"亚运会中国代表队政委讲话""商战""关贸总协定与中国"等；"听"，组织师生员工听典型人物的报告；"参观"，组织师生员工参观学校内外的先进单位，举办先进事迹展览等。

自 1993 年开始,每年的 4 月 5 日前后,学校团委都会组织学生赴烈士陵园进行清明节扫墓暨新团员入团宣誓活动。在纪念碑下,师生一起缅怀革命先烈。团委高度重视志愿服务活动,自 1993 年起,每年的 3 月初,团委都组织开展学雷锋活动,义务为群众服务。自建校开始,学校一直重视对学生进行形势与政策教育。主要利用开学、重要节日、党团活动等时间节点,由学校领导和聘请的校外专家对学生作形势报告,开展形势与政策教育。学校还通过各种各样的集体活动,如军训、升旗仪式、学雷锋活动、知识竞赛、演讲比赛、体育比赛、艺术节活动、"三下乡"活动等对学生进行爱国主义、集体主义教育。这些新方法使师生员工时常保持旺盛的朝气。学校还注意培养学生的竞争意识、参与意识。当时接触到学校毕业生、结业生的人都会感到,学校的学生自信、豪爽、应变能力强,在各种选拔考试中总是名列前茅。[①]

(一) 特殊社团——校园纠察队

考虑到学校居住条件差、宿舍分散、周边环境复杂、学生思想政治工作开展困难等因素,学校建立了由学生中的骨干分子组成的校园纠察队,其主要任务是协助学校保卫部门做好治安保卫工作,在维护学校安全稳定工作方面发挥重要作用。学工部和保卫部负责组织培训和日常工作。

团组织、学生会和班级学生干部在搞好学习的同时努力搞好社会工作,没有担任学生干部的学生可以参加文明服务队、担任文明监督员、参与学生公寓管理、参加校园安全值班巡逻。这些学生不仅学习成绩优秀,而且在思想上要求进步,工作上无私奉献。校园纠察队经过整顿,选拔了一批优秀的学生担任骨干,并建立了严格的审核制度、队员守则等。

---

① 资料来源:黄河科技学院校史稿。

（二）军训与入学教育

1990 年 8 月新生入校后，学校首次利用 7 天左右的时间实施军训，军训工作由团委、学工部负责。

军训间隙，胡大白带领教师对新生们开展入学教育、形势教育，在政治立场、学习态度、纪律作风等方面向新生说明道理、提出要求。军训成为学校的一个传统，每年都要进行。从新生入校军训第一天起，学校便引入党课，向每一位学生讲"为什么要加入中国共产党，怎么写入党申请书，怎么以实际行动加入中国共产党"。

（三）全面加强思想政治工作

2000 年 8 月 2 日，胡大白在《光明日报》发表《民办高校更要加强党建和思想政治工作》一文，文章旗帜鲜明地指出：

民办高校必须比普通高校更加重视加强党的建设和思想政治工作。由于民办高校的领导成员不是政府委派的，党组织的设立没有明确的规定，这种建校初期的自发性，很容易使学校走偏方向。只有加强党的建设，坚持党的领导，建设好领导班子，才能全面贯彻党的教育方针，把握社会主义的办学方向，使学校教育服务于社会主义建设，服务于人民群众，实现办学的公益性，这是民办高校生存发展最重要的基础性条件。

做好党建和思想政治工作不是空话，不能光喊口号，计划的制订和措施的推行必须要有强有力的抓手。胡大白通过业余党校与校卫队的建设，把思想政治工作落到实处。

"以提高教育教学质量为中心，以提高管理水平为手段，以加强思想政治工作为保证"是黄河科技学院实施专科学历教育后明确提出的办学方针。如何教学生做人，教学生做一个政治素养高、道德品质好、热爱祖国和人民、有社会责任感的人，在胡大白看来，是关乎教育成败的根本性问题。

胡大白说："通过抓党建促进学生思想政治工作，是我们的一条特别宝贵的经验。但是，我们重视在学生中发展党员，绝不是把学生拉进党内，而是严格标准，加强培养，大力发展。那么，如何加强培养？一个业余党校，一个校卫队，我们有这两个抓手，形成了合力，取得了很好的效果。"

"以党建为核心，全面加强思想政治工作"是黄河科技学院党建工作的主要经验，所谓"全面"，是指"全员""全过程""全方位"。学校建立了培养入党积极分子的载体——校卫队，将校卫队纳入党建工作重要内容，并重视加强业余党校建设，使业余党校和校卫队成为黄河科技学院开展思想政治工作的两个有力的抓手。校卫队和业余党校成为学校党建工作的亮点和特色。

1. 业余党校

为给师生做好引导，培养积极分子，学校于 1995 年 9 月开始举办入党积极分子培训班。入党积极分子培训与新生入学军训紧密结合。新生入学教育的重要内容之一是向学生讲解党的基本知识和"为什么入党"，同时帮助学生了解如何写入党申请书，这样的"第一课"在新入校的大学生中形成了积极要求进步的氛围。军训期间，95% 以上的学生都主动递交入党申请书。军训结束时举办会操大会，大会上除了表彰军训优秀队员外，还庄重宣布第一批入党积极分子培训班学员名单。

1995 年 9 月入党积极分子培训班正式举办。1998 年 3 月，学校业余党校正式成立，胡大白担任业余党校校长。校党委相继制定了《业余党校培训班教学管理制度》《发展党员工作细则》，实现了业余党校培训和党员发展的规范化、制度化。

仅 1995 年至 1999 年，业余党校培训班就举办 48 期，共计培养学员 6041 人，保证了党员发展的质量。党组织和广大党员发挥了先锋模范作用，他们在关键时刻总是冲在最前面。

2. 校卫队

业余党校为学生入党积极分子培养提供了理论课堂，校卫队则为学生入党积极分子培养提供了实践平台。建立校卫队，是学校以党建为核心的学生思想政治工作的另一个重要抓手，也是全面推进素质教育、培养高素质人才的重大举措。

校卫队是在校党委领导下的由学生入党积极分子和学生党员组成的先进青年学生自律组织，这是黄河科技学院的独创，是胡大白在党建工作中表现出来的大气魄、大智慧。校卫队发端于 1990 年 8 月成立的由学生中的骨干分子组成的校园纠察队，其主要任务是协助学校保卫部门做好治安保卫工作，办学初期在维护学校安全稳定工作中发挥了重要作用。1998 年 12 月，校卫队第一支队正式在黄河科技学院成立。1999 年 1 月，《黄河科技学院校卫队条例（暂行）》出台，对校卫队的任务、机构、奖惩以及队员的条件、权利、义务都作了详细规定，这标志着校卫队管理逐渐规范化。同年 3 月，校卫队第二支队成立。1999 年 3 月 2 日，杨钟瑶在学校党委会上指出："校卫队队员是入党积极分子的主要力量，是学生中的中坚力量。校卫队工作是党委工作的一个重点，学校要成立校卫队总队，这是一个系统，校卫队工作要单列。"

校卫队队员实践锻炼的范围从单纯的治安保卫扩大到学校校园文化建设、社会实践等各个方面。平时，校卫队队员参与门卫守护、巡逻、学生公寓管理；每逢学校举办文化、体育、集会等各类大型活动，校卫队队员都分工合作，承担活动组织和安全保障工作；学校每周举行一次升国旗仪式，护旗手也是从校卫队队员中选拔产生的。在寒假、暑假里，校卫队队员要分批在学校值班，参与学校保卫和新生接待，参加技能培训，开展理论学习。校卫队队员全是品学兼优、政治素质过硬的优秀学生，学生也以加入校卫队为荣。

通过参加校卫队的活动，学生们不断追求进步、锻炼成长、表现自我、提升自我，责任感、理论性、实践能力等都得到了极大的提升。每一届新生都竞相加入校卫队。而在郑州市人才市场，黄河科技学院校卫队队员成为广受欢迎的"金字招牌"。

三　工会及团学工作

1992 年，学校已有专职教职工 148 人。根据发展需要，1992 年 6 月 15 日，学校申请建立工会组织。1992 年 6 月 22 日，郑州黄河科技大学工会委员会成立。1992年6月27日，学校召开全校教职工大会，选举产生郑州黄河科技大学第一届工会委员会，齐树德任第一届工会委员会主席，陈勇民任副主席。这是全国民办高校中成立的第一个工会组织。

学校高度重视团学工作，早在1985年学校就建立了分团委，"挂"在郑州大学团委下。20世纪90年代初，学校召开了第一次团员代表大会。为更好地统筹管理郑州市高等教育自学考试辅导班，学校专门聘请了有经验的退休中学教师担任班主任，健全了基层团组织。1993年3月，经郑州团市委批准，郑州黄河科技大学团委正式成立，直属团市委，下设7个团总支和1个团支部。到1994年，团总支增加为8个。

第三节　现代民办大学

黄河科技学院有很多"第一"，其不但是全国第一所民办大学，而且是当代中国民办高等教育发展的一面旗帜，在一定程度上代表着民办高校发展的方向，引领当代中国民办高等教育一步步由"公办高校的必要补充"发展成为"中国高等教育的重要组成部分"。

进入新时代，民办高校的规模不断扩大，质量不断提高，正在成为中国教育改革的重要力量。

2022年，全国普通本科在校生1965.64万人，职业本科在校生22.87万人，高职（专科）在校生1670.90万人，共3659.41万人。其中民办普通本科、职业本科、高职（专科）在校生924.89万人，占全国的25.27%。黄河科技学院本、专科在校生数量占到河南省民办高等学校在校生总数的5.16%，其中本科在校生数占到全省民办高等学校本科在校生数的7.35%。这样的体量，说明黄河科技学院已经具备了建设现代应用型大学的基础。

在当代中国，怎样办大学？办怎样的大学？

胡大白2016年1月24日在中层以上干部（扩大）研讨会上提出：

我校有创新的基因，30元钱起步，滚动发展，敢为天下先，走在了全国民办大学的前列。如今，北大、清华、复旦、郑大、河大都在向培养为社会服务、国家急需、人民群众急需的人才以及创新型大学方向转型，我们和他们站在同一个新的起跑线上，就要通过创新弯道超车。但是我们不是全面的超，我们要从应用型方面超，直接为社会经济服务。2013年，在应用型的本科高校中，我校是全国首批"应用科技大学改革试点战略研究单位"，还获批为河南省五所应用科技大学的试点学校之一；2014年，经过河南省的中期验收，我校成为转型发展学校；2015年11月，在4所"河南省首批示范性应用技术类型本科院校"中，我校是其中之一，而且在验收考察中成绩是最好的。

第一，照搬国外的私立大学，不行。

哈佛大学、斯坦福大学、巴黎大学、牛津大学、剑桥大学、加州理工学院、麻省理工学院、耶鲁大学、普林斯顿大学这些全世界青年学子向往的大学大都有一个办学前提，即前期就有资金的投入和办学的基础。哈佛大学最初是一批移民北美的英国清教徒后裔投资建起来的，不久后得到了牧师约翰·哈佛的捐赠。他捐赠的779英镑是哈佛大学建校一年来收到的最大的一笔捐款。斯坦福大学的创办人利兰·斯坦福是当时的加州铁路大王，曾任加州州长，是有雄厚积蓄的实业家。巴黎大学的前身是巴黎圣母院的索邦神学院，其背后有着教会做靠山。牛津大学由在巴黎大学读书归来的富家子弟创办，是有政府支持且享有特权的大学。剑桥大学是由从牛津大学出来的教师和学生创办的，受着国王和教会的"恩宠"。耶鲁大学、麻省理工学院、加州理工学院、普林斯顿大学也大都有这样的基础。

胡大白只有30元人民币，没有财大气粗的基础。更别提还有国情和时代的不同。

第二，复制中国的私立大学，也不行。

一些外国教会机构创办的中国近代私立大学，有着独特的教会背景、经济背景和政治背景，这个没有办法复制也不能复制。

中国人自己创办的浙江大学、上海交通大学、武汉大学等的办学历史都可以上溯到 19 世纪以前，四川大学的办学历史甚至可以追溯到 1704 年。复旦大学、南京大学、中山大学、哈尔滨工业大学、山东大学、南开大学、同济大学、厦门大学等学校的办学历史都可以追溯到 20 世纪 30 年代以前。这些学校，后来大都成了公立学校。其在创办时，都有一个共同的特点，就是创办者不是官员，就是名人，有一定的经济基础和社会基础。

这些，胡大白复制不了。

第三，参照当代中国的公立大学，可以，但是不能照抄。

《宪法》（1982 年版）虽然打开了当代中国民办教育发展的大门，但是民办学校办学的主体不是国家。公立大学有的办学经费、教师编制、行政级别等都是民办学校没有的。

此外，中华民族千百年来形成的"正统"观念也影响着民办学校的发展。

胡大白所在的河南省，人口众多，经济基础薄弱，地处内陆腹地，文化历史悠久，改革开放的步子比沿海省份要缓慢一些。

胡大白在这样的情况下，依靠党的政策，在国家最需要的时候，在千百万考生期盼的时候，白手起家，办有中国特色的社会主义民办大学。

一　理念的凝练和制度的探索

（一）胡大白的现代大学建设理念

建立现代大学制度是《国家中长期教育改革和发展规划纲要（2010—2020 年）》确立的一项重大战略任务，其核心就是构建法人治理结构。胡大白积极进行探索实践，她认为，民办高校要构建法人治理结构，除要参考企业法人治理结构所要求的独立完整的产权制度、民主科学的决策制度、专业高效的执行制度和灵敏有力的监督制度以外，还必须坚持教育公益性和市场性相统一的原则，处理好教育活动的公益性与经营管理的市场性之间的矛盾，做到两者的协调与平衡。一方面，民办高校在构建法人治理结构时，首先应当确立取之于社会、回报于社会的非营利性理念，遵循高等教育发展的一般规律，坚持走公益性办学的道路；另一方面，在具体办学过程中，又要注重发挥自身在体制机制上的优势，增强市场意识和成本观念，在保证教育教学质量的前提下，尽量降低消耗、减少浪费、提高效率，实现教育资源的优化配置，力求用最经济的投入获得最佳的教育效果。

> 民办高校要构建法人治理结构，就不能盲目照搬西方的现代大学制度，而必须从我们国家的政治制度、经济发展水平、文化传统出发，必须坚持社会主义方向，坚持我们自己探索出来的行之有效的办学道路与办学特色，归根到底，要以保证学校全面履行各项社会职能和科学发展为根本目标。[1]

照搬西方大学不行，复制中国公办大学也不行，照先前的中国私立大学"写生"更行不通，胡大白只有选择创办既有当代元素又遵循规律、既符合国情又借鉴现代一流大学经验的具有独特个性以及发展生命力的大学。

胡大白结合自己对世界一流大学和中国公办大学的研究，在办学实践中不断思考，刷新了自己对有中国特色的社会主义民办大学的认识。2017 年 5 月，胡大白出版了《民办高校现代大学制度建设》一书，从"现代大学制度建设的理念""民办高校建设现代大学的价值""董事会制度""党组织制度""行政管理制度""学术管理制度""民主管理制度"等方面对民办高校现代大学制度的建设进行了论述，并就国内外典型的大学章程进行了分析，形成了独具特色的现代大学建设理念。

> 胡大白在《民办高校现代大学制度建设》中引论：
> 中国民办高校要想步入可持续科学发展的轨道，必须建设现代

---

[1]　胡大白：《民办高校法人治理结构初探》，《黄河科技大学学报》2015 年第 4 期。

大学制度，实行真正意义的法人治理。当下对中国大学而言，无论是公办大学还是民办大学都面临着人治大学向法治大学的转型。人治大学具有很大的偶然性和随意性，大学发展的命运往往寄托在校长一个人身上，英明的校长可以带领学校突飞猛进；平庸的校长只能使学校原地踏步甚至倒退，且人治大学的发展战略常因领导人的更迭而不可持续。建设一流大学的目标不是一朝一夕就能完成的，需要几代人几十年甚至上百年的携手接力才能完成。这显然是人治大学很难实现的目标，法治大学自然就成了各大学治理机制转型的目标。

黄河科技学院在不断探索和自觉改革的基础上，持续推进现代大学制度建设，不断完善内部治理结构，修订完善学校章程，构建了以董事会领导下的校长负责制为主体、校党委发挥政治核心作用、学术委员会统领学术事务、职工代表大会参与民主管理的"五位一体"的法人治理结构，在此基础上建立了一套适应管理需要的合理的组织机构。董事会作为学校决策机构，主要负责确定学校发展方向、发展战略和重大政策。党委是学校的政治核心，依法依规监督学校贯彻执行法律法规、政策方针的情况，参与事关改革发展重大事项的研究和决策，保证办学方向，规范办学行为。校行政是以校长为代表的行政管理系统，执行董事会决议，组织实施教育教学活动和行政管理工作。校长依法、独立、全面行使教育教学管理权和行政管理权。建立以学术委员会为核心的学术管理体系，完善了二级学院学术管理体系，明确教授在学科建设、教学科研等学术事务中的主导作用。学校建立党政联席会议制度和党委中心学习制度，每年召开"教职工代表大会"和"工会会员代表大会"，充分保障教职工依法参与学校管理和监督的权益，从而保证学校在依法治教的基础上健康发展。

（二）为建设现代大学奠定制度基础

创办学校的过程一波三折，充满坎坷，但是在这样的过程中，胡大白及时谋划，初步建立了各项制度，为建设现代大学奠定了基础。

1. 党委领导制度

党的领导是学校健康发展的政治保障，是中国特色社会主义大学的政治本色。从建校之初的"十年找党"开始，胡大白一直把坚持党的领导作为学校发展的第一要务。

> 20世纪80年代中期至90年代初期，一些民办学校根据自身发展、党员师生转接组织关系的需要，在没有专门法规指导的情况下，尝试建立了党的组织。1993年，国家教委颁布《民办高等学校设置暂行规定》，首次明确提出："民办高等学校应坚持党的基本路线，全面贯彻教育方针。学校要建立共产党、共青团和工会组织。"各民办学校纷纷建立党组织。其中黄河科技学院于1994年成立党总支，1997年成立党委，是全国第一所建立党委的民办高校。学校自建立党组织，特别是成立党委以来，十分重视党建工作，在上级党委的正确领导下，认真宣传和贯彻执行党的路线、方针、政策，积极参与学校教学和行政管理重大问题的决策，发挥了党委的政治核心作用。①

从2010年开始，河南省委组织部和省委高校工委开始向民办本科高校选派党委书记。2010年10月，丁松林任黄河科技学院党委书记，开创了河南省向民办高校选派党组织负责人的先河。2020年12月，教育部办公厅发布了《关于公布第二批高校"双带头人"教师党支部书记工作室建设名单的通知》，遴选产生100个第二批高校"双带头人"教师党支部书记工作室，黄河科技学院纳米功能材料研究所直属党支部书记工作室入选。黄河科技学院推进党支部规范化标准化建设，建成了8个校级"样板党支部"，充分发挥基层组织战斗堡垒作用，涌现出16个校级"先进基层党组织"，后勤集团党总支被评为"河南省高校先进基层党组织"，教务科研处党支部受到省委高校工委的通报表扬。

---

① 董圣足等：《从有益补充到共同发展——民办教育改革发展之路》，华东师范大学出版社，2018，第196页。

2. 董事会制度

随着民办教育事业的蓬勃发展,国家逐步加强对民办学校内部管理制度建设的指导,相关法律法规也不断完善。《民办教育促进法》明确规定:"民办学校应当设立学校理事会、董事会或者其他形式的决策机构。"根据这一规定,黄河科技学院于 2005 年 10 月设立董事会,首届董事会确定胡大白为董事长。

2012 年 12 月,学校校长职务实现了新老交替。根据工作需要,依照《民办教育促进法》第二十三条的规定,经学校董事会审议通过,报经河南省教育厅初审、教育部核准,同意胡大白辞去校长职务,专任黄河科技学院董事长,由执行校长杨雪梅接任黄河科技学院校长。

学校高度重视法人治理结构的构建,积极推进董事会制度建设,以其为核心,建立起一套依法自主办学、实行科学管理的现代大学制度。学校董事会依照董事会章程规定,履行决策机构的职能,每年召开 1~2 次会议,讨论决定学校重大事项。2008 年学校通过教育部高校本科教学工作水平评估后,董事会根据评估专家的建议,对办学指导思想进行了梳理,在重申建校以来所形成的办学宗旨、办学愿景、办学方针的前提下,进一步丰富和完善了学校的定位、发展目标,形成了一套系统的办学指导思想,审议通过了《黄河科技学院办学指导思想(顶层设计)》。2014 年学校 30 年校庆之际,董事会审议了学校五年规划实施情况的中期评估报告,提出了办一所创新型科技大学的长远目标。

董事会作为学校的决策机构,在学校的治理结构中处于核心地位,其自身建设对于学校的生存发展至关重要。为保证董事会正确行使职权,2014 年 8 月胡大白亲自牵头组织成立课题组,根据民办高校自身科学发展的需要来设计董事会制度,并启动了董事会章程的修订工作,依照国家法律法规和学校章程规定,进一步细化董事会的产生过程、职权范围和内部工作制度。法律法规有明确规定的遵照法律法规规定,法律法规没有规定的,则根据学校章程和学校实际情况作出规定。与董事会章程相配套,还草拟了董事会组成人员守则、董事会议事规则,为加强董事会自身建设提供制度保障。

董事会闭会期间，胡大白积极参与学校事务，参加党政联席会议，支持校长、校党委、校学术委员会和校"双代会"依法依规行使职责；董事会组成人员密切联系学校师生员工，开展调查研究，听取群众意见和要求，为董事会行使职权做好准备。

3. 党政联席会议制度

民办高校党的建设是社会主义高校党建工作的重要组成部分。民办高校党组织在民办高校管理中具有举足轻重的地位，是党对民办高校加强领导的主渠道。党组织是民办高校内部治理结构的重要组成部分，充分发挥其政治核心作用是民办高校构建现代大学制度的重要内容，同时，对于全面贯彻党的教育方针、坚持社会主义办学方向、促进民办高校健康发展也具有重要而深远的意义。[①]

黄河科技学院办学之初"十年找党"，奠定了学校发展的基础，确立了学校发展方向。学校不断加强党的建设，深化党对学校各项工作的领导，将党建工作一步步推向深入。

党政领导联席会议机制和党委书记与校长的沟通机制，党政领导名义任职、共同负责、分工协作机制，校领导中心组理论学习机制，被并称为"四项机制"。

一是党委书记与校长的沟通机制。凡是学校的重大问题和涉及安全稳定的敏感问题，校党委主要负责人要与校长及时沟通。在沟通过程中，校长、校党委主要负责人都要从学校大局出发，开诚布公交换意见，思想上达成共识，行动上取得一致，做到心往一处想、劲往一处使，形成合力。

二是党政领导联席会议机制。学校集体领导的主要形式是党政领导联席会议。党政领导联席会议每两周召开一次，由校长和校党委书记共同主持，主要通报工作情况，讨论决定涉及学校教学、科研、学科建设、专业建设、师资队伍建设及行政管理方面的重大事项和学校的重大活动。

---

① 　胡大白等：《民办高校现代大学制度建设》，社会科学文献出版社，2017，第77页。

三是党政领导名义任职、共同负责、分工协作机制。党政领导对学校工作全面负责，凡重要工作和重大活动，校长和校党委书记均为第一责任人，这就使校党委直接参与了学校改革发展稳定的各项工作，保证了办学方向。校党委成员和行政领导交叉任职，做到"职能上分、思想上合，工作上分、目标上合，体制上分、关系上合，程序上分、步调上合"，从而保证党政同心，协调一致。

四是校领导中心组理论学习机制。长期坚持校领导中心组理论学习机制，使领导班子成员的政治素质得到增强，理论水平得到提高，思想认识得到统一，保证了办学的政治方向。每次校领导中心组学习时，都坚持抓好一个要点，紧扣一个热点，剖析一个重点，攻破一个难点，把学习理论与改造世界观结合起来，与学校的改革发展结合起来，与指导促进学校各项具体工作结合起来，真正使科学理论入耳、入脑，成为学校工作的指南。为此，校党委积极构建学习型党组织，长期坚持理论学习，引领学校改革发展，促进学校各项具体工作紧密结合。

"四项机制"为校党委发挥政治核心作用提供了制度保障，同时也为协调党政联系、促进决策民主化、提高工作效率和决策水平提供了制度保障。

4. 行政管理制度

在黄河科技学院的治理体系中，校行政是以校长为代表的行政管理系统，执行董事会形成的决议，组织实施教育教学活动和行政管理工作。校长依法、独立、全面行使教育教学管理权和行政管理权，副校长协助校长工作。校党委是学校的政治核心，依法监督学校贯彻执行法律法规、政策方针，保证学校的办学方向、办学行为，参与事关学校改革发展重大事项的研究和决策。

在这样一个治理结构之下，学校按照学科建设规律以及整合教育资源的原则，设置院系及研究所；按照精简的原则，设置行政管理机构和服务部门。学校党、政、工、团组织健全，行政机构设置科学合理，人员配备到位，制度健全，运转高效，保证了学校的科学发展，保证了学校的稳定和谐与可持续发展。

黄河科技学院通过管理的科学化、制度化、规范化、精细化、分类化，进一步提升了管理水平。在建校 40 周年前夕，通过规章制度的"废、改、立"，清理废除 274 项，修改制定 176 项，形成了 46 万字的制度汇编，推动了依法治校的进程。在教师管理方面，实行分类管理，对不同岗位的教师实行差异化管理，很好地调动了广大教师的积极性、主动性、创造性。内部管理作为品牌建设得到全面优化，机关的精细化管理持续加强，行政服务能力明显提高，绩效管理中心下移，进一步激发了教职工干事创业的热情。

5. 学术管理制度

学术管理制度是现代大学制度的重要内容，是大学学术性质的重要体现，建立学术管理制度是深化高等教育综合改革的重要举措。高等教育的健康发展、高校办学水平的持续提高，都离不开学术委员会作用的充分发挥。当前，在高校的学术权力受到各种干扰制约的情况下，高校尤其是民办高校现代大学制度建设必须高度重视学术管理制度建设。2016 年 1 月下发的《国务院办公厅关于优化学术环境的指导意见》（以下简称《意见》）指出，目前我国支持创新的学术氛围还不够浓厚，仍然存在科学研究自律规范不足、学术不端行为时有发生、学术活动受外部干预过多、学术评价体系和导向机制不完善等问题。《意见》提出要构建科学合理的激励约束和评价机制，发挥理事会、学术委员会在学术环境建设中的重要作用。正在发展和壮大的中国民办高校由于体制机制和历史等多种原因，学术管理制度建设较为滞后，仍然存在较多问题，因此，我们需要借鉴国内外相关院校的学术管理制度建设经验，进一步加以健全和完善。①

1997 年 4 月，黄河科技学院成立第一届学术委员会。2004 年 2 月，换届选举产生第二届学术委员会。2009 年 1 月，学术委员会换届，选

---

① 　胡大白等：《民办高校现代大学制度建设》，社会科学文献出版社，2017，第 123 页。

举产生第三届学术委员会，由 23 人组成，胡大白担任主任委员。2014年 5 月，换届选举产生第四届学术委员会，由 25 人组成，刘人怀担任主任委员。学术委员会根据教育教学需要陆续设立了教学指导委员会、教学督导委员会、学位评定委员会、教师专业技术职务评审委员会、教材建设指导委员会等专门委员会，就学校有关学术发展、学术诚信、学位授予、职称评定、师生权益等重大问题进行集体决策、民主管理和民主监督。

为加强学术委员会建设，保障学术委员会在教学、科研等学术事务中有效发挥作用，2006 年，学校制定了《黄河科技学院学术委员会章程》。2014 年，根据《高等学校学术委员会规程》和《教育部办公厅关于学习宣传、贯彻实施〈高等学校学术委员会规程〉的通知》等文件，学校对校学术委员会章程进行了修订，进一步厘清了相关职能、权责边界，完善了工作流程与制度，为构建"行政权力"与"学术权力"相互独立、相互支撑的现代大学治理结构奠定制度基础。

2000 年，学校成立了由 12 位成员组成的教学督导委员会；2001 年成立教学质量督导小组；2004 年成立教学督导工作组；2007 年教学督导工作组更名为教学督导室，并在各学院设立教学督导组，建立了一支由 80 多位有丰富教学经验的老专家组成的校、院两级教学督导团队。校教学督导室在主管教学工作的副校长的领导下开展工作，其主要职责是建立教学督导工作流程和规章制度，明确工作程序和质量标准；负责专、兼职教学员的培训与管理，建立教学质量监控机制。教学督导室建立以来，一直在探索对教学全过程、多环节的督导，突出对教学运行核心环节的规范，以日常督导听课、教学观摩活动、实习实训、各类教学检查、考试巡查、毕业论文（设计）检查等活动为载体，端正教师教学工作规范，强化课堂教学管理，开展网上评教评学和学生教学满意度调查，形成了领导、专家、同行、学生"四位一体"的教学质量监控组织体系。教学督导室每年立足本校实际，开展专题校本调研，编辑《教学督导简报》。通过对学校近年来教学质量评价结果进行分析，全校教师的教案设计水平、多媒体课件制作水平、课堂教学能力、实习实训能力等有了显著提升，推动了教育教学质量的稳步提升。

2001 年学校设立教师专业技术职务评审委员会，该委员会在每次职称评审启动之时都严格审查评审工作方案，并在职称评审的各个环节履行监督、咨询等职责，保证了职称评审工作有序正常进行。此后的 14 年间，学校共评审通过中级职称 770 余人，对提升师资队伍建设水平起到了不可替代的重要作用。

6. 民主管理制度

民主管理制度是现代大学制度的题中之意。高校民主管理内涵丰富，形式多样，意义重大。本章阐述的民主管理制度就群团组织建设而言，主要涉及教职工代表大会、工会代表大会、学生代表大会、团员代表大会、妇女代表大会等组织的性质、职能运行体制等问题。

高校民主管理是依法治国方略在高等学校的具体体现，是办学指导思想的重要内容，是现代大学制度建设的基本要求。高校民主管理思想在推进高校依法治校、依法办学、依法管理等方面具有重要的意义。高校民主管理是一个渐进的过程，必须以法治的思想、法治的思维、法治的方法，推进高校治理体系和治理能力的现代化建设，促进高校科学发展。①

黄河科技学院高度重视工会组织的建设。1992 年 6 月 27 日，学校选举产生第一届工会委员会，主席为齐树德。1998 年 7 月 3 日，学校选举产生第二届工会委员会，主席为陈勇民。2008 年 12 月 26 日，学校选举产生第三届工会委员会，主席为邓启辉。2012 年 2 月 15 日，邓启辉申请辞去工会委员、主席职务。2012 年 2 月 20 日，第三届工会委员会召开全体会议，补选罗煜为黄河科技学院第三届工会委员会主席。2018 年 2 月，学校选举产生第四届工会委员会，主席为陈勇民。2023 年 4 月 7 日，学校召开第五届教职工代表暨工会会员代表大会，选举产生第五

---

① 胡大白等：《民办高校现代大学制度建设》，社会科学文献出版社，2017，第 142 页。

届工会委员会，主席为陈勇民。

第四届四次"双代会"代表提案办理情况的报告：

一是第四届四次"双代会"共收到代表提案57份，符合立案条件的共46份，占提案总数的80.7%。具体情况：关于行政管理方面的立案共16份，占立案总数的34.8%；关于后勤服务方面的立案共18份，占立案总数的39.1%；关于人事方面的立案共2份，占立案总数的4.3%；关于教学科研方面的立案共10份，占立案总数的21.7%。

二是学校党政领导班子和校工会委员会高度重视代表提案的办理与落实，特别是涉及学校改革发展稳定和涉及师生员工切身利益的提案，学校领导班子专题研究，安排落实。校工会委员会协调和督促有关单位（职能部门）准确领会提案人的真实想法，及时沟通，认真办理和答复每一份代表提案；对条件不成熟、暂时不能解决的问题，给予客观解释和反馈。

三是积极推进问题整改与提案的办理落实。一年来，学校党政工团组织积极工作，改进作风，更加注重以人为本，更加注重师生员工成长进步，更加关注师生员工的切身利益，形成合力抓好问题整改和提案的办理落实。

譬如，关于回应实验室统一管理的提案。学校高度重视实验管理工作，出台了《黄河科技学院实验教学管理条例》《黄河科技学院实验室开放管理办法》《黄河科技学院综合性、设计性实验管理办法》等，加强实验教学管理、实验室开放管理、综合性和设计性实验管理等工作，鼓励广大师生进实验室，开展实验教学和研究，调动教师和学生积极性，提升实验仪器设备利用率。同时也要求各学部（院）或实验中心加强实验管理和服务，并安排相关专业教师进行实验教学管理；学校教务科研处、校产管理处等职能部门做好教学管理、工作量核算、实验设备和耗材提供等服务。

譬如，关于回应增加教职工校园网络同时接入设备数量的提案。为方便教职工更好地使用校园网进行科研、教学、管理工作，学校无线校园网建设完成后，形成了有线、无线一体化认证体系，每名教职工的上网账户可同时连接 2 台上网设备。随后，考虑到教职工在校居住的上网需要，另外增加了 1 台家属区上网设备。目前我校教职工校园网个人账户可同时在线的设备数为 3 台。

譬如，关于回应筹建教职工专用餐厅的提案。学校将黄河众创咖啡改为教工餐厅，其为学校自营、无盈利的福利性餐厅。从 2021 年 3 月 3 日起，学校对每位就餐教职工给予补贴，教职工用餐价格在 2~5 元。饭菜由学校餐厅统一供应，均严格按照食品安全要求做好台账及留样记录；餐具均高温消毒；工作人员均持有健康证。为满足教职工对不同口味的需求，提高服务质量，教工餐厅每日供应多种餐品，如米饭套餐、馒头、面条、水饺，其中米饭套餐每天 4 荤 10 素 14 个品种，教职工可按需选择。同时，还免费供应 2 种以上水果、甜品，4 种不同口味的热饮，以提升教职工就餐舒适度。教工餐厅仅对教职工开放，凭翻转校园扫码核验身份。

一年来，学校党政领导班子和校工会委员会对第四届四次"双代会"代表的提案均给予了回应。截至目前，代表的 46 份提案已全部办结，办复的满意率和基本满意率达到 95% 以上。

从 2009 年开始，学校每年召开基层单位工会会员代表大会，选举产生二级工会委员会，并根据院系和教研室及各职能部门的工会会员人数，设置工会小组，形成了完善的工会组织体系。

校工会主席作为副校级领导参加学校的党政领导联席会议，参与学校重大事项的研究，及时反映教职工的热点、难点问题和意见、建议；党政领导联席会议把校工会工作列入常规议程，及时对一些重大问题进行研究，校工会围绕学校中心工作，充分发挥民主管理、民主监督作用。

首先是建立健全教职工代表暨工会会员代表大会（以下简称"双代会"）制度。2007 年以来，学校形成制度，每年都召开"双代会"。

2012 年 10 月 24 日，学校举行三届五次教职工代表暨工会会员代表大会，审议并通过了《黄河科技学院教职工代表大会实施办法》，进一步明确教职工代表大会制度是学校的基本制度，是教职工依法参与学校民主管理和民主监督的基本形式。

在历次"双代会"上，除了审议校长工作报告、工会工作报告，以及其他专项工作报告，学校的重大问题也都由代表充分讨论或通过，重大决策的落实也受到广大教职工的监督。"双代会"开辟和畅通了教职工民主管理学校的渠道，调动了广大教职工参与教学改革和学校民主管理的积极性。

其次是征集督办代表提案。校工会把"双代会"代表提案的征集和立案办理工作作为推进学校民主管理的基本形式，制定了"双代会"提案办理办法，规范提案办理工作。会前，"双代会"代表认真行使参与民主管理的权利，积极收集整理群众对学校工作提出的意见和建议，形成提案，提交"双代会"办理；会议期间，要将上次会议代表提案的办理情况向大会做书面报告，提请代表审议。随着教职工代表和工会会员代表参与民主管理的意识不断增强，代表提案质量逐年提升，校党委和行政部门对提案办理工作日益重视，提案办理的工作流程得到进一步规范，办理效果有了明显的提高，维护了广大教职工的合法权益。

最后是对领导干部进行民主评议。民主评议领导干部是"双代会"代表行使民主管理、民主监督权利最直接、最具体的体现。从 2008 年开始，校领导在学校"双代会"上要公开述职，并接受代表们的评议和满意度测评，民主评议的内容涉及德、能、勤、绩、廉等方面。评议后，由校党委和董事会主要领导向被评议人反馈意见，帮助他们认识自己工作中的问题并采取措施加以纠正。除校级领导外，学校职能部门的处级干部也要在"双代会"上接受代表的满意度测评，各学院的处级干部，则要在本部门（单位）全体教职工中进行述职并接受满意度测评。通过民主评议工作，把各级领导干部置于广大教职工的监督之下，保障了广大教职工民主监督权的落实，也有效地促进了干部思想工作作风的建设。

在董事会和党政领导的高度重视和大力支持下，学校历届工会委员会围绕中心、服务大局，积极落实工作职责，认真履行工会职能，把维护教职工合法权益作为工会工作的首要任务及重点内容，不断提高教职工福利待遇，重视对教职工特别是困难教职工的慰问和帮扶，积极开展文化体育艺术活动，丰富教职工生活。

2012 年 9 月，民进河南省委、河南省教育工会联合授予黄河科技学院"全省民办教育系统优秀基层工会组织"称号。2012 年 12 月 27 日，河南省教育工会专家组对黄河科技学院创建"先进教工之家"活动进行考核验收，黄河科技学院最终以高出"优秀"等级线 19 分的好成绩，名列各民办高校之首，顺利通过考核验收。河南省教育工会授予黄河科技学院"省管高校工会先进教工之家"荣誉称号；授予董事长胡大白、校长杨雪梅、党委书记丁松林"省管高校工会先进教工之友"荣誉称号；授予工会主席罗煜和工会办公室主任马志前"省管高校工会优秀工会工作者"荣誉称号。2013 年 6 月，黄河科技学院工会委员会被河南省总工会授予"模范职工之家"荣誉称号，黄河科技学院成为河南省第一个获得此项殊荣的民办高校。

黄河科技学院于 1985 年建立分团委、1993 年建立团委。团组织成立以来，坚持以育人为中心，服务学校工作大局，不断加强思想建设、组织建设和作风建设，开展丰富多彩的活动，充分发挥了党的助手和后备军作用。学校团委先后 8 次荣获"郑州市优秀团委"称号，两次荣获"河南省五四红旗团委"称号，2006 年和 2009 年两度荣获"全国五四红旗团委"称号。

黄河科技学院妇女委员会成立于 2003 年 4 月，成立以来，围绕学校中心工作，开展具有女性特色的各种活动，带领全校女职工发扬"开拓、拼搏、实干、奉献"的黄科院精神，在教学和精神文明建设工作中取得丰硕成果；与此同时，妇女委员会积极推荐、宣传和表彰女教职工的先进事迹和优秀妇女人才，胡大白入选第三届"中国十大女杰"，学校被全国妇联授予全国"三八"红旗集体、全国巾帼建功先进集体等荣誉称号，学校档案馆被评为河南省巾帼文明示范岗。2000 年到 2013 年，学校有 200 余名女教职工受到市级以上表彰奖励，400 多名教职工被评为校内先进。

学校学生会于 2001 年 3 月成立，主席团设有主席、副主席、主席助理等职位，下设办公室、组织部、宣传部、学习部、体育部、文艺部、外联部、新闻部、生活部等部门。在校党委、团委领导下，学生会围绕学生健康成长的实际需要开展思想政治教育、学习学术、志愿服务和文艺体育活动，在营造健康向上的校园文化方面发挥了重要作用。

二　方针与方向

（一）坚持党和国家的教育方针

在中国办大学，必须坚持党和国家的教育方针，坚持教育的公益性原则，坚持社会主义办学方向，这是由国家的政体和国体决定的。

2018 年 5 月 29 日，在编写《中国当代教育名家》书稿的座谈会上，胡大白说：

我入选中国当代教育名家，是党和国家、是人民对我的鼓励，我在很多方面做得还不够。但是我明白，我们办教育，必须仔细领会党和国家的教育方针。希望研究院的同志们好好研究一下党在不同时期对教育的要求，明确我们办学的方向。

教育方针是确定教育事业发展方向，指导整个教育事业发展的战略原则和行动纲领。其内容包括教育的性质、地位、目的和基本途径等。不同的历史时期有不同的教育方针；相同的历史时期因需要强调某个方面，教育方针的表述也会有所不同，因此教育方针具有阶段性。

1949 年 9 月，中国人民政治协商会议第一届全体会议通过的《中国人民政治协商会议共同纲领》（以下简称《共同纲领》）第五章"文化教育政策"规定："中华人民共和国的文化教育为新民主主义的，即民族的、科学的、大众的文化教育。人民政府的文化教育工作，应以提高人民文化水平，培养国家建设人才，肃清封建的、买办的、法西斯主义的思想，发展为人民服务的思想为主要任务。"同年12月第一次全国教育工作会议重申了《共同纲领》制定的文教政策，提出新教育的目的是"为人民服务，首先为工农兵服务，为当前的革命斗争与建设服务"，"教育必须为国家建设服务，学校必须为工农开门"。

1951年3月，第一次全国中等教育会议提出，普通中学的宗旨和培养目标是使青年一代在智育、德育、体育、美育各方面获得全面发展，使之成为新民主主义社会自觉的积极的成员。这是新中国成立后首次提出智、德、体、美全面发展，对教育方针的表述比较简明全面。

1955年8月，中华全国学生联合会第十六次代表大会提出，全国青年学生要在中国共产党领导下，贯彻毛泽东同志"身体好、学习好、工作好"的指示，把自己培养成为具有高度的社会主义觉悟、能够掌握现代科学知识、身体健康的全面发展的社会主义建设者。这几种提法，明确提出了培养社会主义社会的新人和建设者的目标和德（高度的社会主义觉悟）、智（掌握现代科学知识）、体（身体健康）几方面全面发展的标准，反映了整个教育事业的社会主义方向和全面发展的目标要求。

1957年2月，毛泽东同志提出："中国的教育方针，应该使受教育者在德育、智育、体育几方面都得到发展。"[①] 这个提法与前几种提法的区别在于，一是正式使用了"教育方针"的概念，二是把"德育"放到了首位，三是未提"美育"，四是用"几方面发展"取代了"全面发展"，五是明确提出了培养"劳动者"的目标。这个方针尽管还不完善，但仍不失为比较科学和准确的提法，它明确了我国教育的性质、方向、培养目标及规格，成为长期指导我国教育的方针，对新中国教育的发展影响深远。

1978年12月，党的十一届三中全会召开，提出要把全党全国工作重点转移到社会主义现代化建设上来的战略决策，提出了以经济建设为中心，坚持改革开放和四项基本原则的基本路线，中国社会发展进入了

---

① 《育人的根本在于立德》，求是网，www.qstheory.cn/dukan/hqwg/2023_01/20/c_1129303322.htm。

一个新的历史时期。相应地，教育方针也发生了变化。

1981 年 6 月，党的十一届六中全会通过的《关于建国以来党的若干历史问题的决议》提出："坚持德智体全面发展、又红又专、知识分子与工人农民相结合、脑力劳动与体力劳动相结合的教育方针。" 1982 年 12 月，第五届全国人民代表大会第五次会议通过的《宪法》规定："国家培养青年、少年、儿童在品德、智力、体质等方面全面发展。" 1985 年 5 月，中共中央颁布的《关于教育体制改革的决定》提出："教育必须为社会主义建设服务，社会主义建设必须依靠教育。"

1986 年 4 月，第六届全国人民代表大会第四次会议通过的《义务教育法》规定："义务教育必须贯彻国家的教育方针，努力提高教育质量，使儿童、少年在品德、智力、体质等方面全面发展，为提高全民族的素质，培养有理想、有道德、有文化、有纪律的社会主义建设人才奠定基础。"这里既包括德、智、体全面发展，又包括"四有"要求。进入 20 世纪 90 年代，改革开放和现代化建设步伐加快，党和国家又及时制定了新的教育方针政策。

1993 年 2 月，中共中央、国务院印发的《中国教育改革和发展纲要》规定："各级各类学校要认真贯彻'教育必须为社会主义现代化建设服务，必须与生产劳动相结合，培养德、智、体全面发展的建设者和接班人'的方针"，要"培养有理想、有道德、有文化、有纪律的社会主义新人"。

1995 年 3 月 18 日，第八届全国人民代表大会第三次会议通过的《教育法》规定："教育必须为社会主义现代化建设服务，必须与生产劳动相结合，培养德、智、体等全面发展的建设者和接班人。"这个方针以法律形式确定下来，规定了我国未来教育的性质、方向、途径、目标及规格，对我国教育发展产生了重大而深远的影响。

党的十六大以来对教育的要求如下。

党的十六大提出，教育为社会主义现代化建设服务，为人民服务，与生产劳动和社会实践相结合，培养德智体美全面发展的社会主义建设者和接班人。

党的十七大提出，坚持育人为本、德育为先，实施素质教育，提高教育现代化水平，培养德智体美全面发展的社会主义建设者和接班人，办好人民满意的教育。党的十七大关于教育方针的论述，体现了科学发展观以人为本的核心思想。从科学发展观的角度思考学校的发展和改革。党的十七大报告对科学发展观进行了全面系统的阐述，明确指出了科学发展观第一要义是发展，核心是以人为本，基本要求是全面协调可持续，根本方法是统筹兼顾，这对于教育具有重要的指导意义。

党的十八大提出，要坚持教育优先发展，全面贯彻党的教育方针，坚持教育为社会主义现代化建设服务、为人民服务，把立德树人作为教育的根本任务，培养德智体美全面发展的社会主义建设者和接班人。党的十八大提出了教育为社会主义现代化服务、为人民服务的要求，提出了教育的根本任务是立德树人。

党的十九大提出，要全面贯彻党的教育方针，落实立德树人根本任务，发展素质教育，推进教育公平，培养德智体美全面发展的社会主义建设者和接班人。党的十八大将立德树人作为"教育的根本任务"，党的十九大进一步要求"落实"这个根本任务，并且重点提出了"发展素质教育，推进教育公平"。

党的二十大提出，教育是国之大计、党之大计。培养什么人、怎样培养人、为谁培养人是教育的根本问题。育人的根本在于立德。全面贯彻党的教育方针，落实立德树人根本任务，培养德智体美劳全面发展的社会主义建设者和接班人。党的二十大将教育提高到更加重要的位置，"要坚持教育优先发展、科技自立自强、人才引领驱动，加快建设教育强国、科技强国、人才强国，坚持为党育人、为国育才，全面提高人才自主培养质量，着力造就拔尖创新人才，聚天下英才而用之"。在对教育的要求中突出明确了教育的根本问题是"培养什么人、怎样培养人、为谁培养人"。培养目标将先前的"德智体美"扩展为"德智体美劳"，丰富了人才培养的内容。[①]

————————————

① 资料来源：根据 360 百科"教育方针"词条整理。

分析新中国成立以来党和国家教育方针的演进过程会发现，不同时期有一些不同的变化，但是，不论是1951年提出的"使之成为新民主主义社会自觉的积极的成员"，还是党的十六大以来多次明确提出的培养"社会主义建设者和接班人"，培养目标始终未变，都是培养社会主义事业的参与者、建设者和接班人。

教育，从一开始就被新中国赋予了为党的事业和国家发展培养合格人才的重任。坚持党和国家的教育方针，办好社会主义大学，是胡大白的初心，也是胡大白一直的坚守，40年来从未动摇。

（二）坚持社会主义办学方向

2023年6月25日，胡大白在接受中国教育在线副总编孙春蕾的采访时讲道：

学校作为教育单位，跟社会其他的事业、企业单位的职能是不一样的，学校有四大职能：人才培养、科学研究、社会服务、文化传承，核心是人才培养。因此，作为校级负责人，我觉得我首先应该是一个"政治家"，要在政治上立场坚定，能够引领全校师生员工坚定不移地走中国特色的社会主义道路，不能动摇，不能出问题。

2017年5月25日，《河南蓝皮书：2017年河南社会形势分析与预测》收录了胡大白的研创报告《河南民办教育研究报告》。该书发布后，谈起学校的办学方向问题，胡大白指出：

中国的学校必须考虑国家的制度特征，我们在中国办教育，政府支持我们，培养的是中国的建设人才和接班人，没有理由不坚持社会主义办学方向。

胡大白的初衷就是办一所中国特色的社会主义民办大学，在办学之初她就旗帜鲜明地提出学校教育要为社会主义现代化建设服务，民办大学不仅应具有培养人才、开展科学研究的职能和使命，还应服务于地方经济建设，为社会主义现代化建设作出应有的贡献。

为什么要办社会主义大学？胡大白多次阐明自己的观点。一是中国的大学必须坚持国家的社会主义性质，必须适应中国的经济和社会发展；二是只有为中国的发展培养人才，学校才有价值，才会有生命力；三是当代中国的民办大学照搬复制其他国家大学的办学方向必然背离中国的国情，办不下去；四是实践已经证明社会主义制度是有史以来中国人民选择的最适合当代中国发展的制度，新中国成立以来的实践也证明了这一点；五是根据国家性质和教育规律来培养人，实践证明是卓有成效的。

2018 年 9 月 17 日，胡大白和河南民办教育研究院研究人员座谈，指出：

我从小受的是新中国的教育，中学、大学期间思考了关于国家发展和人民生活的问题，只有社会主义才能救中国、发展中国的认识很坚定。我们这些人办教育，只会坚持社会主义的办学方向。

怎么办大学？胡大白认为在方向正确的前提下，一方面应借鉴当代中国公办大学的办学经验，学校"专升本"之初就提出了"远学清华，近学郑大"的思路。学习公办大学的办学方法和成功的经验，但是不能照搬。民办学校没有生均经费，没有教师编制，但这并不妨碍民办学校学习公办大学的好思想、好经验，这能使我们少走弯路；另一方面应借鉴世界先进大学的经验，学习它们在发展高等教育过程中的亮点，也吸取他们失败的教训。当然，由于国情不同，我们没有世界上先进的私立大学办学的物质基础，没有它们所获得的广泛的社会捐赠，但是我们有优越的社会制度和素质良好的教师和学生，有国家的政策支持。

2018 年 9 月 17 日，胡大白和河南民办教育研究院研究人员座谈，指出：

当代中国的民办大学办不成象牙塔。那怎么办？我们要根据国家经济和社会发展的需要培养人才。我们的思想政治教育、课程设置、管理体系、评价方法等都要围绕培养社会主义合格的建设者和接班人这样一个目标来设计，来运行。

（三）"办一所对学生最负责任的大学"

胡大白在办学之初就旗帜鲜明地提出"为国分忧，为民解愁，为社会主义现代化建设服务"的"三为"办学宗旨，并在长期的办学实践中对其进行充实、完善。"为国分忧"，民办大学应以办人民满意的大学为己任，以己之力振兴教育，建设人力资源强国，实现中华民族的伟大复兴；"为民解愁"，民办大学应不断提高教育质量，使每一个学生都能分享优质教育资源，接受高等教育，成为社会需要的有用人才；"为社会主义现代化建设服务"，民办大学不仅应承担培养人才、开展学术科研的职能和使命，还应服务于地方经济建设，为社会主义现代化建设作出应有的贡献。这个办学宗旨充分体现了创办者忧国忧民、服务社会、以振兴中华为己任的崇高理想和价值追求。

2023年6月25日，胡大白在接受中国教育在线副总编孙春蕾的采访时讲道：

我们的办学宗旨是"为国分忧，为民解愁，为社会主义现代化建设服务"，后来又引申出"两个全心全意"，一个是"全心全意为学生服务"，一个是"全心全意为教师服务"，2008年通过教育部高校本科教学工作水平评估之后，我们提出"办一所对学生最负责任的大学"的办学愿景。有人说把"最"去掉，我说不能去掉，这并不是说我们"是"一所对学生最负责任的大学，而是说我们要"办"一所对学生最负责任的大学，这是我们的最高理想，我们全体教职工要向这方面努力。

那么，对学生负责，怎么负责呢？我们认为一方面是对他在学校时负责，另一方面是对他出了学校负责，出学校要走的大致有三条路：一条路是升学，可以留学或是在国内考研，一条路是就业，一条路是创业。每个学生都有个性，每个学生都有一套人才培养模式那也是不可能的，所以学生入学之后，我们就会有职业指导师根据学生的家庭状况、兴趣爱好和个人愿望等各方面情况进行综合分析，进行职业生涯规划，帮助学生选择合适的路。

针对这三条路，我们的教学模式是相对不同的。前两到三年是完全一样的，这是为了保证本科的系统性、学术性、创新性，也就是说本科学历教育的基本标准要达到。在此基础上，考研的就要加一些他所考专业的专业课和外语、政治；就业的就要锻炼他的实践能力，于是我们开展项目化的教学，加强校内校外实训；创业的我们就尽可能提供各种条件。

"办一所对学生最负责任的大学"，不仅要教给学生必要的知识，培养其素质和能力，更要帮助他们树立强烈的社会责任感，坚定理想和信念，确立正确的世界观、人生观和价值观。要帮助学生理解生活的意义和奋斗的精神，使他们立志为社会主义现代化建设服务，自觉成为国家的优秀公民；使他们成为既具有良好专业技能，又具有敏锐的观察力、深邃的思辨力、勇敢的探索精神以及健全完美人格的栋梁之材。

胡大白认为，学生是学校最根本的服务对象。对学生负责任，就是对教育事业负责任，就是对国家和人民负责任。对学生负责任，是学校最本质、最核心的要求。"办一所对学生最负责任的大学"是黄河科技学院教职工的共同愿景，这是一项长期而艰巨的任务，是贯彻"三为"办学宗旨的必然要求，是黄河科技学院永恒的教育理念。

一是致力于为学生营造一个"条件优越、安全稳定、宽容和谐、自由开放"的学习生活环境，建立一个"倡导自主学习、支持广泛实践、崇尚个性发展"的学习氛围。

二是致力于为教职工提供一个"积极进取、宽松和谐、发现自我、不断完善"的发展空间，使教职工在黄河科技学院更自由、更充分地发现自我，充分施展自己的才智，更自信地超越；使教职工恪守"以生为本"的办学理念，肩负教书育人的光荣责任，自觉成为学生的良师益友，在生活上扮演其父母、兄弟、姐妹、朋友的角色，在学术上扮演其导师、同事、对手的角色，将学生培养成为心智健全、品格高尚、能力出众并具有终身学习能力的优秀人才。

（四）为国为民分忧解愁

2016年10月25日，胡大白和河南民办教育研究院研究人员座谈，指出：

> 那时候为什么办学？我是因公致残的，郑州大学已经安排对我工资照发，公费护理，长期休假，但是我是新中国培养的大学生，是已经入职工作的人民教师，看着那么多孩子没有学上，看到各行各业那么需要人才，看到国家发展急需教育资源，我在病床上着急。河南人口体量大，渴求读书的学生多，公办学校资源不能满足需求，办辅导班，办学校，既是为这些孩子提供了读书机会，又是为社会做点贡献。

为国分忧是一种态度，是一种奉献，是一个自觉地把个人融入国家发展大局的知识分子的站位和担当。

为国分忧也是一种实实在在的行动。

有人站位高，行动跟不上，有人也行动，但高度不够。同样是办学，站位不一样，高度和厚度都不一样。胡大白的为国分忧，在当时，就是用自己的知识和教育能力为国家培养人才。

只有理想和行动一致时，再加上不懈的努力，才能实现初衷。

2023年6月25日，胡大白在接受中国教育在线副总编孙春蕾的采访时讲道：

> 我觉得我们办这个学校，图的就是这个学校办得好，那我就不能因为工科"吃钱"医学"烧钱"，就不办工科不办医学，因为国家需要工科的人才，需要医学的人才。事实证明我做对了，所以我们学校无论是工科专业、医学专业还是艺术类专业，都生源不断。

> 我就觉得办学不是为了轻松，也不是为了赚钱，是为了国家的需要、人民的需要，就像最开始我们的办学宗旨就是"为国分忧，为民解愁，为社会主义现代化建设服务"，这样做我心安理得。

胡大白心系社会，扶贫帮困、热心于社会公益事业。她始终奉行"一切为了学生，为了一切学生，为了学生一切"的思想，爱生如子，悉心育人，对于有严重残疾的人，学校都向他们敞开大门，把他们培养成自食其力的劳动者。30多年来，先后有400多名残疾学生从黄河科技学院毕业后走上了工作岗位。1996年云南丽江地震、1998年长江大洪水、2008年四川汶川地震等重大灾难发生后，学校免费接收灾区学生入学就读，为国家分忧解难。为支持西部大开发，胡大白率领全校教职工克服重重困难，承担了教育部下达的西藏班、新疆班和少数民族预科班的教学任务，将最优质的服务提供给学生。

为将"一切为了学生，为了一切学生，为了学生一切"的思想落实到办学实践中，学校推行了一系列措施，以行动关爱学生、培养人才。

一是确立培养应用型创新人才的目标。黄河科技学院确立培养应用型创新人才的目标，提出以院、系为龙头组织教学，设置学科课程，实施了"厚基础、宽口径、重实践、强能力"的教学原则。学校根据社会需求和市场要求，着力培养学生的适应能力，培养学生的竞争意识、参与意识，培养学生的组织整合能力、学习能力、动手能力、适应能力、抗挫折能力，使学生得到全面发展，为地方和基层培养了一大批"下得去、留得住、用得上、干得好"的应用型创新人才。

二是倡导学生自助式学习和自我教育模式。黄河科技学院十分注重学生养成教育，要求学生的养成教育从礼仪礼貌、言行举止入手，不仅要广泛开展人文教育、思想政治教育、历史传统教育、科普教育，还要重视学生的学习态度、学习方法、学习能力。致力于为学生营造一个"条件优越、安全稳定、宽容和谐、自由开放"的学习生活环境，致力于建立一个"倡导自主学习、支持广泛实践、崇尚个性发展"的学习氛围。

三是爱生如子，关爱学生生活。胡大白要求教职工时刻牢记办学宗旨，以责任去工作，带感情去办事，中老年教师把学生当作自己的儿女，年轻教师把学生当成自己的弟弟妹妹。

（五）关注弱势群体

为民解愁，胡大白将弱势群体的教育始终挂在心上。胡大白举办的待业青年班、下岗女工培训班、实用人才班等获得了政府和社会的一致好评，这种公益性的教育培训活动不但为下岗人员和待业青年提供了生存的技能支持，还为国家的"再就业"大局提供了支撑。

1. 第一个待业青年班

待业青年，实际上就是还没有工作的青年。在20世纪70年代末80年代初的郑州，待业青年随处可见。他们一般是20岁左右的青年人，许多人因高中毕业没考上大学而待业在家。那个时候农村青年家里有土地，生活有奔头，而城市青年没有工作就没有饭碗，没有饭吃就会寻衅滋事，这不但是这些孩子面临的问题，还会引起社会的不安定。这既是"民愁"，又是"国忧"，胡大白认为不能视而不见。

待业青年无业可就，实际上是因为他们没有社会需求的"一技之长"。如果他们能通过学一门技术来解决自己的生活问题，就不会永远"待业"。胡大白萌生这样的念头后就积极付诸行动。郑州市中原路小学六楼的教室白天闲置不用，胡大白正好用来举办辅导班。和郑州市人才交流服务中心签订合作协议后，胡大白就把高考落榜生作为生源目标。1985年8月，高考成绩一公布，她就发布了招生广告，招收全日制自考生。大学老师授课，学制两年，只要各门课程通过自学考试，就能拿到国家承认学历的文凭，还能由郑州市人才交流服务中心推荐安置工作，这是众多落榜生可遇不可求的大好事，计划招收60人，3天就全部招满。两年之后，这个班的学生全部拿到了自考文凭，经郑州市人才交流服务中心的积极推荐，60名全日制自考生全部进入国有企业和事业单位工作，这在当时引起了很大的轰动。

2. 第一次举办团干班

有了与郑州市人才交流服务中心合作的经验，1986年8月，胡大白再接再厉，又与共青团郑州市委联办了两个团干班，以提升全市团干部的素质和学历。

这两个团干班，一个是业余制的，学员是不用脱产学习的郑州市共青团系统的干部，学制两年，有 130 多人，晚上和星期天上课。另一个是全日制的，学制一年半，有 150 多人。胡大白租下一处闲置的厂房，将其改造成学生宿舍安置全日制团干班学生，条件相当艰苦。

团干班更是创造了奇迹。团干班学的是党政理论基础专业，要考 12 门课程，全部合格后才能拿到文凭，两个团干班所有学生都拿到了 12 门课程的合格证，获得了国家承认学历的毕业证书，其中有 5 名学生只用了 1 年的时间就拿到了毕业证书。

3. 第一个经济类全日制高等教育自学考试辅导班

1986 年 9 月，学校举办经济类全日制高等教育自学考试辅导班，招收首批经济类全日制住校生 180 名。这批学生大部分是乡镇企业的负责人，少部分是应往届高中生，这批学生毕业后得到了很好的安置。

经济类全日制高等教育自学考试辅导班的成功举办，为学校的发展积累了丰富的教学和管理经验。

4. 多次举办实用人才班

20 世纪 90 年代初，河南许多企业，尤其是乡镇企业的干部、职工都非常需要提升文化素养和学历层次，也有大量待业青年亟须掌握一门专业知识，尽快找到工作岗位。但这些人考不上大学，自考也难过关。为了解决这个现实问题，河南省鼓励兴办实用人才教育，发行河南高等教育的"地方粮票"。省内各大专院校立即给予了热烈响应。

胡大白主动联系，经教育、人事部门同意，与一些公办高校联合办班，由黄河科技学院组织教学。1993 年 5 月 25 日，河南省教委确定黄河科技学院为省社会力量办学改革试点单位。1993 年 12 月 22 日，当时的河南省教委副主任张凯亭批示，涉外经贸、金融等专业，可以由民办学校先试办。有了这个"身份"，黄河科技学院获准独立举办实用人才班。

1988 年，黄河科技学院与当时的湖北工学院联合举办工艺美术班，发湖北工学院的"地方粮票"。1989 年 8 月，黄河科技学院与当时的湖北工学院联合举办工艺美术和工业与民用建筑工程两个专业的"实用人才大专班"。这个班，成为未来黄河科技学院艺术设计学院的前身。

1989 年，胡大白了解到社会上缺乏五官科和妇产科的医疗人才，各家医院的需求都很旺盛。1989 年起，黄河科技学院与新乡医学院就联合举办医疗大专班进行了多次协商。1992 年 6 月 23 日，郑州市人才交流服务中心、新乡医学院、黄河科技学院签订三方办学协议，学员毕业后享受大专生待遇。第一次招生 400 个名额两天就满员了。第二期、第三期招生仍是期期满员。后来黄河科技学院建起了医学院。

1990 年 8 月，黄河科技学院与西北大学联合举办经营管理专业的实用人才班。这种实用人才班强调"实用"，因此办班也特别务实，通常是学校与郑州市乡镇企业局、市人才交流服务中心签订协议，根据他们到企业摸底的情况决定开设什么专业、招生多少，做到"按需定招"；招来的在职学员结业后回原单位工作，如果是待业青年，则由郑州市乡镇企业局或市人才交流服务中心安置工作；对结业学员发放实用人才证书。按照河南省的政策，拥有这个证书的人在河南省内可以享受与大专学历人员同等的待遇。这项政策契合社会需求，一经推出，社会广泛响应。一大批来自基层的企业员工和社会上的待业青年学到了一项工作技能，掌握了一些与之相关的基础理论知识，学历得到了提升，找到了工作或工作能力得到了加强。如五官科和妇产科两个班的学员，毕业后按照政策考取医师资格，通过率非常高。他们回到基层工作，大部分成了基层医疗机构的骨干。实用人才班的学员人数一度占到学校全日制学生数量的 30%。

胡大白说："因为实用人才班不是死板地按照自考的限定举办的，也不像学历教育那样与社会有些脱节，而是真正按照社会需要和学员需求给他们开设专业和课程，这是很难得的，在今天也有启示作用。"随着办学层次的提升，胡大白把这一成功经验移植到了自学考试和普通专科学历教育中。她明确提出，各个层次和专业都要开设素质教育的通识课程和实践性强的技能课程，使得学生"既有文凭，又有水平"。所以尽管学校对毕业生、结业生不包分配，但是学校根本不用担心他们的就业问题。这种做法是对传统教育理念的一大突破，黄河科技学院的人才培养质量提升了一个大的档次。黄河科技学院的毕业生成了抢手货。新华社曾经两次报道黄河科技学院毕业生"走俏市场"的消息。①

开办实用人才班，是胡大白主动适应当地经济发展需要、急国家之所急、忧百姓之所盼的表现。一个有远见的教育家，总是会用眼前的活动为未来做准备，从日常实践中积累思考。举办实用人才班，学校服务了社会，解决了不少待业青年个人和家庭的困难，为学校奠定了未来发展的主干学院的基础，同时也在胡大白的办学理念上勾画了普通教育和职业技能培养、结合国家实际培养应用型人才的蓝图。

5. 免费接收灾区学生来校就读

1996 年 8 月 28 日，学校免费接收云南丽江地震灾区 3 名学生来校就读。胡大白亲自到火车站迎接。1998 年，学校又免费接收洪涝重灾区湖北荆州等地的 14 名学生，当年 11 月 1 日，《人民日报》头版以《温暖的新家》为题对此事进行了报道。

6. 探索和推进残疾人教育事业

2018 年 10 月 12 日，胡大白和河南民办教育研究院研究人员座谈，提出：

如果能获得良好的教育，残疾人将成为全社会的财富。我也是残疾人，我当年的感受和他们一样，这样的感受，正常人怎么都无法真正感同身受。我们举办残疾人教育，首先就要给他们树立生活的信心。

胡大白从办学初期就关注、探索和实施残疾人教育。学校向河南省教委、河南省招生办承诺，凡符合录取条件的残疾学生，只要愿意到学校学习，学校全接收。为给残疾人提供受教育机会，发展残疾人教育与康复事业，1996 年 4 月 5 日，学校正式成立国际残疾人学院，《南方周

_____

① 　资料来源：黄河科技学院校史稿。

末》《科技日报》《郑州晚报》等报纸对此事进行了报道。

国际残疾人学院不是教学单位，是学校根据残疾人的特点进行特殊服务与管理的一个行政机构。学生根据所选专业到相关二级学院进行专业学习，国际残疾人学院对残疾学生进行统一管理和集中服务，同时为他们增设康复课程，帮助他们进行康复治疗和心理康复。胡大白用自己的亲身经历鼓励大家正视残疾之躯，自信、自立、自强，鼓励他们用知识同命运抗争，决不向厄运低头。

黄河科技学院在残疾人事业上付出的诸多努力，受到了社会的肯定。胡大白连续两届担任河南省残联名誉主席。1998年1月6日，黄河科技学院荣获助残先进集体称号，胡大白荣获助残先进个人称号。2000年5月18日，黄河科技学院荣获全省志愿者助残先进集体称号。

7. 创办郑州市下岗女工再就业培训基地

下岗职工问题最早出现于20世纪90年代初期，20世纪90年代中后期，下岗职工问题作为一种社会现象开始凸显，并且引起社会各方面的广泛关注。1998年至2000年，全国国有企业共产生下岗职工2137万人。下岗人员再就业问题是社会关注的焦点，更是各级政府的工作重点。这样的问题不可能不引起胡大白的关注。1998年4月，学校与郑州市妇联联合创办郑州市下岗女工再就业培训基地，在黄河科技学院举办下岗女工培训班，免费培训下岗女工，为其再就业创造有利条件。

建立河南省首家下岗女工再就业培训基地，是胡大白主动争取的结果。1998年1月，胡大白参加河南省九届人大一次会议，在听到河南省政府工作报告要求"建立和完善再就业服务中心，为下岗职工提供职业培训、职业介绍和就业指导等多项服务"时，就萌生了为下岗职工提供免费培训的念头。胡大白了解到，郑州市有下岗职工16万人，35岁以上的女职工又占到一半以上，她们再就业非常困难。胡大白十分同情她们的遭遇，会后便向郑州市妇联等有关部门汇报，要求利用黄河科技学院民办教育的优势，为下岗女工进行再就业培训。各部门领导都对她的这项计划表现出了极大的热情，说他们正在为此困惑不已，不知到底该由谁来对下岗职工进行培训，想不到教育单位找上了门。1998

年 4 月 16 日，学校与郑州市妇联合办的第一期下岗女工培训班开学了，学员主要是中原制药厂、郑州市化工厂、郑州手表厂、橡胶厂、皮鞋厂等国有大中型企业的下岗女工，共 183 人，郑州市下岗女工再就业培训基地在学校挂牌成立。

大量下岗女工涌入校园，势必挤占学校资源，个别师生不理解。

在一次升国旗仪式上，胡大白说："我们学校是在社会各界的关心下发展起来的，回报社会就应该是我们的天职。如今许多下岗职工尤其是下岗女工陷入了困境，我们把她们请进校园，经过培训，帮助她们掌握一门专业技术，让她们重新找到工作岗位，变成对社会、对家庭有用的人，我们就是在回报社会。"她又说："这些下岗女工年纪都不小了，都有自己的孩子。我们每位同学作为孩子，也都有自己的爸爸妈妈，想想爸爸妈妈养育我们的艰辛，我们都要支持这些下岗女工。大家都知道，企业改革使一部分人下岗。我们说爱党，就要支持党的改革开放政策，我们说爱国，就要分担国家的下岗职工之忧，我们更多地理解和支持这些下岗女工，爱党爱国也就体现在我们的实际行动中了。"

这之后，同学们都对校园里的下岗女工很尊重。下岗女工走进教室，马上会有学生为她们送来开水，有些女工中午不回家，在教室里休息，学生们会送来凉席。胡大白以自己的实际行动，引领着下岗女工培训工作健康进行。

1998 年 5 月 14 日，《河南日报》以《"再就业工程是我们大家的事"——黄河科技大学郑州市下岗女工培训基地素描》为题；1998 年 9 月 25 日，《中国教育报》以《为了明天——郑州市下岗女工就业培训基地见闻》为题，对下岗女工再就业培训基地进行了深度报道，报道引起了社会广泛赞誉。对此，胡大白说："我们办培训基地，绝不是追求什么新闻效应。再就业工程不只是党和政府的事，也是我们大家的事。面对困难，大家都不退缩、逃避，都去关心，就像抗美援朝时那样，你捐一架飞机，我献一门大炮，有多少力出多少力，困难就解决了。高校在再就业工程中，尤其在下岗职工培训方面，具有得天独厚的优势，只要有责任感，就可以把这件事办得漂漂亮亮的！"

1998年5月25日，郑州市下岗女工再就业培训基地首期160名下岗女工从市妇联和学校领导手里，接过了培训结业证书。1998~2000年，学校共举办8期下岗女工培训班，免费培训下岗女工946名。每期培训30~40天，培训内容主要包括计算机基础知识与操作、财务会计基础知识、医疗保健护理知识等。培训考试合格者由政府有关部门和学校颁发培训结业证书。劳动人事部门、市妇联和学校等共同为获得培训结业证书的学员推荐安置工作，不合格的学员可以继续免费学习。

1999年3月7日，河南省妇联、省劳动厅发文表彰全省下岗女工再就业工作成绩突出的单位和个人，黄河科技学院被评为先进集体，胡大白荣获河南省"三八"红旗手和"巾帼创业带头人"称号。2000年，黄河科技学院成立"省会外来务工妹培训基地"，开办"打工妹之家"，提供短期培训、法律咨询、图书阅览、心理指导、就业指导等服务，深受广大外来务工女性的欢迎。学校的下岗女工培训工作，得到党和政府的高度肯定。同年4月22日，时任全国妇联办公厅主任甄砚等领导到学校参观考察，甄砚表示学校免费培训下岗女工之事让她很受感动，并表示5月中旬全国妇联在郑州举行会议，届时会组织与会代表参观、学习胡大白的创业精神。2000年5月13日，顾秀莲来到黄河科技学院考察，称赞黄河科技学院急国家之所急，急群众之所需办起下岗女工再就业培训基地，做得很好，希望能坚持不懈地做下去，向更高层次发展。顾秀莲表示，郑州对外来务工女性所实施的爱心计划非常独特，是帮国家、政府排忧解难，值得在全国推广。

后来，胡大白在黄河科技学院的本科建设中提出"办一所对学生最负责任的大学"，其中"最负责任"四个字，就是黄河科技学院办学宗旨与社会责任感的深刻显现，无论是免费招收灾区学生，还是办国际残疾人学院,抑或免费培训下岗女工,无不受这四个字背后的信念和力量所驱动。"对学生最负责任"已成为学校最鲜明的办学特色。

三 独特的育人模式

21世纪以来,世界各国的教育都在改革,其中一个重要的方向就是更加注重培养人和社会和谐发展的能力。胡大白敏锐地感知到了这个方向,及时调整战略,在继承传统办好普通高等教育的同时,加强了对学生能力的培养,坚持本科学历教育学业标准,重视基础理论教学,加强各类实践教学环节,着力构建了"本科学历教育与职业技能教育相结合""学科教育与职业技能教育相结合""技能训练与职业素质教育相结合"的育人模式,培养了一大批具有较强职业适应能力的"下得去、留得住、用得上、干得好"的应用型创新人才。

(一)"本科学历教育与职业技能教育相结合"的育人模式

从2000年启动本科学历教育后,胡大白在思考探索中领悟到,国家发展需要精英人才,但是精英人才只占少数,国家各行各业的发展更需要大量服务于基层、服务于地方的应用型人才。结合黄河科技学院本科生的实际情况,胡大白认为应该将本科学历教育与职业技能教育相结合,培养应用型人才。但是,学校内部还是一直存在不同意见。有同志认为大学本科教育是"高大上"的教育,不屑于开展职业教育。也有的同志认为搞现行的本科教育我们永远比不上公办高校,自甘落后。胡大白恰恰觉得应该在现行的公办优秀本科教育和高等职业教育之间走出地方应用型大学的路子。在提交学校第一轮本科教学工作水平评估自评报告时,学校一些领导坚持认为这个特色"可以做,但不能写",因为教育部对本科教育的要求是"厚基础、宽口径",高度重视学校理论课的教学和学生理论知识的掌握,并没有要求本科院校一定要开展职业技能培养。如果写了,就降低了学校的本科教学标准,是往高职高专的层次上倒退了。

对此,胡大白认为,教育部"厚基础、宽口径"的指导意见是本科学业标准的基础,强调系统性、学术性和创新性,本科生的培养是一个系统工程，要使学生具备初步科研能力，以及对知识的创新能力。这一标准对于实力强、层次高、生源优的教学研究型院校而言，要求是对的。而黄河科技学院作为地方民办高校，本科教学还是应该结合实际，不能硬往上靠。当然，教育部并没有说"厚基础、宽口径"只是对重点院校的要求，教育部高校本科教学工作水平评估也没有对全国本科院校进行细分，大家都是一个标准。此外，本科院校开展职业技能培养也找不到很明确的政策依据。也就是说，提"本科学历教育与职业技能教育相结合"是有风险的，万一教育部不认同，很可能影响评估结果。

不过，尽管有风险，胡大白还是坚持了自己的意见，因为这样的培养定位不但符合地方民办本科院校的实际、能够最大限度地发挥教育为地方经济和社会发展培养人才的作用，而且实践效果非常好。工学院、新闻传播学院、医学院、艺术设计学院、信息工程学院等先后开展教学改革，加强实践教学，培养职业技能，取得了很好的教学效果，深受广大学生和老师的欢迎，也受到了社会各界的欢迎。艺术设计学院从2003年开始，在本科生四年级做毕业论文的下半学期，要求所有的学生都进入企业，让企业根据需要给学生出题目，学生按企业出的题目去做毕业设计，由他们用其所学为企业搞设计、解决难题。这样的改革改变了过去毕业论文设计"空对空"的做法，通过实践提高了学生的职业能力，也展示了他们的才华。企业通过出题目，为学生的设计提供材料，学生做出来的东西大部分会被企业采用，解决了企业的实际困难，很多企业最后在学生毕业时把他们正式录用了。从2003年一直到迎接教育部高校本科教学工作水平评估的2008年，艺术设计学院、工学院、新闻传播学院在各个本科教学环节都加强了职业技能培养，每年的毕业生都供不应求。

理论的探索和实践的呼应为特色的确定奠定了坚实的基础，增强了底气。2008年5月，教育部催促上报《办学特色项目报告》。在争执中，胡大白和校党委书记程宏决定上报，胡大白说："这是我们的第二个特色，出什么问题我和程书记负责。"

1. 以社会需求为导向，走差异化发展的道路

胡大白认为，黄河科技学院是民办高校，同时也是地方高校。作为民办高校，黄河科技学院必须以社会需求为导向，找到与公办高校不同的发展模式，走差异化发展的道路，即在学校定位、人才培养类型和培养目标上，找准区别于公办高校的位置，办出自己的特色。作为地方高校，黄河科技学院理应面向地方，面向基层，为经济建设和社会发展的第一线服务。这是学校贯彻落实党和国家教育方针的必然要求。几十年来，学校坚持以市场需求为导向，面向地方，面向基层，培养大批的一线创新人才，为学校的改革和发展开拓了广阔的空间。

早在 20 世纪 80 年代末 90 年代初，为适应改革开放后河南社会经济迅猛发展对各类高等专业人才的需要，黄河科技学院就主动采用了"自学考试课程与实用技能性课程相结合"的授课方式，除开设原国家教委规定的课程外，还增加了新兴学科和实用技能性课程。随着形势的发展，胡大白又提出"一专多能，一人多证"的人才培养要求。学校非常重视对学生职业技能的训练，在各专业开展多种职业技能培训，组织学生参加各类社会调查和社会活动，采用丰富多彩的思想教育形式，加强对学生的爱国主义、共产主义、集体主义教育，重视对学生竞争意识、参与意识、组织能力、社交能力、动手能力的培养。明确提出"使学生既有文凭，又有水平"。因此，20 世纪 90 年代初，黄河科技学院毕业生非常受中小企业、民营企业和乡镇企业的欢迎，被企业和社会各界誉为"下得去、留得住、用得上、干得好"的人才。新华社及其他新闻媒体曾多次对学校毕业生"走俏市场"进行了报道。

2. 强化市场意识，培养应用型高级专门人才

1993 年，胡大白在《强化市场意识 培养新型人才》的论文中首次提出，民办高校要建立适应社会主义市场经济的办学机制，培养懂专业技术、会经营管理、有公关能力的复合型开放型人才。为此学校改革教学计划，从课程设置上体现"复合"与"开放"的特点，主动与河南省劳动厅联系，建立了相应的职业技能鉴定机构。这一系列措施已凸显了"学历教育与职业技能教育相结合"的育人模式的理念。

学校被国家批准实施高等专科学历教育后，主动面向地方，面向生产、建设、管理和服务第一线，培养理论够用、专业技能强的应用型人才。经过不断的探索和完善，1998年胡大白又正式提出构建富有时代特征和学校特色的人才培养模式，并制定了人才培养模式的标准及实施办法。

> 2000年在实施本科学历教育以后，胡大白提出：全院教职员工要进一步解放思想，树立能力本位的应用型本科教育新观念，把职业技能教育作为本科教育的重要内容，要培养具有创新精神和较强职业竞争力的一线高级应用型人才。学校就"如何办好本科教育"开展了深入的教育思想观念大讨论。通过多次讨论，最终确立了学校定位和人才培养目标。[①]

学校一开始的定位是"教学型"本科高校，培养"一线高级应用型人才"，明确提出这种"一线高级应用型人才"就是"应用型创新人才"。而"应用型创新人才"有两点含义，一是在第一线工作，有很强的实践能力、动手能力，能解决现实问题；二是这样的一线人才还应当受到系统的训练，有扎实的理论功底，富有创新性和创造性。确立这样的学校定位和人才培养目标，是因为地方和基层需要数以百万计，甚至数以千万计的"应用型创新人才"。民办高校可以在这个层次上找到发展的空间，办出自己的特色。

3. 深化教育教学改革，构建本科教育育人模式

> 在迎接2008年教育部高校本科教学工作水平评估时，胡大白提出了"坚持本科学历教育标准，深化教育教学改革，促进本科学历教育与职业技能教育相结合"的人才培养思路。"本科学历教育与职业技能教育相结合"的育人模式属于应用型本科教育范畴。"应用型本科教育是培养具有相关知识、能力、综合素质及德、

---

① 胡大白：《民办本科高校培养目标定位与育人模式改革的研究与实践》，《黄河科技大学学报》2009年第6期，第1~36页。

智、体、美全面发展，面向生产、建设、管理、服务第一线的高级专门人才，是一种'专才'教育。"① "应用型本科教育的培养目标指向高级技术型人才、初级工程型人才或中级工程型人才。"② 应用型本科教育培养的不是学术型、研究型人才，而是适应区域经济生产、建设、管理、服务第一线需要的高等技术应用型人才。"本科学历教育与职业技能教育相结合"是在保证本科学历教育学业标准基础上开展职业技能教育。③

本科学历教育学业标准，在《高等教育法》第十六条中有明确规定。其内容是（本科学历教育）"应当使学生比较系统地掌握本学科、专业必需的基础理论、基本知识，掌握本专业必要的基本技能、方法和相关知识，具有从事本专业实际工作和研究工作的初步能力"。这表明本科教育既具有"系统性""学术性""创新性"的基本特征，又要求"掌握本专业必要的基本技能、方法""具有从事本专业实际工作和研究工作的初步能力"。这又说明本科教育具有"实践性""应用性""职业性"的重要特征。

2008 年，经过多年的探索与实践，基于对本科学历教育学业标准的认识，结合民办高校定位和人才培养目标要求的实际，黄河科技学院初步形成了"本科学历教育与职业技能教育相结合"的育人模式。这种培养模式既要求保证本科教育的系统性、学术性、创新性的学业标准，又要求兼顾职业教育的职业性、应用性和实践性，突出学生实践能力的培养。它既不同于传统意义上的本科教育，又不同于传统意义上的职业教育，而是取二者之所长，避二者之所短，使毕业生既具有扎实的理论基础、专业功底和基本技能，又具有愿意为基层单位服务的思想基

① 何成辉、苏群：《应用型本科院校学生能力培养途径的探讨》，《中国高教研究》2002 年第 3 期，第 73~74 页。

② 陶岩平：《论应用型本科教育的性质与特征》，《常州师范专科学校学报》2004 年第 1 期，第 49~51 页。

③ 樊继轩：《论"本科学历教育与职业技能教育相结合"——对民办本科高校应用型人才培养模式的探讨》，《黄河科技大学学报》2008 年第 6 期，第 8~12 页。

础和精神动力，成为应用型创新人才。"本科学历教育与职业技能教育相结合"的育人模式既强调以适应社会需要为目标，以培养技术应用能力为主线，设计学生的知识、能力、素质结构和培养方案，又要求重视学生的能力和素质要素的培养。这是民办高校在激烈竞争中立于不败之地的科学选择。

在 2008 年 6 月形成的黄河科技学院《特色评估报告》中，胡大白概括了学校的人才培养特征。

"毕业生具有坚定的理想信念和高尚的道德品质，良好的人文修养和健康的身心素质，扎实的专业功底和较高的外语、计算机应用水平，强烈的创新意识和较强的实践能力。"其实践能力又主要表现在五个方面，即学习能力、适应能力、整合能力、动手能力、抗挫折能力。学校育人模式符合社会发展要求，体现了学校的目标定位。

（二）"学科教育与职业技能教育相结合"的育人模式

1. 明确培养目标

胡大白认为，构建"本科学历教育与职业技能教育相结合"的育人模式，首先是明确培养目标，制定科学合理的人才培养方案，实现学科教育与职业技能教育相结合。应用型本科教育的课程，特指为实现应用型人才培养目标而预设的课程方案。民办本科高校宜借鉴应用型本科教育的课程分类方式，组成适应本校人才培养要求的课程体系。[1]

"本科学历教育与职业技能教育相结合"的育人模式培养的是适应区域经济生产、建设、管理、服务第一线需要的，具有较强职业竞争力的应用型高级专门人才。比如，工学院机械类、建筑类以及信息工程学院电气信息类专业定位为培养在生产一线、管理一线的现场工程师；医

---

[1] 樊继轩：《对"本科学历教育+职业技能培养"课程体系的探索》，《黑龙江教育》（高教研究与评估）2010 年第 5 期，第 61~63 页。

学院医、药、护各专业定位为重点培养县乡医院、卫生院、城市社区医院的医务工作者；新闻传播学院广播电视新闻类等三个本科专业定位为重点培养县（市）级广播电视台、县（市）级新闻媒体的广播电视新闻工作者；音乐学院音乐类、舞蹈类等专业定位为重点培养中小学、职业学校音乐教师及县（市）级艺术团体音乐工作者；体育学院体育教育类等专业定位为重点培养中小学、职业学校体育师资和体育武术教练；艺术设计学院各专业的定位为培养动画制作、环境设计、产品包装、服装设计、装潢设计所需要的一线设计人才等。

2. 修订培养方案，使"厚基础"为"宽口径"服务

结合人才培养目标定位，学校多次修订本科专业人才培养方案。修订培养方案的基本原则：一是坚持德、智、体、美全面发展，坚持知识、能力、素质协调发展和综合提高的原则，明确"厚基础、宽口径、强能力、高素质"培养目标的基本要求和共性要求，使"厚基础"为"宽口径"服务，为"一专多能"服务，提高学生的学习能力、实践能力和创业能力。二是依据人才培养目标和基本规格，坚持整体优化教学内容和课程体系的原则，在课程体系和教学内容改革上，充分考虑学生专业与职业、职业与就业的需要，在基础课程和主干课程之外，增设与就业有关的知识课、实践课和技能课，扩大选修课比例。三是加强实践教学环节，强化实验、实习、实训、课程设计、职业基本技能训练、毕业论文（设计）和社会实践等环节，坚持专业基本技能和职业技能训练相结合的原则。

胡大白认为，民办本科高校"本科学历教育与职业技能教育相结合"的育人模式课程体系，是一种能力本位的以学科专业知识支撑能力培养的课程体系，其目标是将学科知识和素质培养融合于能力之中。这种课程体系的构建，应依据职业性、学科性和创新性三项原则，以"平台+模块"的形式将若干课程子系统有机组合成为比较完整的课程体系。从课程结构和教学内容上促使人才培养实现创新精神与实践能力相互融合的目标，满足社会对高校毕业生就业和创业能力的要求。

学校本着"加强基础、注重实践、扩大选修、增强职业适应性"的原则，构建课程体系，实行"平台+模块"的课程体系改革模式，加强"公共基础课""专业基础课""专业课"三大课程体系建设。一是重视通识教育，加强公共基础课程、知识拓展课程和公共选修课程的建设，注意发挥这类课程在提高学生思想文化素质、增强学生人文修养等方面的重要作用。二是加强学科基础教育，强调固本强基，重视专业基础课程建设，明确专业基础课程对于增强学生理论功底、提高创新能力、拓宽专业口径的重要作用。三是适应学生的术业需要，开好各门专业课程，设置适应职业需要的专业课程模块，提高就业针对性和职业适应能力。

3. 增设职业技能课程，创建特色课程体系

各专业根据社会需求，增设职业技能课程，创建了特色课程体系。根据本科人才培养规格，各专业设立了若干专业方向或专业课程模块。学生根据自己的术业爱好和就业趋向选择专业方向。比如，艺术设计专业设立了装潢、环艺等专业方向；机械设计制造及其自动化专业设立了机电模块和机制模块，增加了数控方面的课程，增加了集中实习实训环节；土木工程专业设立了建筑工程模块和工程造价模块等，创建了特色课程体系；英语专业增设商务、教育、翻译等专业方向和课程模块，并开设职业资格考试的有关课程等。[①]

这一课程体系的构建，以市场需求为导向，深入分析专业学科所需要的基础理论、基础知识、基本技能。

通过对核心概念、核心理论的突出，强化对基础理论、基础知识、基本技能的掌握。强调学科专业知识体系的一定的完整性、层次性。注重实践教学与理论课程的有机结合，促使课内实践教学环节和课外实践教学环节有机结合。增加课内外实践教学活动，增加选修课学时，增设创新性选修课，增加能力培养相关的"二课"

---

① 樊继轩：《论"本科学历教育与职业技能教育相结合"——对民办本科高校应用型人才培养模式的探讨》，《黄河科技大学学报》2008年第6期，第8~12页。

活动，力求学生职业生存能力培养和长期发展能力培养的平衡。[①]

本科专业人才培养方案体现了德、智、体、美全面发展的目标要求，促进了学生人文素质和科学素质的不断提高，增强了学生的创新精神，提高了学生的实践能力。

2008年6月，黄河科技学院《特色评估报告》提出：

这充分体现了"本科学历教育与职业技能教育相结合"的育人模式的特色。近三年来，学校教学改革研究课题立项136项，其中在中国高等教育学会立项的"十一五"重点教育科研课题"民办本科高校培养目标定位和育人模式改革的研究与实践"，已在6个专业进行改革试点。河南省教育教学改革项目"在'计算机科学与技术'学科相关专业中增设工程设计与工程分析课程的改革与实践研究"的研究成果已在计算机科学与技术等专业中得到应用，实施效果好。

（三）"技能训练与职业素质教育相结合"的育人模式

胡大白认为，实践教学是高校人才培养的重要手段，是使学生将知识转化为能力和素质的桥梁。要培养具有一定实践能力的本科应用型人才，仅仅依靠课堂教学是不够的，必须以提高学生的实践能力和综合素质为目标，实施"技能训练与职业素质教育相结合"的育人模式。构建"本科学历教育+职业技能培养"的多层次的实践教学体系。

实践教学是教中做、做中学、做学结合、手脑并用、知行合一的教学模式，是相对于理论教学而独立存在的各种教学活动的总称，包括实验、实训、实习、课程设计、工程测绘、技能竞赛、社会调查、社会实践、志愿服务等。

---

① 樊继轩：《对"本科学历教育+职业技能培养"课程体系的探索》，《黑龙江教育》（高教研究与评估）2010年第5期，第61~63页。

学生通过实践教学，能够从感性到理性，深刻认识事物的本质，揭示规律、掌握技能、学以致用，培养理论联系实际的优良作风和独立工作的实践能力。实践教学的主要特点是在具备特定条件的环境中，由教师指导，学生自主动手动脑完成一种或多种能力训练或学习研究。因此必须按照实践教学的科目配备必要的设备和材料，以满足学生学做结合的要求。

实践教学是培养学生创新精神和实践能力的至关重要的手段。学生只有通过实践，才能加深对理论知识的理解，吃透职业技能的原理，不仅知其然，还能知其所以然，也才能有效地把理论知识转化为实践能力和综合素质，拥有服务人民、报效国家、实现个人价值的本领。

1. 培养一线创新人才，实施"实践教学建设工程"

黄河科技学院以培养应用型创新人才为目标，实施了"实践教学建设工程"。重视加强实验室和实习（实训）基地建设；深化实践教学内容与体系改革，规范实验、实习、实训、课程设计、社会实践等实践教学环节；积极开设综合性、设计性实验，推进实验室开放，加强职业技能的训练与培养；加强课外实践和科技创新活动，着力培养学生的创新精神和实践能力。[①]

一是加强实验室和实习（实训）基地建设，搭建基本技能训练和职业素质教育的平台。建立了工程实训中心、电子产品工艺设计与制造实训基地、计算机组装与维护实训室、家用电器组装与维修实训室、形体训练室、播音室、会计综合模拟室、体育训练馆、画室等校内实习（实训）基地，以及126家校外实习基地。

二是深化实践教学改革，完善实践教学体系。依据应用型创新人才培养目标，坚持目的性、系统性和科学性的原则，构建"四模块"的实践教学体系。"四模块"即基础实践模块、专业实践模块、综合实践模块和创新实践模块，包括开放实验、第二课堂、学科竞赛、科技创新

---

① 胡大白：《民办本科高校培养目标定位与育人模式改革的研究与实践》，《黄河科技大学学报》2009年第6期，第1~36页。

活动，主要是为了促进学生个性化发展和综合能力培养，增强学生的创新精神和实践能力。"四模块"的实践教学体系，实现了第一课堂与第二课堂、校内教育与校外实践的良性互动，促进了学生思想道德素质、科学素质、专业基本技能和社会适应能力的不断提高。

三是大力推行职业技能训练，鼓励学生参加职业资格考试。学校把本科学历教育与技能培训有机结合，积极创造条件组织学生参加职业资格考试，使学生获取职业资格证书，增强就业能力和职业竞争能力。

四是积极组织课外实践和科技创新活动，培养学生的创新精神和实践能力。学校坚持第一课堂与第二课堂相结合，校内实践与校外实践相结合，把实践教学贯穿于教学全过程，使其自成体系，前后连贯，与理论教学协同发挥作用，从而有效改变实践教学的从属地位，培养学生创新精神和实践能力。学校鼓励学生建立科技社团、学科兴趣小组等组织，设立科技创新专项基金，为学生参加科研和创新活动搭建平台。同时，还组织各种技能竞赛和作品展示活动，调动学生参与实践的积极性。

2. 实践教学促进了学生基本技能的培养和训练

学校规定，人文社科类实践教学学时（学分）占总学时（学分）的比例不少于 20%，理、工、医科类专业的实践教学学时（学分）占总学时（学分）的比例不少于 30%。这个比例比教育部教高〔2007〕2号文件规定的比例高出 5 个百分点。学校还明确规定了实习环节最低时间要求，理工类专业实习 6~8 周，文科类专业实习 4~6 周，艺术类、体育类专业实习 2~4 周。在新的培养方案中，实践教学学时（学分）占总学时（学分）的比例达到或超过了教育部的规定标准。比如，网络工程专业 40.7%、机械设计制造及其自动化专业 45.4%、医学检验专业 49.4%、国际经济与贸易专业 33.7%、舞蹈编导专业 33.7%、播音与主持艺术专业 31.2%、艺术设计专业（装潢方向）55.3%、动画专业54.2% 等。实践教学环节的加强，进一步促进了学生基本技能的培养和训练，增强了学生的实践能力。

第二章 至诚报国，创办有中国特色的民办大学

黄河科技学院的发展节点：

1984 年创办郑州市高等教育自学考试辅导班；

1994 年 2 月 5 日，国家批准建立民办黄河科技学院，民办黄河科技学院成为全国第一所民办高等专科学校；

2000 年 3 月 21 日，国家批准黄河科技学院升格，黄河科技学院成为当代中国第一所民办本科大学。

胡大白的教育实践活动，主要分为三个阶段，第一个阶段是她大学毕业后作为中学、大学一线教师的教育教学活动；第二个阶段是她因公致残后创办黄河科技学院的实践活动；第三个阶段是在黄河科技学院办成后不断改革发展，探索建设现代民办大学的实践活动。

创办学校，是一个不可知的、漫长的、艰辛的过程，没有先例可循。

发展学校，是一个全新的系统工程，要考虑到方方面面，虽有样板，但是不能照抄，抄不了；不能复制，复制不成。如果只是跟在其他学校后面就没有生命力，必须创新。

第一节 童年和读书经历

童年颠沛流离的生活和早年的读书生涯是胡大白个性形成的基础。

1943 年春，河南遭受特大灾荒。胡大白的父亲带领一家人出外逃

荒。在逃荒路上胡大白出生在一个石灰棚内，因此得名"大白"。全家在西安漂泊四年后，才结束背井离乡、颠沛流离的逃荒生活回到郑州。这样的生活，给幼年的胡大白留下了深刻的印象。后来在办学很困难的时候，她积极培训下岗女工，资助贫困学生，这些行为都是源于心性的自然。

回到郑州后，一家人寄居在胡大白的外婆家。为了生计，他们开了一间磨坊。依靠小作坊、小生意，胡大白一家在社会的底层艰难生存。

1949 年，新中国成立，胡大白上小学。社会的变革和胡大白接受学校教育的起步融合，形成了她政治感情的基础。

胡大白在学校勤奋读书，回到家就帮大人干活，还时常到火车站广场捡橘子皮卖钱，用这些钱买书包、钢笔等学习用品。爱看书的胡大白，是郑州市敦睦路新华书店的"固定"读者。由于买不起书，胡大白总是站在书柜边上看，着迷了就忘记了时间，经常是书店关门了才回家。胡大白家教严，常因为读书晚归而挨打。

1950 年，胡大白的父亲经营的磨坊关闭。为了养家糊口，他到处打零工，他当过修马路的工人，上街卖过袜子。后来由于胡大白大哥是解放军战士，胡大白的父亲作为军属被安排在郑州市针织厂当保管员。由于当时物资紧缺，保管员是个"热点岗位"，来找胡大白的父亲帮忙的人很多。为了安全，胡大白的父亲主动戒了烟；为了避嫌，胡大白的父亲还给家人立了条规矩：郑州市针织厂的产品一件也不准买，一件也不准穿。胡大白的父亲一生清白，不但没有占过公家的一针一线，而且上班从未迟到、早退、旷工。由于工作出色，德高行端，胡大白的父亲曾当选郑州市人民代表。胡大白的母亲在街道长期担任居委会主任，并代收税款。由于做事认真，工作出色，胡大白的母亲曾被选为郑州市二七区的人民代表。

新社会的环境和这样的家庭对胡大白潜移默化的影响，使她逐步形成了做人的基本品质和对国家、对亲人、对他人的真诚品性，塑造了她明辨是非的能力、自律的品质和看准方向就执着努力的个性。

1960 年，正在郑州一中读高二的胡大白提前一年考入郑州大学中文系。大学四年，胡大白担任中文系学生会的文体部长和学习部长，除了圆满完成学业，她还积极组织开展各类文体活动和学习活动，主动参与课余的读书学习和公益劳动。知识的积累、实践的锻炼和思想的成熟，使她认识问题、思考问题、解决问题的能力不断提高。

胡大白生在逃难途中，童年艰辛的生活使她经受磨难，家庭的熏陶给了她节俭的习惯和生活的勇气，艰苦的生活给了她坚毅的个性，学校教育和读书思考给了她知识的积累和认识的升华。艰苦的生长经历凝练了她的智慧，知识的积累和科学的思想方法使她能够站在国家、民族发展的高度去分析问题、解决问题。

胡大白生在社会底层，经历过吃不饱、穿不暖的苦日子；与穷人接触多，对他们有着深厚的感情。同时，异常艰苦的成长环境，平凡父母的高尚品行，深深影响了胡大白的德操和心性，使她养成了艰苦朴素的习惯，形成了百折不挠的作风，也铸就了她勇于拼搏的性格。

当国家的需要和胡大白的条件契合时，奇迹的出现就水到渠成。当然，这必须付出超乎常人的心血和劳动。

第二节　基础教育和高等教育的教学实践

从 1964 年到 1975 年，胡大白先后在郑州十三中和郑州七中当教师。1975 年胡大白被调入郑州大学，成为一名高校教师。1981 年，胡大白因公致残，经历了三年恢复期后，1984 年创办了郑州市高等教育自学考试辅导班。

一　基础教育的教学实践

1964 年，胡大白大学毕业，被分配到郑州十三中任教。刚到学校报到，胡大白就被派到河南省纺建公司。年轻的女教师住进混凝土加工厂。胡大白的任务是扎钢筋架，工作现场有的在三楼，有的在四楼。工作的生疏、高层操作的危险、顶酷暑冒严寒的工作环境等对于一个刚刚大学毕业的姑娘而言，都是考验，但胡大白没有退缩。

童年及读书期间的劳动主要是帮助父母做家务和参加学校组织的劳动教育，当然还有学生自我管理的内务及校内活动。这些劳动是从属性的，是成长中的适应性劳动和培养劳动观念、形成良好品质的劳动。胡大白在这样的劳动中感悟到了成长和责任。而大学毕业后的劳动，是全天候的、专一性的、有定额的真正的劳动。这样的劳动，是考验初入社会的青年人的毅力和意志品质的劳动，是真正的劳动。胡大白在这样的劳动中获得的，是对社会更高层次的认知，其社会责任感得到进一步增强。

郑州十三中处于城乡接合部，学校教育一方面充斥着城市教育的气息，另一方面还有农村教育的朴实。在这样的环境里，胡大白从事着她挚爱的教学工作。对职业的敬畏和对事业的热爱，会使人产生内生动力。主动的工作和被动的劳动不同，前者能够使人将自己和工作融为一体，后者只是为了生存。这样的主观意识差距带来的客观效果也大相径庭，主动的工作会使人在工作中迅速成长起来，被动的劳动只会使人在日复一日的单调工作中失去活力。胡大白在这里将自己的知识初步应用于教学实践，对农村中学生群体及其家庭情况以及当时中国城乡接合部的社会情况有了初步的了解。在潜移默化的教育和关爱下，她所教班级的班风学风都发生了很大的变化，学生们的学习成绩得到很大提高。胡大白也特别有成就感，她在教学和班级管理实践中将关爱付诸工作，又在关爱中体验了关爱带来的成就。看到学生的成长和变化，她作为教师的存在感一步步升华，这奠定了她一生挚爱教育、挚爱学生、挚爱事业的感情基础。

1973 年，胡大白被调入郑州七中工作。郑州七中是郑州市的重点中学，胡大白在这里除了承担语文教学工作，还担任班主任。重点中学招收的是考试成绩优异的学生，这些学生理想远大，家长满怀希望。这样的环境使胡大白更深入地探索教育的新方法、新途径。在坚守"循序渐进""因材施教"等教育原则的基础上，她结合教材要求和学生个性为每一个学生设计教学方案。在重点学校教书高手如云的环境里，胡大白收获了独特的实践经验。

二　高等教育的教学实践

中学教师接地气，胡大白和学生在一起，责任得到安放，工作有所寄托。凭借着天生当老师的禀赋和对职业的挚爱，胡大白的工作得到广泛的认可。进取和努力的人总是有更大的舞台。1975 年，从郑州大学毕业 11 年的胡大白被调入母校，成为郑州大学中文系的教师。

32 岁成为大学老师，胡大白主讲"现代文学"和"影视文学"。每天看到讲台下那么多专注听课的大学生，她就激动。读书的积累和十多年基础教育的经历，加上天赋和努力，胡大白的课深受学生欢迎。第一次评职称，胡大白就顺利评上了讲师。

郑州大学是河南省实力强、声望高的大学，聚集了河南乃至全国的高层次专业人才和教育专家，胡大白在工作中汲取多方营养，一边实践，一边思考，经验一点点积累，事业一步步发展。这样的工作态度，这样的工作环境，这样的成长经历，为胡大白的未来奠定了坚实的基础，人生的前途展现在铺满阳光的大道上，胡大白的未来一片光明。

基础教育和高等教育的教学实践，使胡大白在课堂教学和辅导学生、管理班级的过程中一步步深化对教育规律和人的成长规律的认识。

第三节　人生从光明跌入黑暗

2023 年 6 月 25 日，胡大白在接受中国教育在线副总编孙春蕾的采访时讲道：

我创办这个学校有点偶然性。我是郑州大学中文系的一名教师，1981 年学校派我去外地讲学期间，我不幸重度烫伤，在床上一躺就是 3 年，国家和学校给了我最大的关怀和照顾。可是我想：我烫伤时才 38 岁，躺了 3 年才 41 岁，作为一名高校教师，41 岁可以说是最辉煌、最有价值的时候，我难道就成为一个废人吗？国家培养我这么多年，我要残而不废，为国家、为社会做点什么。

办起这个学校可以说是特别困难，当时我们家有 9 口人，上有老下有小，生活压力非常大，在这种情况下挤出了 30 元钱，这 30 元钱就是黄河科技学院创办的启动资金；第一次办班的时候有 140 多个人报名，当时全省自学考试合格率不到 6%，而我们的合格率是 87%，因此就一炮打响了，学生自然就多了，于是就想办一个国家承认学历的大学，这是愿望。

胡大白在郑州十三中工作时结识了年轻教师杨钟瑶，两人志同道合，组建了家庭。1976 年，杨钟瑶被调到当时的郑州市科委工作，1978 年又被调到郑州大学物理系工作。1980 年，由于在物理实验室建设上的突出贡献，杨钟瑶被评为郑州大学物理系工程师。此时的胡大白和杨钟瑶工作已稳定，两人都是令人羡慕的大学教师，而且在各自的事业上也都比较成功。三个孩子也快乐地成长着，家庭生活稳定幸福。胡大白的人生展现出灿烂的前程。

改革开放以后，中国的经济和社会实现了快速发展，中国工业建设取得重大成就，逐步建立了独立的、比较完整的工业体系和国民经济体系。农业生产条件发生显著改变，生产水平有了很大提高。城乡商业和对外贸易都有很大增长。1980 年，全国居民人均储蓄存款余额达到 40.10 元，是 1952 年的 26.73 倍。1981 年国内生产总值达到 4891.60 亿元，其中第一产业 1559.50 亿元，占国内生产总值的 31.88%；第二产业 2255.50 亿元，占 46.11%；第三产业 1076.60 亿元，占 22.01%。国内生产总值大幅度增长。人均国内生产总值达到 492 元，是 1952 年的 4.13 倍。全国居民消费水平达到 264 元，是 1952 年的 3.30 倍。其中农村居民为 201 元，城镇居民为 521 元。

各项事业的发展急需各方面受过高等教育的人才，但是高等教育的负担已经十分沉重，公办高等学校的承载力已经趋近饱和。1976 年，全国高等学校在校学生 565000 人，1978 年，全国高校的招生数就达到了 400000 人。公办高等学校不堪重负。为解决普通高等教育承载能力不足的问题，国家采取了许多措施：1979 年开办广播电视大学；1980 年推动建立高等学校函授教育和夜大学；1981 年开展高等教育自学考试，同时加强业余教育，逐步建立业余教育体系。这些措施旨在广开学路，广开才路，培养和造就更多更好的国家发展需要的人才。

胡大白在大学教师的岗位上，密切关注着国家的发展，为国家着急，为发展担忧。当国家酝酿解决教育发展问题的方案时，郑州大学派出优秀教师到企业讲课。表现优秀的胡大白1981年冬被派到新乡市修武县授课。隆冬寒夜，胡大白住的招待所的房间煤气弥漫，她在朦胧的半昏迷状态中下意识地起床去提壶盖火炉，突然晕倒，滚烫的开水浇遍全身。经此一事，胡大白被烫伤，全身烫伤面积达87%，重度烫伤面积达37%昏迷了12天12夜才被抢救过来。

2015年4月18日，胡大白在TEDxYouth@ZZFLS"心跳"年度大会上发表演讲《当人生遭遇灭顶之灾》，她讲道：

1981年12月1日，我被郑州大学派往新乡市修武县去讲课。每天讲六节课，全是新课，这非常累。讲了八天，12月8日的夜里，我煤气中毒了，然后就不幸地重度烫伤，全身烫伤面积达87%，重度烫伤的面积达37%。在当时，治疗烫伤，如果重度烫伤的面积在20%以上就治不了了。我呢，昏迷了12天12夜，高烧42度，现在我想起来就有点后怕。怎么42度烧了12天了脑子还没烧坏，这12天12夜我什么也不知道。

生活给胡大白的考验太残酷了，这样的经历可能会把人的精神击垮，从而导致精神生命的消失。年轻的大学女教师的命运在这一刻被改变，所有的理想都面临着破灭，所有的日常都将被改变。

肌肤的伤痛和精神的痛苦带给胡大白双重的煎熬。

首先是身体的痛苦。她的病床上固定着一个钢筋焊成的大罩子，被子搭在大罩子上。因四肢烫伤严重，她的身体不能接触床面，医生把她的两只手臂绑在罩子两侧，两条腿也吊起来绑在罩子上面。感染被控制住后，每隔两三天都必须换一次药，每次换药，就成了她必须经历的"酷刑"。为减轻她的痛苦，换药时，护士都会让她紧紧咬住一卷纱布，然后猛地把创面上的纱布揭起来，那一瞬间的疼痛撕心裂肺，常人难以想象。每次换完药，她都觉得心被掏空，像死过去一样。

更难受的是精神的煎熬。从洒满阳光的生活坦途骤然跌入人生黑暗的谷底，强烈的反差会给人带来比身体的痛苦更难受的煎熬。先前所有的人生设计和期盼都成为泡影，一个备受学生尊敬、学校器重的老师，倒在病床上，生命似乎了无意义。

2015 年 4 月 18 日，胡大白在 TEDxYouth@ ZZFLS "心跳" 年度大会上发表演讲《当人生遭遇灭顶之灾》，她讲道：

> 几个月之后我出院了，出院还得躺在铁笼子里，在家里躺在铁笼子里，还不能换衣服。这一躺躺了多长时间，躺了三年！说这个人生啊，在我三十八岁到四十一岁的时候，躺在病床上三年，我出院的时候，民政局给我发了一个残疾证。郑州大学的领导很关心我，给我安排了两个人护理我，意思是说，你因公残疾了，国家工资照发，奖金照发，一直到你退休都是百分之百的工资，你好好在家养病吧。但是我那时候才三十八岁，我又不甘心呐！三十八岁，正好是一个知识分子最黄金的时刻，我一方面是学业上不甘心；另一方面我想，我残疾了，那我的几个孩子怎么看我；我残疾了，社会怎么看我。所以我就想着我怎么能选一条残而不废（的路），曾经上天给我的，我没办法，但是我不能成为一个废人。

1982 年胡大白出院在家继续治疗，民政局给她送来了残疾证，郑州大学给予她"享受工伤待遇"的安置。这个时候，胡大白似乎只有认命了。安静地活着，生活无忧，是许多这样的人的选择。

但是胡大白是胡大白，她所受的教育，她的人品养成，她的知识积累和对国家、对教育、对生命的热爱，对事业的执着，使她在长期痛苦的思考中更加坚强，奉献社会的理念更加坚定。灾难是可恶的，但是遇到灾难还能把它变为一种激励，这样的人必然是不凡的。胡大白浴火重生。

第四节　第一个"全国第一"

在 2021 年 9 月 23 日召开的黄河科技学院中华优秀传统文化概论课教师集体备课会上，胡大白说：

> 为什么我当年要办学呢？就是觉得咱们国家太需要人才了。我是一位大学老师，拿着国家的工资，虽然受伤了，但我是国家的人，我就想着要为国分忧、为民解愁、为社会主义现代化建设服务。

创办郑州市高等教育自学考试辅导班之初，胡大白就有办大学的想法，虽然那个时候客观条件不具备，但是理想一直在。合适的土壤，催生合适的种子。1984 年到 1994 年 10 年的时间，胡大白把辅导班办成了"正规"的大学。

《宪法》（1982 年版）打开了当代中国民办教育发展的大门。2022 年，全国共有各级各类民办学校 17.83 万所，占全国各级各类学校总数的 34.37%；民办学校在校生 5282.70 万人，占全国各级各类在校生总数的 18.05%。

1994 年 2 月 5 日，原国家教育委员会发文批准建立民办黄河科技学院，实施高等专科学历教育，到 2022 年，全国民办高校在校生达到 924.89 万人，占全国本专科在校生总数的 25.27%。

2000 年 3 月 21 日，教育部颁发《关于在民办黄河科技学院基础上建立黄河科技学院的通知》，批准建立黄河科技学院，正式批准学校实施本科学历教育，到 2022 年，黄河科技学院本专科在校生达到 41706 人。

在当代中国民办教育发展的大潮中，胡大白勇立潮头。

一　创办郑州市高等教育自学考试辅导班

1977 年，国家恢复了停止 11 年之久的高考制度，加速发展我国的高等教育事业"已是刻不容缓的大事"。但是，由于国家财力有限，高校满足不了人们接受高等教育的需求，也满足不了社会对各类人才培养的需求。国家在提高现有高校容纳能力的同时，开展了广播电视大学、高等学校函授教育、夜大学等业余教育形式，尽管如此，仍远远满足不了发展对人才的需求，满足不了人们对接受教育的期盼。就是在这样的背景下，国家建立了高等教育自学考试制度。

高等教育自学考试于 1981 年开始试点。1983 年 5 月 3 日，国务院批准成立全国高等教育自学考试指导委员会。同年 11 月 13 日，经省人民政府批准，河南省成立了河南省高等教育自学考试委员会（以下简称"河南省自考委"）。河南省自考委于 1984 年 11 月 10~11 日在郑州、开封、洛阳、新乡 4 个市试点开考了汉语言文学、数学、党政干部基础科 3 个专科专业。这一制度一开始实施就受到广大群众，特别是渴求知识的青年人的支持和拥护。

伴随着自学考试在河南的举行，自学考试的社会助学活动也开始兴起。社会助学是高等教育自学考试事业的重要组成部分，在一定程度上决定着高等教育自学考试事业的发展和质量。初期的社会助学活动多以星期天、夜晚学习的业余班为主。

2015 年 4 月 18 日，胡大白在 TEDxYouth@ ZZFLS"心跳"年度大会上发表演讲《当人生遭遇灭顶之灾》，她讲道：

我面临着两个选择，一个轻而易举，有人照顾着我，全工资发着，到全国各地去看病都报销；另一个就是要挑战自我，走一条艰险之路，我说险，后来我就选择办一个自学考试辅导班。对于一个健康的人来说，办个班，请请老师，又是郑州大学的老师，让人家去上课，这轻而易举，但是我不能站，不能坐，不能走。另外你办什么事，也得花钱啊。我没钱，我家是九口之家，上有老下有小。但是我还是咬咬牙，拿出家里的全部家当——30 元人民币开始创业，其实我也是很有困难的。

病床上的胡大白没有沉沦，她坚持读书看报看电视，关注着经济社会发展和教育的动向。她了解到我国高等教育与其他国家的巨大差距：1970年，美国高等教育毛入学率已达49.2%，苏联为25%，到1984年，我国高等教育毛入学率仅为2.39%，作为人口大省的河南省，高等教育毛入学率在国内排名倒数第二。仅从这一点来看，作为大学教师的她就深切地感受到，此时的国之"忧"，是现代化建设人才紧缺；而今的民之"愁"，是大批有志求学的青年被挡在了大学校园之外。通过不断地深入学习和思考，她对河南省及全国的普通高等教育有了一定的认识，对国家的高等教育自学考试制度也有了一定的了解。1984年8月，她在报纸上看到邓小平同志为北京自修大学题写校名的消息，看到北京、长沙有人办各类辅导班，而且办得很成功的报道，像是看到了一丝光亮、一条出路。她想到自己本身就是高校教师，也完全可以开办一个自学考试辅导班，让有志于自学考试的人能系统地得到专业教师的辅导，提高自学考试合格率，从而为国家培养人才。

胡大白想清楚了，她要举办自学考试辅导班，她要在她所热爱的教育事业上闯出一条属于自己的道路。1984年夏天胡大白开始酝酿这个计划，拿出家里仅有的30元人民币开办了郑州市高等教育自学考试辅导班。先前在体制内教学，不论是在中学还是在大学，虽然所教学生的年龄不同，知识的深度广度不同，但课前准备、到点上课、准时下课、批改作业、辅导学生等流程是相同的，是胡大白熟悉的，甚至是已经精益求精了的。这样的工作，只需要考虑学生的情况，上好课，教好书，有针对性地做好学生工作。而自己办教育，特别是办自己也没有见过的辅导班，则和先前的工作完全不一样。其中申办、找教师、安排课程、收费、教材、疏通各种关系、解决许多先前想都想不到的突发事件，甚至细微到第一节课几个座位，怎样组织都要考虑。最要紧的，是赶紧租赁一间教室。完全陌生，从来没有做过，甚至没有见过，找不到先例，一个全新的领域，胡大白咬着牙做起来了。刚刚能够走路，她就让丈夫杨钟瑶推着自行车，她坐在后座上奔波。第一天开门接受报名只来了一个人，担心报名人数太少，班办不起来；担心来上课的人太多，现有的教室远远不够;担心教材,担心经费,担心报考,担心通过率,太多的担心造成太多的操心,还有来自原单位的不理解。这些都是对胡大白的严峻考验。当年培训班的学生记得胡大白因为双腿不能自如活动,就一条腿屈着,一条腿伸直坐在水泥台阶上耐心地解答问题。开办之初,"四处冒烟,到处起火",残疾的胡大白就像消防员一样奔波灭火。杨钟瑶的自行车就是她的专车。

辅导班报名的第一天,只来了一个报名的。但是开班的第一天就遇到了大难题。郑州四中一间仅能容纳50人的教室,竟然一下来了87名学员,有些是报过名的,有些是还没有报名就来的。报了名交了钱进不去教室的学员,情绪有些激动。有人高喊遇到了骗子,有人嚷着要退费。眼看培训班尚未开办就要胎死腹中,胡大白匆匆赶来,她没有经验,只能用真诚来化解危机。她赶紧临时借用郑州四中的一个较大的工会活动室,先坦诚地希望大家原谅,再请郑州大学中文系的郑月蓉教授讲课,化解了开班的第一场危机。

以真诚化解的这一场危机,是胡大白办班后化解的第一场危机。她的锦囊妙计就是真诚。

1984年的冬天特别冷。有一天胡大白定好了要到班上,临出门发现寒风凛冽,大雪铺天盖地,道路结冰,公交车无法通行。杨钟瑶劝她不要出门,胡大白坚持要去。杨钟瑶只好用自行车推着胡大白,顶风冒雪走了近两个小时才来到郑州四中教学点。推开门一看,教室里人坐得满满的。看着满身是雪的胡大白被挽进教室,教室里顷刻安静下来。

1985年6月,河南省第二次自学考试成绩公布,胡大白辅导班的217名学员的合格率为87%,其中,"现代汉语""文学概论"两科合格率分别达到96%、92%。1985年,河南省教育委员会公布的7门自学考试课程全省成绩前三名中(共计21人),胡大白的辅导班学员就占了16人。1985年6月6日,《郑州晚报》头版报道了胡大白的辅导班创下的这两项佳绩，引起了极大的轰动。在其他辅导班招不来学生的形势下，1985年7月1日，她的辅导班学员已超过2000人。

第三期辅导班报名结束后，辅导班的学员人数超过了5000人。

郑州市高等教育自学考试辅导班的规模不断扩大，管理日臻规范，成效更加显著。许多新闻媒体争相报道胡大白以残疾之身办班成功的事迹，河南省教育界人士给了她很高的评价，称她"为刚刚起步的河南高等教育自学考试创造了成功的经验"。

对这样的成绩，胡大白并没有满足，这显然不是她所期望的最终目标，她要做更大的事，她要把"游击式"的辅导班办成正规的学校，为更多的学员提供更加优良的服务。她悉心设计了这个学校的名字——黄河科技专科学校。这个学校的名字也体现了胡大白的办学宗旨：黄河，是中华民族的母亲河，叫"黄河"是指为国家民族的繁荣昌盛办学，体现了办学宗旨中的"为国分忧，为民解愁"；科技，是第一生产力，叫"科技"是指为提高国家的科学技术水平办学，体现了办学宗旨中的"为社会主义现代化建设服务"。她向郑州市教育主管部门提出的申请得到了批准，1985年12月，郑州市高等教育自学考试辅导班正式更名为黄河科技专科学校。

二　第一所民办高等专科学校

继郑州四中之后，胡大白又在郑州市中原路小学、郑州市青少年宫、河南医学院子弟学校、郑州市职业大学、河南省委党校、河南省工人文化宫、河南医科大学、郑州市纬五路一小、郑州市纬一路小学、郑州十八中、郑州十六中、郑州市刘楼小学等建立了办学点，办学点最多时达到三十多个。这些办学点分布在郑州市方圆几十公里的范围内。全日制办学点分散在郑密路、兴华街、齐礼阁、原郑州航校、原郑州水利学校、郑州市政法干部学校、郑州五十二中、郑州四十四中、郑州二十六中等。

在这段时间内，胡大白的工作强度达到了她所能承受的极限，事无巨细都得操心。夜里12点前，胡大白从未睡过觉。但她并不觉得苦和累，相反感觉身上有股使不完的劲儿，因为，在她心中有着宏伟目标和不懈追求：她要创办一所真正意义上的民办大学。

（一）胡大白首次提出设想

经过四年的努力，辅导班获得了长足的发展。胡大白基本上完成了从教师向学校管理者的转变。她认为，发展就必然要由低级形式向高级形式过渡，这既是自然规律，又是社会发展规律。只有顺应这个规律，学校才会有光明的前途和未来。

她提出了"具办一所有中国特色的社会主义民办大学"的设想。

在当时的条件下，胡大白这样的想法无异于天方夜谭，但是，这个想法却是她基于时代需求的超前理性判断，是她根据当代中国发展趋势得出的科学判断。

1988 年 10 月 31 日，胡大白在经过长时间的理性思考之后，召开了一次学校领导班子会议。她提出："我们应该创办一所符合社会需要的、国家承认学历的、有自己独特风格和特色的社会主义民办大学。"参加这次领导班子会议的 9 位校领导中，就有 4 位老同志站起来强烈反对，甚至有人提出辞职。

领导班子的强烈反对，是胡大白没有预想到的。她一个一个谈心，做思想工作，给大家讲明办大学的目标不可能一下实现，是要分步实施、稳步推进的，其中的好处在哪里，可行性如何，她都与大家反复交换意见。人的认识水平的差异导致人对事物的判断有所不同，当时国家尚未打开民办高等教育的大门，自己办大学，一般人都认为是痴心妄想。辅导班办得好好的，大家刚刚有了收入，谁都不愿意折腾。胡大白做了一圈工作，那 4 位持反对意见的老同志，还是态度坚决地办理了离职手续。中层干部及职工中个别不愿继续工作的也离开了学校。

这是胡大白第一次提出办大学的设想。虽然国家已经放开了民办教育，但是民办高等教育的大门还在紧闭。班子成员都是自己可以托付事业和理想的同志，遭到他们的强烈反对，胡大白内心受到的震撼，可想而知。

留下的，是相信胡大白的立场坚定者。学校领导班子的意见虽然统一了，但代价却是巨大的。胡大白没有因此而气馁，反而更加勇往直前。她把思路又理了一遍，感到大方向是对的，只有往前走才会有出路，往后则没有退路。

之后，胡大白又召集学校中层干部进行研讨，在管理层酝酿、讨论自己的设想，而后又将这一设想向全体教职工进行了传达，在全校范围内开展了大讨论。

在这段时间里，胡大白利用各种机会，反复与教职工交流，她说："我们办辅导班的时候就提出来，我们的宗旨是'为国分忧，为民解愁'。这八个字是抽象的，说起来很容易，可我是真心实意这样做的，我相信大家也是真心实意的，那么我们就要在具体行动上体现出来。如果想的是分点钱就走，那就不是真正的'为国分忧，为民解愁'。"

胡大白的真心和坦诚有着强烈的感染力量，在她周围，一定会形成不同时期推动事业前进的强大磁场。

经过胡大白的不懈努力，领导班子和全体教职工的思想高度统一，学校更加稳定。1988年底，学校成立了新的领导班子，并设立健全了相关职能部门，正式落实办大学的设想。

（二）顶层设计和胡大白办校准备

胡大白在学校领导班子会议上首次提出创办一所社会主义民办大学的目标之前，就对学校发展有自己的考虑。此前，胡大白根据形势和学校状况，审时度势，提出了学校发展的三个目标要求：一是建立具有一定经济实力的科研生产基地，既为教学服务又为学校建设提供资金；二是建设一个符合专科学校设置标准的校园；三是引进和培养符合要求的专职教师和高校管理人员。

这个时候，国家发展民办教育的态度已经十分明朗。

1985年5月27日，《中共中央关于教育体制改革的决定》指出，要动员全党、全社会和全国人民关心和支持教育体制改革，发展教育事业。鼓励各民主党派、人民团体、社会组织、离休退休干部和知识分子、集体经济单位和个人，遵照党和政府的方针政策，采取多种形式和办法，积极地自愿地为发展教育贡献力量。

1986 年 4 月 12 日，第六届全国人民代表大会第四次会议通过的《义务教育法》第九条规定，国家鼓励企业、事业单位与其他社会力量，在当地人民政府统一管理下，按照国家规定的要求，举办本法规定的各类学校。

1986 年 6 月 26 日，原国家教委等部门拟订了《关于实施〈义务教育法〉若干问题的意见》。1986 年 9 月 11 日，国务院同意并批转了这个意见。该意见明确指出，鼓励集体经济组织、国家企事业单位、其他社会力量举办学校；对于个人依法举办的学校，目前各地可以进行试办。

比较来看，在推动民办教育发展的问题上，中央的文件要更积极、态度更鲜明一些。《宪法》（1982 年版）颁布不到半年，中共中央、国务院就于 1983 年 5 月 6 日明确提出了鼓励"私人办学"的意见，但一直到 1986 年 6 月 26 日，原国家教委对于个人依法举办学校的态度，还是可以"进行试办"。由此看来，当时国家教委对个人办学的态度，还是更慎重一些。

1986 年 10 月 18 日，原国家教委发布的《普通中等专业学校设置暂行办法》在第四章审批程序部分，标注"含社会力量办学"，这说明国家同意社会力量举办普通中等专业教育。

1987 年 7 月 8 日，原国家教委印发《关于社会力量办学的若干暂行规定》（以下简称《规定》）。这是《宪法》（1982 年版）颁布之后，在中共中央、国务院的不断推动下，在社会力量办学相关法律形成之前的政府部门法规，具有较强的法律效力。这是国家第一次以法规的形式将社会力量办学纳入国民教育体系。

《规定》明确指出，社会力量办学是我国教育事业的组成部分。党的十一届三中全会以来，社会上一些企事业单位、民主党派、人民团体、集体经济组织、社会团体、学术团体以及公民，采取多种形式，举办了各种类型的学校和短训班，在辅导青年学习、帮助在职人员进修、普及科技文化知识方面，弥补了国家办学的不足，同时也为离退休的教师、科技人员、干部以及其他人员提供了继续发挥作用的场所。社会力量办学在开发智力、促进社会主义物质文明和精神文明建设以及改善社会风气等方面，发挥了积极作用，得到了各级人民政府和教育行政部门的肯定和支持。

《规定》界定了社会力量的概念："社会力量是指具有法人资格的国家企业事业组织、民主党派、人民团体、集体经济组织、社会团体、学术团体，以及经国家批准的私人办学者。"

《规定》明确指出："社会力量办学是我国教育事业的组成部分，是国家办学的补充。"明确要求"社会力量办学应遵循教育规律，量力而行，扬长避短，注重质量，讲求实效。应结合本地区经济建设和社会发展的实际需要，主要开展各种类型的短期职业技术教育，岗位培训，中、小学师资培训，基础教育，社会文化和生活教育，举办自学考试的辅导学校（班）和继续教育的进修班"。

可以看出，当时的国家教委对于社会力量举办的教育形式已经基本放开，但是还有所保留。尽管早在 1983 年 4 月 28 日，国务院批转教育部、国家计委《关于加速发展高等教育的报告》的通知中就已经提出"还要鼓励民主党派、群众团体和爱国人士举办这类学校"，但此时的规定依然将民办学校限定在高等教育之外。

密集的政策利好，胡大白感知到了。她明白，之所以没有放开民办高等教育，是因为机会尚不成熟，但是这个机会总会成熟的，而且成熟的时机越来越近。

1988 年 3 月 25 日，李鹏在第七届全国人民代表大会第一次会议上所作的政府工作报告提出，要提倡和鼓励社会力量集资办学，捐资办学，以加快我国教育事业的发展。10 月 17 日，原国家教委发布《关于社会力量办学几个问题的通知》，就社会力量办学的管理体制、跨省（市）设分校招生、学历文凭等问题进行了政策界定，并再一次明确指出，社会力量办学是我国教育事业的组成部分，是国家办学的补充。希望各地进一步重视这项工作，将其提上工作日程，把鼓励、支持社会力量办学的措施落到实处，同时要充实和加强管理力量，采取行政的、法律的、经济的措施，加强对社会力量办学的领导和管理，使其健康发展。10月24日，原国家教委发布《社会力量办学教学管理暂行规定》，主要目的是提高社会力量办学的质量和效益，规范办学行为，从而促进其健康发展。

1989年2月18日，当时的国家教委主任李铁映在国家教委工作会议上的讲话指出，要通过改革，使教育事业真正成为全民的事业。在以政府办学为主的同时，积极发展社会团体、企业单位和公民个人办学。1989年12月23日，李铁映在七届人大常委会第十一次会议上关于教育工作的汇报中指出，我国的办学体制应以国家办学为主体，鼓励和支持社会各方面包括公民个人办学。

中央政府密集发文，反映了国家的态度，民办教育的道路越拓越宽。在学前教育和基础教育都向社会力量敞开大门后，高等教育逐渐向民办学校走来。

1989年1月，胡大白完成了办学目标的文字表述："创办一所具有中国特色的社会主义民办大学。"她的意思是，"中国特色"就是没钱也要办大学，"社会主义"就是坚持社会主义办学方向，为社会主义事业培养合格劳动者和可靠接班人。

有了办学目标，有了办学宗旨，有了办学理念，胡大白开始了创办民办大学的各项准备。她把全校教职工组织起来，成立了三个班子。

一个是思想准备班子，负责学习党和国家的教育方针政策、中外高等教育理论、有关民办教育的政策法规等，建立和完善办学思想体系。

一个是组织准备班子，负责制订教师队伍、管理队伍的建设计划，大力引进人才，着力培养现有人员，为即将到来的"大学"搭建人力资源框架。

一个是业务准备班子，负责向公办大学学习教学管理工作，收集教学科研、行政管理、党的建设、学生管理、后勤保障等方面的文件、资料。

胡大白和全校教职工对学校的未来发展都充满了信心。

（三）实质性推进

为达到"正规"大学的办学条件，胡大白一步一步地去落实。首先，租下了原郑州铁路卫校工厂的一个独立小楼作为固定的办学场所，将"游击战"改为"阵地战"。其次，又在郑州市郑密路30号租了两个院子。这是她为学生们提供的第二个集中教学点。两个院子打通后，有了两片相对集中的空地，师生们在东院修了两个羽毛球场，在西院修了半个篮球场，又在一些角落修了几个水泥乒乓球台。学校第一次拥有了自己的活动场地和设施。最后，学校又在西院修了一个升国旗的台子，立起了旗杆。从此，学校每逢周一都要升国旗的传统开始形成。

相对固定的教学场地不仅是对办学人的心理支持，也会给教师和学生带来主人一般的体验。以前在别人的校区内租一个或几个教室，教师和学生都有"外来人"的感觉。虽然郑州多数学校都不"欺生"，但是不是自己的教室和课堂，总是感觉不到自己的主体存在。这样的心态无疑会影响教学和学习，也不利于管理。

20世纪80年代末90年代初，作为人口大省的河南，地处中原，交通便利，资源丰富，但与国内先进地区相比较，国民经济发展的层次较低，工业化程度不高，人民生活还不富裕，其根本原因在于教育落后，人才匮乏。1991年，全省人口8778万人，占全国总人数的7.6%，但高校的在校生只占全国高校在校生总数的4.15%。全国每万人拥有大学在校生30人，河南省仅有18人，居全国第27位。同龄人口中能够升入大学的比例，全国为2%以上，河南省仅为1.6%。1992年，全省本专科学生比例为1:1.007，与较合理的层次结构（1:2.5~1:3.0）差距较大。截至1993年6月，全省有普通高校41所（不含地方大学6所），其中部属院校10所，省属31所；省属高校中，本科层次11所，专科层次20所。20所专科学校中，师范类学校10所，农、牧、医类学校5所，公安类学校1所，工程、商贸类学校4所（厅局所属学校，毕业生去向受限）。工程、商贸类学校明显薄弱，省属综合普通高等专科学校尚无一所。这种层次、科类、布局上的不合理状况，与河南省经济社会的发展不相适应。而且，在当时财力有限的情况下，要把河南省沉重的人口负担转化为丰富的智力资源，必须大力发展高等教育。发展高等教育的问题难以仅靠普通高等院校通过充实条件、扩大规模、调整结构来解决。因此，积极鼓励社会力量办学，特别是发展民办高校，使之与公办高等教育相互补充、协调发展，成为当时社会和时代发展的必然要求和趋势。

1988年，胡大白创办的学校的生源无论是从量上还是质上都发生了很大的变化。学生数量发展到8000多人；专业设置从党政、中文两个专业发展到近20个专业，教学点从1个发展到30个；学校管理正在从单一教学向综合型管理过渡。学校达到了一定的规模，初步具备了举办全日制高等学校的条件。

按照民办高校"占地80亩，校舍面积2万平方米，专任教师100人，图书3万册"的标准，胡大白全力以赴，解决了教师短缺、教学点分散、图书设备不足三大问题，学校具备了独立的校区、相应的图书设备和相对稳定的师资队伍。

1993年是中国民办教育史上重要的一年。

我国民办教育的发展是以经济发展和社会需求为基础的。民办教育的指导思想和立法进程也是伴随着经济发展和社会需求的日益增长逐步确立和展开的。1992年，原国家教委颁布的《全国教育事业十年规划和"八五"计划要点》中明确提出："为满足社会日益增长的需求，要逐步建立以政府办学为主的社会各界共同办学体制。"

1993年2月，中共中央、国务院颁布了《中国教育改革和发展纲要》，首次提出国家对社会团体和公民依法办学采取"积极鼓励、大力支持、正确引导、加强管理"的方针。

1993年8月17日，原国家教委颁布《民办高等学校设置暂行规定》（以下简称《暂行规定》），允许"各种社会组织以及公民个人，自筹资金"，设立实施高等学历教育的民办高校。《宪法》（1982年版）颁布11年之后，国家终于打开了社会力量举办普通高等教育的大门。这个大门，又像是专门给胡大白打开的。

（四） 历史性的突破

1991 年 6 月 12 日至 14 日，原国家教委决定在郑州召开全国民办高校校长座谈会，邀请了全国 40 多家民办高校参加。胡大白主动承办了这次会议。到会的教育部门领导和全国的民办高校创办人参观了胡大白的学校。通过这次会议，胡大白的学校给与会人员留下了深刻的印象。学校第一次走出河南。

《暂行规定》首次明确了民办高校的法律地位。民办高校是我国高等教育事业的组成部分。民办高校及其教师和学生享有与国家举办的高校及其教师和学生平等的法律地位。《暂行规定》对民办高校的设置标准、设置申请、评议审批、管理、变更与调整进行了详细规定，其中设置标准要求"有固定、独立、相对集中的土地和校舍"，"占地面积应满足校舍建设用地和供学生体育活动的场地"，没有对占地面积、校舍面积、专任教师数量、图书藏量进行硬性规定。也就是说，相对于学校草拟的"占地 80 亩、校舍面积 2 万平方米、专任教师 100 名、图书 3 万册"的标准，实际颁布的国家标准比较宽松。

当时，北京市的民办教育机构有 1583 所，河南省各类民办教育机构有 3000 多所，全国民办教育机构共计 4 万多所，大家都渴望获得学历教育的入场券，原国家教委从众多申报学校中遴选出最好的 16 所院校进行考察。

新中国成立 40 多年来，第一次设置民办高校，既是对《宪法》（1982 年版）的深入落实，也适应了经济社会发展的需要。但是民办教育又面临着社会的歧视，面临着几千年来"正统"观念的注视，当时的国家教委空前重视这一问题。所以他们派出的考察组十分低调，没有事先通知，1993 年 8 月 30 日，以北京大学原党委书记王家珍为组长的全国高等学校设置评议委员会专家组就直接到了胡大白的学校进行实地评审。烈日当空，酷暑闷热，综合楼还在施工。到达现场的专家组发现校园内安静干净，有教育氛围。专家们下车后先在院子里实地查看，见一个大教室里坐着 100 多名学生。教室里没有电扇和空调，每个人都热出一身汗。但是课堂秩序井然，老师讲得认真，学生听得专注。下课的时候，由于学生较多，大家只能挪动课桌，才能出门透透气。看到在这样艰苦的条件下，学校还能有这样敬业的老师，这样认真的学生，专家们说，这是个办教育的地方。

两天内，专家组通过查看资料、实地考察、观摩教学，从占地面积、学生规模、师资力量、专业设置、实验设施等方面进行严格评定，评定结果出乎专家组的意料，所有条件都达到或超出了设置标准。专家组认为，学校的办学指导思想端正，办学条件、专业设置、管理水平都令人满意，称赞这所学校"率先进入市场，为全国民办教育摸索了经验、创出了新路，值得借鉴和推广"。

1993年金秋10月，全国高等学校设置评议委员会在长沙举行评审会。会议从10月16日开到25日，对16所申办院校一一进行审查。经过一系列评审程序，评审会最后确定批准民办黄河科技学院、民办浙江树人学院、民办上海杉达学院和民办四川天一学院等开始实施专科层次的学历教育。根据专家组的意见，因胡大白创办的学校"办学扎实、条件具备"，故免去其"现场答辩"的评审环节，批准其实施计划内高等专科学历教育。1994年2月5日，原国家教委下文批准建立全日制高等学校——民办黄河科技学院，允许其实施高等专科学历教育。这是《暂行规定》颁布以后，全国第一批第一所独立设置的民办普通高校，胡大白实现了创建一所"具有中国特色的社会主义民办大学"战略目标。

第五节　升办本科，助力构建当代中国民办教育体系

2023年6月25日，胡大白接受中国教育在线副总编孙春蕾的采访时讲道：

我们学校1994年成为第一所国家承认学历的民办高等专科学校，专科学校办成之后我就想申办本科，但当时没有相关文件、没有先例。我反复跟各级教委沟通，一下谈了五年。1999年6月，第三次全国教育工作会议召开，提出了"采取多种形式积极发展

高等教育，动员社会的力量办一点民办高校，作为现有高校的补充"，也就是说允许民办学校办本科了。我们就赶快逐级上报，报到了国家教委之后我很担心，不知道报的学校多不多，后来得知只有我们一个民办学校上报，我些许安心之后又开始害怕，因为河南省当时还要报 4 所公办学校，我们自然是排到第 5 位，当时一年一个省顶多批 2 到 3 所本科高校，那我们是不是又没戏了。于是我又到教育部，希望能争取到上会考核的机会，教育部相关部门的领导先后来学校考察，惊讶地发现当时我们从硬件设施到师资条件，都达到了公办本科高校的标准。最后经过考核，河南省 5 所学校破天荒都获批了，这在全国高等教育史上是很少见的。这个过程对我来说是过五关斩六将，印象非常深刻。

1994 年，民办黄河科技学院获批建立后不久，胡大白又有了新的想法和追求。她在学校领导班子会上强调了办好专科学历教育的要求，又郑重地提出接下来要考虑升办本科教育。这样跳跃式的思维不是凭空生出来的，是胡大白对当代中国教育发展的正确把握和预测的结果。

国家的大力支持和积极鼓励，促进了民办教育的蓬勃发展。但是当时民办高等教育的规模依然很小，而且没有民办的本科高等学校。根据经济社会的发展和公办普通教育的现状，胡大白分析，国家一定会在不远的将来举办民办本科高校，时不我待，需要及早布局，抓紧准备。

但是当时学校其他领导还没有从申办专科的努力和办成的兴奋中冷静下来，大家认为短期内"专升本"基本上没有可能，即使有，也需要一个较长的时期，没有二三十年的办学积累，如何能实现"专升本"？再加上现在国家根本没有放开。学校刚刚申办成功，各方面都需要完善，需要"休养生息"。

胡大白知道这些想法不仅学校领导层有，在教职工中也普遍存在。她就与几位领导推心置腹：

我们批了专科是不是就到头了？要不要再提升层次？如果要的

话，现在就得制定规划，扎实推进。我们办学，既要完成眼前的工作，又要制定长远的目标，要让大家从完成眼前工作入手，努力向长远目标前进，这才是长久之计。专科批准了，大家应该高兴，可是高兴的同时也容易失去目标和方向，高兴一段时间是可以的，一直这么高兴下去可就要坏事了。我认为，现在提出"专升本"，很有必要。

她的话得到了认同。这一次，没有人反对，更没有人辞职。

胡大白走的每一步看似随意轻松，实际上都走在要点上。办大学的要求比辅导班严格多了，首先就是毕业证，毕业证是国家承认的，这样的毕业证叫做"文凭"，是反映一个人接受正规教育的程度。你不是自己在办大学，你是在代表国家办大学。

1994 年 2 月 5 日，原国家教委批准民办黄河科技学院为独立设置的全日制高等学校，专科层次，学历教育发展规模为 1000 人。同年 6 个专业招生 200 名。

专科层次的大学，已经有着很高的要求了，但是本科层次要求更高。其中重中之重是教学质量。

要办本科，必须要有自己的特色，这样的特色必须聚焦在人才培养上。1998 年，胡大白在全校组织开展了"教学改革大讨论"活动，并正式提出构建富有时代特征和学校特色的人才培养模式。要求在培养人才上发挥自己的优势，找准定位，创出特色，坚持以社会需求为导向，瞄准经济建设和社会发展第一线，以培养应用型人才为主；在学科与专业设置上，努力做到人无我有、人有我新、人少我多。

学校于 1998 年发布《中共黄河科技学院委员会关于深化教学改革提高教学质量的实施意见》，要求各项工作都以教学为中心，以提高教学质量、促进学生成长为目标，并不断加强教学改革。初步形成了民办专科高校的人才培养模式，提出要培养学生形成"五种能力"。第一，具有坚定的理想信念和高尚的道德品质。第二，具有良好的人文修养和健康的身心素质。第三，具有扎实的专业功底。第四，具有较高的外语、计算机应用水平。第五，具有强烈的创新精神和较强的实践能力。

这一时期，学校形成了高等专科学历教育与自学考试助学教育、学历文凭考试教育并举，多层次多学科协调发展的格局。

1995 年 7 月，学校提出"以提高教育质量为中心，以提高管理水平为手段，以加强思想政治工作为保证"的办学方针以及"打硬仗、上台阶、创特色、争名牌"的战略口号，明确了今后五年的奋斗目标就是由专科升为本科，办一所本科高校。

针对教学工作，学校做了具体部署：加强学校学历教育系统的师资力量建设，配备专业负责人和学科带头人；根据市场经济需要和人才部门的调查信息，开设社会急需的热门专业、短线专业和新兴学科；加强对学校拳头专业、名牌学科的规划建设；根据国家教委教学大纲要求，编制科学的教学计划，编写实习大纲；建立专业教研室，有计划地开展教研活动；引进客座教授，组织权威论坛，倡导严谨教风和浓厚学风；加强师资管理，普遍开展教学质量评估活动；重视国内外学术交流活动，提高学校知名度；建立"奖学金制度"，鼓励优秀学生参与科技项目的研究与开发，倡导优良学风等。这些战略措施都有很强的针对性，并且极大地提高了学校的教学质量。[①]

胡大白和学校领导层明白，办教育，外在的形象是大楼和设施，真正的实力在看不见的地方。如果单单是为了通过办学赚钱，那做足表面功夫即可，但是要将教育当作事业，则必须从人们看不见的地方做起。

1995 年至 1999 年，在图书馆、实验室建设方面，学校增加专项投入，以适应本科教学的需要。随着学校不断加大对仪器设备（实验室建设）的投入力度，推动实践教学的建设和发展，实验中心也在逐步扩大规模。

截至 1999 年，实验中心建成除计算机实验室外的电子、物理、

---

① 资料来源：黄河科技学院校史稿。

医学、语音等各科类实验室 51 个，拥有教学仪器设备 3425 台（件），价值达 1259 万元，这些实验室及仪器设备已能基本满足学校教学科研的需要。学校的实验室无论是占地面积、开设实验的种类和数量，还是设备质量，都在这一时期得到了快速发展。随着科学技术的进步和教学方法的改革，电化教育被提到议事日程上，并日益引起学校的重视。1997 年底，实验中心开始筹建多媒体电教室。1999 年 12 月，学校在北校区附中教学楼建立了多媒体电教室，由此迈出了建设多媒体电教室的步伐。①

虽然胡大白强调核心竞争力，但是教育教学资源还是必要的。工科学校做这些成本很高，但是黄河科技学院在这方面舍得花钱下功夫。

1999 年 6 月，学校启动校园网建设，迈入了互联网时代。经过建设团队近半年的艰苦努力，1999 年 10 月，学校校园网正式加入中国教育和科研计算机网，黄河科技学院是在河南省高校中较早加入中国教育和科研计算机网的高校之一，也是全国第一所加入中国教育和科研计算机网的民办高校。

1997 年 10 月 10 日，学校在档案室基础上建立综合档案室。1997 年 12 月 31 日，黄河科技学院档案管理工作达到省一级标准，同时黄河科技学院获"省级先进单位"称号。

　　　1999 年 11 月 26 日，国家档案局下文，批准黄河科技学院档案管理工作达"国家档案管理标准一级"，黄河科技学院成为当时全国民办高校和河南省高校档案管理工作首个达到"国标一级"的单位，在当时的河南省科技事业单位中也是唯一一家。②

民办学校重视档案馆建设的不多见，达到"国标一级"的更是凤毛麟角。

---

① 资料来源：黄河科技学院校史稿。
② 资料来源：黄河科技学院校史稿。

1993 年黄河科技学院成立商贸学院，设有四个分部。1994 年 7 月，黄河科技学院工学院正式获批成立，成为黄河科技学院第一个工科类二级学院。1994 年 7 月，黄河科技学院体育学院成立。1995 年 9 月，黄河科技学院南校区正式启用，商贸学院首批 1500 名学生搬迁到南校区。1998 年 6 月，学校在原工学院工艺美术专业、科技学院装潢艺术设计专业的基础上正式组建成立了工艺美术学院。1999 年秋，医学院从郑州市航海路 94 号搬迁至南校区。1996 年 9 月，成立公共体育教研组，1997 年 9 月，公共体育教研组更名为公共体育教研室。1997 年，黄河科技学院艺术教研室、德育教研室成立。到 1999 年，学校已建立"五院一专两部"，包括工学院、体育学院、工艺美术学院、医学院、商贸学院、附属中专、初中部和中学部。

为了不断提高实践教学的保障水平，学校在经费紧张的情况下，仍然投入大量资金购买先进的教学仪器设备，建设实验实训基地。在当时的电子工业部 27 研究所、航空工业公司 124 厂、郑州自动化研究所、郑州广播电视台、省社会科学院、郑州华联商厦、飞马集团等建立了实训基地。随着学校规模的不断扩大、专业的不断增多，校外实验实训基地的需求量日益增大。学校根据各院系（专业）实践教学的需要，积极寻找能满足实践教学需要的单位来进行合作，1994 年至 1995 年，学校先后与 15 家单位签署了合作协议。为加强毕业生的实习管理，1994 年，学校发布了《黄河科技学院与学生实习单位签订的社会实践活动协议书》；1998 年制定了《关于毕业生进行实习的规定》等。学校在原有校办企业的基础上，先后创办了科学研究所、科技开发公司、建筑设计公司等。

学校在教学管理制度建设方面进行持续探索，形成了较为科学、完备、独具特色的教学管理制度体系。

1994 年出台《关于黄河科技专科学校在校生开展第二课堂的暂行办法》。1996 年学校陆续发布《黄河科技大学闭路电视教学系统管理办法（试行）》《黄河科技大学设备管理暂行办法》《关于学生宿舍管理的若干意见》，签发《关于建立教学日报制度的通知》，加强对日常教学的检查和监控。1997～1999 年，学校对课程考核、教学过程监控、教学事故认定等方面出台制度规定，相继发布《关于对自考班、旷课、旷考、作弊学生处理及补考的规定》《关于聘请兼职教师的审批办法》《关于学历班教考分离的实施意见》《关于教学事故、违反教学纪律划分及处理规定》《关于月（学期）教学检查的考核办法》等规章制度。①

管理机制创新是学校发展的不竭动力。截至 1999 年，学校初步探索出一套适合自身发展的管理模式，形成了一套"以人为本、科学规范"的管理模式和架构。

在决策管理上，学校实行校长负责制、目标管理责任制和职工民主管理制度。在人事管理及工资制度上，学校实行全员聘任制和浮动工资制。在招生及毕业生工作上，学校以适应市场经济建设和社会发展的需要为依据，适时调整招生规模、专业及课程设置，由于学校以"需"定招，重视教学质量的不断提高，历年生源稳定。在后勤管理上，学校积极探索后勤服务社会化，实行后勤承包制等多种形式。在产学研结合上，学校在科学研究力量、仪器设备、图书资料、生产实习、产品开发等方面与其他机构进行广泛深入的交流与合作，促进了教育与经济、科技、社会的紧密结合。

为进一步建立健全各项规章制度，全面加强学校管理，1999 年 11 月，学校汇编了《黄河科技学院管理工作手册》，为学校推进全面质量管理、进一步规范发展提供了制度保障。

1. 加大力度引进人才

1998 年，学校印发了《关于录用应届毕业生、硕士生、博士生的有关规定》。截至 1999 年，学校从省内外引进中、青年教师 275 人，为引进的教师解决了住房、医疗、社会保险、户口、子女上学等问题，稳

---

① 资料来源：黄河科技学院校史稿。

定了这些人才。学校抓住科技、经济、教育、人事体制改革的有利时机，积极引进研究机构的科研人员、国有大中型企业的技术与管理人员、党政机关以及高校的离退休干部和教师，以他们为基础，组建专职教师队伍。截至 1999 年，全校专职教职工共 691 人，其中教师 496 人，职工 195 人。教师职工队伍能够适应教学、科研和管理工作的需要。全校专职教师 373 人，其中副高及以上职称者 131 人，占专职教师总数的35%，具有硕士学位者 26 人，占专职教师总数的 7%。教师队伍的学历、学科、职称、年龄结构等都能适应教学工作的需要。学校已形成一支教学质量好、学术水平高、重师德、讲奉献，以专职为主，专兼职相结合的教师队伍。

2. 成立学术委员会

1997 年 4 月 24 日，黄河科技学院第一届学术委员会成立。第一届学术委员会由 22 人组成。学术委员会成立后，紧紧围绕自身工作职责，积极开展各项工作，在活跃学校学术氛围、加强科研工作、提高学术水平、推动教学改革等方面发挥了积极的作用。

1998 年 12 月 11 日，学校召开首次科研工作会议，规划部署科研工作，校领导和中层干部参加了会议。会议形成《高校科研工作的地位、任务、内容、形式和作用》《建立科技工作体系和奖励制度》《1999 年科研工作安排意见》3 个文件。会议明确指出高校科研工作在促进学科建设、人才培养以及为经济建设服务方面具有重要作用，加强科研工作是学校可持续发展的重要保证。黄河科技学院科研组织机构健全，设有学术委员会、科研外事处等科研管理机构，建有民办教学理论研究室等科学研究机构，创办有《黄河科技大学学报》（后改名为《黄河科技学院学报》）等学术期刊。1994~1999 年，学校专职教师共发表论文 515篇，出版专著 79 部、教材 50 部，完成项目 122 个。许多研究成果在国家、省级刊物上发表，获得国家级、省部级奖励。有的论文为中央有关部门提供参考。

3. "请进来"与"走出去"

如果说上面的各项工作都为黄河科技学院申办本科高校提供了必备

的硬件条件，那么胡大白走出国门学习、尝试国际合作办学等就是在"专升本"要求之上的对建设现代大学的探讨。

1994 年至 2000 年，美国、日本、英国、新加坡等国的多个教育代表团先后到校参观考察。1995 年 3 月 18 日，美国加州大学考察团到校参观考察，其顾问张文彬先生为学校题词"十年有成，百年树人"。1997 年 8 月 28 日，日本广岛大学教授大冢丰一行来校参观考察。1998 年 4 月 7 日，日本新闻日报社记者今泉先生和日本著名学者本村仓板先生等一行 5 人来校参观考察。1998 年 8 月 2 日，美国马里兰大学电机系教授李济湘先生和夫人张怀宣女士来访，并在学院做了学术报告。1998 年 8 月 26 日，加拿大华裔学者张超博士来校参观访问。1999 年 6 月 8 日，新加坡东方文化学院林诗暄副院长及驻郑代表陈葛等一行到校考察。①

单纯的"请进来"还称不上真正意义上的对外合作交流，学院还要"走出去"，从而实现对外交流与合作的跨越式发展。

1996 年 12 月 18 日至 1997 年 1 月 7 日，胡大白应邀参加由中国教育国际交流协会组织的中国教育考察团，先后考察了法国、卢森堡、比利时、荷兰、德国、泰国等。1997 年 1 月 13 日至 2 月 1 日，陈勇民参加由河南省大中专毕业生就业指导中心组织的河南省人事教育赴美考察团，先后到洛杉矶、旧金山、费城、纽约、华盛顿和夏威夷考察，结合中美大学毕业生就业状况与相关学校进行了交流。1999 年 6 月 13 日至 7 月 10 日，杨钟瑶参加河南省民办教育协会组织的赴美国教育考察团，并任考察团团长，主要考察美国的私立教育情况。2000 年 5 月 29 日至 7 月 4 日，胡大白、杨钟瑶赴美国东部考察麻省理工学院、哈佛大学、康涅狄格大学、普林斯顿

---

① 资料来源：黄河科技学院校史稿。

大学。2000 年 10 月 5 日至 13 日，胡大白和外事处负责人李芳盛应邀赴日本东京工学院参观访问。①

学校领导不辞辛劳远赴欧美，既带去了学校的有益经验，也收获了国外的先进理念。

4. 国际合作办学

1996 年，学校与日本新潟综合学院集团签订友好学校协议书；1997 年与加拿大多伦多国际学院签订姊妹学校协议书；1997 年与加拿大阿尔玛学院结为姊妹学校，并签订协议书。以上协议促成了学校与国外学校之间互派教师、合作开办专业、共同举办科研活动、交换学术及其他文化信息等教育教学工作的有效开展。

1998 年 7 月 10 日，日本东京工学院院长龟田俊夫一行来校参观访问，与学校达成合作的意向。两校签订了友好学校协议书。协议书的主要内容：两校进行留学生交流；两校在需要的时候，经双方协商开展教师及职员间的交流；两校共同举办各种活动，交换有关学术研究的信息及出版物；参加两校之间交流的学生通过公正选拔，互相承认对方的学历；留学、进修详细事项，由双方协商决定等。

学校将残疾人教育作为教育事业的一部分，在办学初期就关注、探索和实施残疾人教育。学校向河南省教委、河南省招生办承诺，凡符合录取条件的残疾学生，只要愿意到学校学习，学校全接收。为给残疾人提供受教育机会，发展残疾人教育与康复事业，1996 年 4 月 5 日，学校正式成立国际残疾人学院。

5. 《黄河科技大学学报》创刊

大学学报的创办水平代表着一所高校的学术水平。《黄河科技大学学报》的创刊既是学校学术工作规划、建设的结果，也是学校审时度势、抢抓机遇的一个成果。

1999 年，通过当时的河南省新闻出版局转报新闻出版署批准，《黄

---

① 资料来源：黄河科技学院校史稿。

河科技大学学报》公开向国内外统一出版发行。1999 年 3 月 1 日，《黄河科技大学学报》创刊，国际标准连续出版物号为 ISSN 1008 - 5424，国内统一连续出版物号为 CN 41 - 1279/N。该期刊 1999 ~ 2016 年为季刊，2007 年改为双月刊，2020 年改为月刊。2019 年更名为《黄河科技学院学报》。《黄河科技大学学报》是全国民办高校学报中最早公开出版发行的学报。

6. 具备了实施本科教育的基本条件

从 1984 年建校以来，特别是 1994 年实施高等专科学历教育以来，学校坚持解放思想，实事求是，大胆探索，大胆改革，走出了一条具有特色的民办高等教育发展的新路子。

截至 1999 年，黄河科技学院拥有专任教师 373 人，其中教授 14 人、副教授 117 人、讲师 161 人、助教 81 人，副教授及以上职称教师占专任教师总数的 35%。学院占地面积 338836 平方米，建筑面积 130374 平方米，图书 30 万册，期刊 300 种，电子期刊 4000 种，实验中心拥有各类实验室 51 个，教育仪器设备 3425 台总价值 1259 万元，学校已具备实施本科学历教育的条件。

7. 实现办学层次提升

学校刚提出"专升本"时，因为没有文件，没有先例，遇到很大的阻力。

1999 年 6 月 13 日，中共中央、国务院发布《关于深化教育改革全面推进素质教育的决定》，明确提出，凡符合国家有关法律法规的办学形式，均可大胆试验，在发展民办教育方面迈出更大的步伐。

1999 年 6 月，中共中央、国务院在北京召开改革开放后的第三次全国教育工作会议，时任国务院总理朱镕基在讲话中明确提出："鼓励社会力量以各种方式举办高中阶段和高等职业教育，有条件的也可以举办民办普通高等学校。"

第三次全国教育工作会议召开一周后，胡大白接到了教育部打来的电话，黄河科技学院"专升本"工作开始进入正式申报阶段。

经过省里考核、全国高等学校设置评议委员会专家组考察，学校迎来了主管部门领导的专题考察。黄河科技学院是第一个申报本科的民办高校，教育部非常重视。

1999年11月4日，时任全国人大常委会副委员长许嘉璐到校视察工作，充分肯定了学校的办学成就："你们学校办得好，质量高，学费低，工薪阶层可以接受，这才是人民群众所欢迎的。"

1999年11月8日，全国高等学校设置评议委员会专家组到校，对学院"专升本"工作进行认真考察。专家组五位成员分别对学校的办学指导思想、办学条件、师资队伍、行政管理、招生就业、财务状况和社会评价等进行了深入细致的考察。最终专家组给出的考察结论是，学校"专业有特色，师资队伍雄厚，实验实习条件完备，整体水平高"。

2000年1月14日，时任全国高等学校设置评议委员会主任、教育部常务副部长的张孝文在专家组考察的基础上，专程来校调研。

1999年12月至2000年2月是学校参加全国高等学校设置评议委员会评审会的阶段。考察通过后，1999年12月，学校"专升本"的60份申报材料由当时的河南省教委送达全国高等学校设置评议委员会。

通过全国高等学校设置评议委员会评议，是"专升本"所需要经历的最严峻的一关。因为全国高等学校设置评议委员会的委员人手一票，投票结果谁也无法预料。接受评议的学校不能与这些委员有任何接触，只能等待。

2000年2月，全国高等学校设置评议委员会三届三次会议在广州召开。黄河科技学院高票通过。

2000年3月21日，教育部颁发《关于在民办黄河科技学院基础上建立黄河科技学院的通知》，正式批准学校实施本科学历教育。

在民办高校数量逐渐增长的同时，也出现了一些民办高校倒闭的现象。1996年5月18日，全国民办高等教育委员会第二次会员大会在北京钓鱼台国宾馆召开。这是20世纪中国民办高校的盛会，共有400多所民办高校出席了这次大会。而到2002年，当年与会的400多所民办高校仅存40所。从总体上看，民办高校在1996

年、1997年、2002年、2003年、2005年、2006年、2007年绝对数量有所减少，分别同比减少97所、15所、80所、56所、86所、52所和67所。从1993年到2007年的15年中，总计减少453所民办高校，这只是从全国的总体数量上看的。如果从各省份的内部变化来看，民办高校倒闭的数量可能会更多。以陕西省为例，1984~1991年，陕西批准成立的民办高等教育机构共17所，合并、注销5所；1992~1996年，批准成立101所，合并、注销27所；1997~1999年，批准成立34所，合并、注销33所；2000~2002年，批准成立10所，合并、注销31所。也就是说，从1992年到2002年，陕西省共批准民办高等教育机构145所，合并、注销91所，民办高等教育机构倒闭的比例是62.76%。[①]

从20世纪末到21世纪初，是当代中国民办高等教育发展较快的时期，风起云涌，大浪淘沙。从1993年到2007年的15年中，全国减少了453所民办高校。而在这样的情况下，黄河科技学院强势发展起来，实现了从培训教育到学历教育的历史性跨越，又实现了从高等专科学历教育到本科学历教育的层次跨越。

到1999年，全国社会力量举办的各级各类学校共有4.5万所，在校生规模达到573万人。其中社会力量举办的非学历高等教育机构1240余所，注册学生达118.4万人；普通中学2593所，在校生107.2万人；职业中学950所，在校生27.3万人；小学3264所，在校生97.7万人；幼儿园3.7万所，在园人数222.4万人。这4.5万所民办学校中，有普通小学、普通初中、普通高中，已经具备了"六三三四"学制中的"六三三"。虽然民办高校已经有了（早在1994年2月，原国家教委就已经批准民办黄河科技学院等民办高校实施专科层次的学历教育），但是这时的"高等教育"仍属于"大学专科"层次，离"大学本科"的"四"还差半个量级。应该说还没有形成完整的"六三三四"学制体

---

① 陶西平、王佐书：《中国民办教育》，教育科学出版社，2010，第56~57页。

系。当代中国的民办教育带着这个小小的"遗憾"进入了21世纪。

黄河科技学院的"专升本"具有里程碑意义，当代中国的民办教育从这一刻起，真正构建了从学前教育、基础教育到高等教育的完整体系。在国家普通基础教育到高等教育的行列里，形成了民办教育完整的"六三三四"学制。

从1984年创办郑州市高等教育自学考试辅导班开始，胡大白和丈夫杨钟瑶以及一批批志同道合的创业人一道努力，用16年的时间办成了当代中国第一所民办普通本科高校，在中国教育史上写下了浓墨重彩的一笔。

巴黎大学的建立背后有教会做靠山。牛津大学、剑桥大学、哈佛大学等当代顶尖的私立大学，创办之初或多或少都有资金支持。利兰·斯坦福是加州铁路大王，他创办了斯坦福大学。

这些大学起步都有相对雄厚的物质基础，但胡大白没有。胡大白有的，是适逢中国改革开放，是《宪法》（1982年版）的颁布，是她经历人生重大灾难后的坚强，是她对教育事业的深厚感情，是她对国家发展真心的关切，是她兼济天下敢为天下先的特质，是她脚下坎坷崎岖的创业之路。

胡大白在病床上和伤痛搏斗的时候，也是国家渴盼人才急于发展教育的时候，当时国家已经打开了改革开放的大门，正在酝酿打开民办教育发展的大门。

没有刻意的安排，没有命运的巧合。门，就这样给胡大白打开了。

胡大白的人生在坎坷中发生改变。

每一步都是坎坷，每一个坎坷过去都是升华。在"坎坷—升华—再坎坷—再升华"的螺旋上升的过程中，胡大白创造了辉煌，在当代中国民办教育发展史上写下了辉煌壮丽的篇章。

第三章　现代民办大学的发展探索

第一节　大学运行架构

2014 年 5 月 26 日，校长杨雪梅在黄河科技学院教育成果汇报大会上指出：

与学校教育层次提升相适应，其他各项事业也蓬勃发展：1992年，经河南省教育工会批准建立工会；1994 年建立党总支，1997年成立党委；同年把中原人才市场航海路分市场（黄河科技学院人才市场）引入校园；1998 年、1999 年，经新闻出版署批准相继发行校报、学报；2002 年，学校获准招收留学生；2004 年，经教育部批准开展中外合作办学教育。

开办大学，世界各国都有先例，胡大白根据自己的愿景布局，先学习国内大学成熟的经验，在最短时间内将大学运行的架构搭建起来。

向公办大学学习，首先解决教学方面的问题。学校的教学工作实行两级管理，以系为基础。教务处是学校教学工作的主管部门；各系在专职教学副主任领导下，设有教学办公室，教学办公室全面负责本系教学工作。教务处在履行工作职能的同时注重自身建设，建立健全教材管理、学籍管理等规章制度，形成教务管理标准和办法；建立专业题库，理清教材重点难点；建设师资队伍，以保障教育教学质量。教务处还负责全校各类课程的运行管理，负责各类课程的期末考试组织与管理等。

辅助性的教学管理部门也陆续建立，二级学院设置教务科，教务科负责院系具体的教学组织、安排及管理工作，与学校教务处的工作相对接。学校先后成立教学指导委员会、学术委员会等教学管理工作综合指导机构。

学校在教学管理制度建设方面进行持续探索，形成较为科学、完备、独具特色的教学管理制度体系。为加强对不同类别学生的教学管理，教务处、学工部、实验中心及各二级教学单位进行制度建设、规范管理，在建章立制上下功夫。1994年，在教学计划管理、学生成绩管理、师资管理、学籍管理和学生奖惩类管理的基础上，教务处开始加强实践教学管理，制定并实施各项规章制度。

建立科学的教学质量监控体系，教学质量监控体系主要有日常教学检查和集中抽查等形式，主要由教务处、学工部、实验中心及各二级学院实施。除教学计划落实、学生到课管理、师资管理、考试秩序管理、学籍管理、学生奖惩类管理、实践教学管理外，教务处还负责教研教改、教学过程监控、教材管理及教学和专业评估等工作。

一　学校行政管理机构的设置

郑州市高等教育自学考试辅导班阶段（1984年10月至1985年12月）。因没有自己的校舍，学校先后在当时的郑州四中、郑州职工大学、河南医学院子弟学校等30多个地方租赁校舍，设立教学点。在此阶段，学校未设行政机构，只设有财务室，配备少量工作人员。

黄河科技专科学校阶段（1985年12月至1989年8月）。1985年12月，郑州市高等教育自学考试辅导班更名为"黄河科技专科学校"。根据教学工作的需要，学校先后成立了办公室、教务处、总务室、全日制办公室和业余部。

郑州黄河科技大学阶段（1989年8月至1994年2月）。1989年8月，河南省教育委员会批准黄河科技专科学校更名为"郑州黄河科技大学"。学校行政机构设置不断调整，截至1994年2月，学校设行政机构10个，分别为校长办公室、档案室、图书室、教务处、学工部、招生办、保卫科、财务室、总务处、基建办公室；教学单位 4 个，分别为商贸学院、医学院、函授部、职业中专。

民办黄河科技学院阶段（1994 年 2 月至 2000 年 3 月）。1994 年 2 月，原国家教委批准成立独立设置的实施高等专科学历教育的民办高等学校——民办黄河科技学院。学校新成立一批二级学院，并对行政机构进行调整。到 2000 年 3 月，学校行政部门有校长办公室、人事处、监察处、公关部、保卫处、科研外事处、教务处、学工部、招生办公室、毕业生办公室、后勤处、财务室、基建处、图书馆、园林处、综合档案室、新闻办公室。教学单位有商贸学院、医学院、体育学院、工学院、工艺美术学院。

黄河科技学院阶段（2000 年 3 月至今）。2000 年 3 月，教育部批准在民办黄河科技学院的基础上建立黄河科技学院，黄河科技学院实施本科学历教育，校长由胡大白担任。2012 年 11 月 29 日，经学校董事会同意，胡大白辞去校长职务，报经河南省教育厅初审、教育部核准同意，校长由原执行校长杨雪梅担任。杨钟瑶任常务副校长，直至 2005 年病逝。

在这一阶段，为适应办学需要，学校对行政机构进行了调整，一是加强财务管理，将原来的财务室改为财务处；二是加强学生管理，学工部改建为学生工作处；三是加强档案管理，撤销综合档案室，建立档案馆。之后，相继成立一批二级学院和公共教学部。2001 年 3 月，成立艺术学院。2001 年 7 月计算机系、电子工程系从工学院划出，学校成立信息工程学院。2001 年，成立公共体育教学部。2001 年 8 月，成立计算机基础教研室。2002 年 7 月，成立外国语学院，同时将艺术学院分为新闻传播学院和音乐学院。2002 年 12 月，成立对外汉语教育学院。2003 年 9 月，民族预科部更名为民族学院。2004 年 2 月，工艺美术学院更名为艺术设计学院。2004 年 9 月，成立国际学院。2004 年，成立社科部。

2005 年后，学校各项事业快速发展，行政机构和教学机构进一步完善。为加强对教学科研工作的统一领导，教务处和科研外事处合署办公，合并为教务科研处。2006年1月，成立成人教育学院。2006年8月，成立新校区建设指挥部，原基建处人员归入新校区建设指挥部。2006年12月，成立设备处。2007年1月，成立公共外语教学部、文献检索教研室、数理教学部、大学语文教研室、就业指导教研室、军事理论教研室，计算机基础教研室更名为计算机基础教学部。2007年5月，成立公共艺术教学部。2007年8月，组建后勤集团。2007年11月，实验中心更名为现代教育技术中心。2008年8月，设备处更名为校产管理处。2008年，新闻办公室更名为新闻中心。2009年，成立交通学院。2013年6月，成人教育学院更名为远程与继续教育学院。2013年8月，成立应用技术学院。2013年9月，对外汉语教育学院与国际学院合为一体。

截至2014年12月，学校下设行政机构14个，即校长办公室、教务科研处、学生工作处、财务处、人事处、保卫处、后勤集团、招生办公室、新闻中心、建设指挥部、校产管理处、现代教育技术中心、图书馆、档案馆。建有二级学院14个，即工学院、信息工程学院、医学院、商贸学院、外国语学院、新闻传播学院、音乐学院、艺术设计学院、体育学院、国际学院、民族学院、交通学院、远程与继续教育学院、应用技术学院。设置的公共基础教学部（室）有社科部、公共外语教学部、公共体育教学部、公共艺术教学部、数理教学部、计算机基础教学部、文献检索教研室、就业指导教研室、军事理论教研室等。设置的科学研究机构有纳米功能材料研究所、信息工程研究所、机器人与自动化研究所、医药研究所、经济研究所、音乐研究所、民办教育研究所等。学校的附属单位和企业有黄河科技学院附属中专、黄河科技学院附属中学、黄河科技机动车驾驶员培训学校、黄河科技学院少儿艺术团、黄河科技学院附属医院、黄河科技学院邮局、河南华中星科技电子有限公司等。

二　职能部门与教学部门

截至1999年，学校已建立"五院一专两部"，包括工学院、体育学院、工艺美术学院、医学院、商贸学院、附属中专、初中部和中学部。

经过多次改革，截至 2023 年 12 月，学校设置了党群部门、职能部门和教学部门。

党群部门包括党委办公室、党委组织部（党校）、党委宣传部、党委统战部、党委学工部、党委保卫部、纪律检查委员会、校工会、校团委。

职能部门包括校长办公室、教务科研处、教师中心、财务处、学生工作处、招生办公室、校产管理处、学科建设办公室、现代教育技术中心、对外合作办公室、校友工作办公室、建设指挥部、后勤集团、新闻中心、保卫处、档案馆、图书馆、国际交流中心。

教学部门包括工学部、艺术与体育学部、商学部、医学院、国际学院、应用技术学院、职业技术学院、远程与继续教育学院、马克思主义学院、附属中学。

三　公共基础课建设

1997 年 1 月，学校成立德育教研室。1998 年，德育教研室建成了法律基础课程教研组。1998 年学校制定的《黄科大关于实施河南省普通高校德育大纲的意见》有效促进了学院"两课"工作的展开。

1996 年 9 月，学校成立公共体育教研组，1997 年 9 月，公共体育教研组更名为公共体育教研室。1999 年学生体育达标率 100%，学校被评为体育达标先进学校。

1997 年，学校艺术教研室成立。1998 年校艺术团成立了合唱队、舞蹈队和曲艺队。校艺术团的成立为学生开展艺术实践活动提供了平台，节假日的艺术表演也极大地丰富了师生的精神文化生活。

根据经济和社会发展的需求不断开发新专业，及时淘汰老旧专业，到 2023 年 12 月，学校开设本科专业 70 个，专科专业 28 个。2023～2024 学年第一学期，1188 位专任教师共开课程 1345 门。

第二节　加强教学质量建设

1994 年，民办黄河科技学院开始实施高等专科学历教育，1995 年胡大白组织了教育思想大讨论，迅速把建立正常的大学教育秩序和提高教育教学质量提上议事日程。为深入贯彻落实"教学是学校的中心工作，教学质量是学校的生命线"的思想，学校于1998年发布《中共黄河科技学院委员会关于深化教学改革提高教学质量的实施意见》，要求各项工作都以教学为中心，以提高教学质量、促进学生成长为目标，不断加强教学改革。1999年1月，学校认真学习、贯彻教育部《面向21世纪教育振兴行动计划》和全国高校教学工作会议精神，组织教改理论与实践研讨班对学校的教学改革进行了研讨，初步形成了民办专科高校的人才培养模式。

1999年3月27日，学校开展"教学质量年"活动。胡大白提出，在"教学质量年"活动中，要下功夫抓好教学改革，要根据教育部《面向21世纪教育振兴行动计划》的精神，从学校实际出发，确定中长期教学改革方案和教改目标，着重抓好师资队伍的建设和管理，完善教学计划和教学大纲、改进教学方法、抓好实验教学、培养学生的实际技能，特别是注重提高学生计算机和外语的应用水平，注重人文教育，促进学生的全面成长。

一 实践教学

胡大白强调，新建实验室起点要高，设备技术要新。如微机制图实验室，可进行平面设计、三维动画设计、建筑CAD制作、电路绘图设计等，通过以上设计提高学生运用计算机进行相关设计的能力；将多媒体电教室中的微型计算机、录像机、影碟机、视频展示台、高清晰投影仪等设备进行电源和基本操作的集成控制，使其不但具有电化教学的先进功能，而且也具有实验的功能。1996年学校筹资建成了北校区和南校区闭路电视教学系统，给每个教室配备了彩色电视接收装置，并制定《黄河科技大学闭路电视教学系统管理办法（试行）》，保证了闭路电视教学系统的有效运行。

学校特别重视校外实训基地的建设，努力争取社会各界的支持，积极为学生实训实习创造有利条件。建校以来，学校积极服务社会，为原电子工业部27研究所、郑州自动化研究所、郑州广播电视台、省社会科学院、郑州华联商厦、飞马集团等培训了大量实用人才，这些企事业单位也都成了学校的校外实训基地。1994年，学校制定了《黄河科技学院与学生实习单位签订的社会实践活动协议书》。1998年，学校制定了《关于毕业生进行实习的规定》。学院还在原有校办企业的基础上，进一步发展与教学、科研结合密切的校办企业，先后创办了科学研究所、科技开发公司、建筑设计公司等。这些企业是学校与社会、市场沟通的桥梁，更是学生学习、实践的基地。

二　打造专兼职相结合的教师队伍

实施高等专科学历教育后，学校加大力度引进具有硕士及以上学历的毕业生。1998年，学校印发了《关于录用应届毕业生、硕士生、博士生的有关规定》。截至1999年，学校从省内外引进中、青年教师275人。学校把为教师服务好作为以教学为中心的重要标志。教师的事再小，学校也当成大事去办。认真解决教师提出的问题，主动发现问题去为教师排忧解难。学院为引进的教师解决了住房、医疗、社会保险、户口、子女上学等问题，留住了这些人才。学校抓住科技、经济、教育、人事体制改革的有利时机，积极引进研究机构的科研人员、国有大中型企业的技术与管理人员、党政机关以及高校的离退休干部和教师，以他们为基础，组建专职教师队伍。教师队伍的学历、职称、年龄结构等都能适应教学工作的需要。学校已形成一支教学质量好、学术水平高、重师德、讲奉献，以专职为主，专兼职相结合的教师队伍。

随着学校的不断发展，教师队伍规模快速扩大，大批青年教师走上讲台，成为教学科研的新生力量，他们的教学科研水平直接关系到学院的教学质量。学校重视对青年教师的培养与培训，采取团队建设、岗前培训、外出进修等措施，不断提升他们的教学水平和教学科研能力。

第三节　持续推动高质量发展

2017年10月18日，党的十九大召开，这是在全面建成小康社会决胜阶段、中国特色社会主义进入了新时代的关键时期召开的一次大会。黄河科技学院在过去的 30 多年中，实现了由租借教室办起的辅导班到当代中国第一所民办大学的跨越式发展。与国家的发展同步，黄河科技学院也进入了新的发展阶段。

2017 年黄河科技学院在校生规模突破 30000 人，达到 30900 人，其中全日制本科生 22433 人，占到当年河南省民办本科在校生总数的 8.03%。学校建有商学院、机械工程学院、建筑工程学院、信息工程学院、应用技术学院、大数据与智能技术学院等 18 个二级学院；设有工学、理学、文学、医学、管理学等九大学科门类；开设电子信息工程、临床医学、工商管理等 65 个本科专业，数控技术、护理等 35 个专科专业；建有纳米功能材料研究所、民办教育研究所等 22 个研究所。全日制普通本专科在校生 2.8 万余人，拥有"双师型"教师 630 余人，具有高级职称的教师占教师总数的近 50%，80% 的青年教师具有研究生学历；拥有中国工程院院士、享受国务院政府特殊津贴专家、国家级教学成果奖获得者、国家和省级教学名师、省级学术技术带头人、省级教学标兵等 150 余人。教学科研仪器设备价值 2.6 亿元；馆藏图书约 340.3 万册；已建成国家职业技能鉴定站、国家级大学生校外实践教育基地、国家级专业综合改革试点、全国电子信息专业技术资格认证考试中心、河南省院士工作站、河南省博士后研发基地、河南省重点实验室、河南省非物质文化研究基地、河南省工程技术研究中心、河南省高等学校实验教学示范中心等高层次教学科研平台。

这样的规模和条件，说明黄河科技学院具备了高质量发展的基础。

2016 年是一个转折点。胡大白布局未来。学校高起点建立智库。学校引进省内外知名专家建立中国（河南）创新发展研究院（后改名为"河南中原创新发展研究院"），为河南经济社会发展提供高端研究成果；与省政府发展研究中心联手，建立河南新经济研究院；整合资源，建立河南民办教育研究院，加强民办教育的理论研究和实践探索；引进国内著名的势科学与信息动力研究专家成立势科学与信息动力学研究中心；引进省内外专家组建中华文化传承发展研究院等。大力推进创新创业教育实践。科学修订人才培养方案，使创新创业教育进课堂，入人心，见实效。牵头成立了河南省高校创新创业协会，建设首批示范性应用大学系列创新教材，建成了"创客工厂—众创空间—孵化器—加速器—产业园"全链条创新创业生态体系，为大学生创业提供了工商、税务、融资等"一站式"服务。学校入选首批全国创新创业 50 强高校、全国毕业生就业典型经验高校等；2016 年在全国民办高校创新创业教育示范学校评选中获得综合奖第一名；被教育部认定为首批全国深化创新创业教育改革示范高校。

根据中原经济区和郑州航空港经济综合实验区建设对人才的需求，学校瞄准技术前沿与市场需求，获批数据科学与大数据技术、智能科学与技术专业，成为河南省唯一开设此类专业的高校。同时挖掘学校教育科研资源，及时增设材料成型及控制工程、轨道交通与营运管理等专业，整合物流管理、电子商务、物联网等专业，停招信息与计算科学等专业，重点培育电子信息类、生物医药类、文化创意类、机械材料类、经济管理类五大专业群，实现了专业群与区域产业链的紧密对接，明显提升了专业群对经济社会发展的贡献度。2017 年机械设计制造及其自动化、材料加工工程、通信与信息系统、生物医药学、区域经济学等获批河南省重点学科。

2018 年黄河科技学院顺利通过教育部普通高校本科教育教学审核评估。学校着力抓好人才培养"试验田"，探索建立跨院系、跨学科、跨专业交叉培养应用型创新人才的新机制，设立临床医学、数据科学与大数据技术等创新班，设立全额奖学金，施行全英语教学，免费开展海外研修。

学校坚持"创新引领创业、创业带动就业"的发展理念，创新以学生为中心的人才培养模式，建设全链条创新创业载体，整合和集聚国内外创新资源，营造良好的创新创业生态环境，突出创新与创业相结合、教育与产业相结合、理论培养与创业实践相结合，培养了一大批高素质应用型创新人才，获批科技部首批众创空间，进入首批全国创新创业 50 强高校行列。

2019 年是黄河科技学院通过教育部普通高校本科教育教学审核评估之后深化改革、促进内涵建设、加快特色化发展的新起点，学校迈向了改革创新再出发的新征程。胡大白把 2019 年定义为学校的"改革创新年"。学校以推进创新创业教育引领应用型创新人才培养模式改革，把创新创业教育融入人才培养全过程，实现通识教育、专业教育与创新创业教育一体化，组建大学生创新创业园，建立创业指导教师队伍，制定并完善相关制度文件，大力促进应用型创新人才培养质量的提升和创新创业精神的培养。举办文化大讲堂 30 余场，将传统手偶、诗词等艺术元素引入校园，增强师生对传统文化的认知、认同；依托课堂教学平台，开展中原特色文化专题教学，将中原茶文化、豫剧等传统文化特色融入食品、音乐等专业教学，拉近学生与传统文化的距离，增强学生对中原文化的自信心和自豪感。

2018 年 9 月，由中国管理科学研究院"中国大学评价"课题组完成的"2018 中国民办大学排行榜"发布，黄河科技学院在大学综合实力排行榜中排名第 1，是连续第 3 年在该榜排名第 1。当年，黄河科技学院在理学、工学、农学、医学 4 个学科门类组合的自然科学排行榜中，也位列第 1。2019 年 5 月 10 日，广州日报数据和数字化研究院（GDI 智库）发布"2019 广州日报应用大学排行榜"，对公办高校和民办高校使用同一评价体系，以应用指数、学术指数、声誉指数、二次评估指数 4 个一级指标建构综合指数，科学评价国内 891 所本科院校（非博士培养单位），推出"2019 广州日报应用大学排行榜—TOP 800"以及 4 个子榜单，黄河科技学院在全国 891 所参评本科高校中位居第 89 名，连续 3 年在民办本科高校中排名第 1。

学校制定了《一流本科专业建设规划（2019—2021 年）》，组织实施一流本科课程建设规划，推动优秀教师领衔打造线上"金课"，建成 5 门省级精品在线开放课程。在 2019 级本、专科学生中全面实施线上与线下、课内与课外、教学和辅导相结合的大学英语混合式教学改革，吸引全国 80 余所高校教师参与。深化评价改革，制定黄河科技学院课程质量评价标准，建立课程质量等级评价体系，对 1113 门课程进行了评价。在此基础上，完成了学校第一份《课程教学质量报告》。

2021年学校内涵建设取得初步成效。

人才培养质量稳步提升。一是学生科技创新竞赛获奖数量多。2021年全年共获得省区级以上科技竞赛奖励1281项，其中国家级奖励245项。在第七届中国国际"互联网+"大学生创新创业大赛总决赛中获铜奖，连续7年获得"河南省优秀组织奖"。二是学生创新创业能力持续提升。学校15篇本科毕业论文（设计）获评河南省优秀学士学位论文（设计），国家级大学生创新创业项目立项19项，省级立项59项，配套和资助经费106.05万元；学生依托项目发表论文56篇，其中SCI论文3篇，中文核心期刊论文10篇，申请发明专利44项，制作实物75件。与2020年相比，创新创业成果的层次更高、质量更优、形式更丰富。

教育教学改革成果丰硕。一是高层次项目数量稳中有升。获批教育部产学研合作协同育人项目12项，省教师教育改革课题、省医学教育研究项目等17项，通过结项鉴定8项，获成果奖20余项。7个省级教改项目全部通过结项鉴定，数量创历史新高。二是实践教学基地又有新进展。新工科、新医科等3个基地被河南省教育厅直接认定为省级专业实习实践教育基地；黄河科技学院附属医院顺利通过河南省教育厅和河南省卫健委临床教学基地认定。三是教学综合改革持续深化。黄河科技学院获评首批河南省学分制管理示范高校，入选河南省学业导师制改革试点高校，教育教学改革走在了全省高校前列。

就业创业服务精准有效。克服汛情及"双减"政策等因素影响，主动作为，倾力服务，全年举办线上线下大型双选会4场、专场宣讲招聘活动120余场，为毕业生提供比例高于9∶1的就业岗位，2021届毕业生就业去向落实率达95%。精准帮扶1582人申报求职创业补贴，申请补助资金316.4万元。学生被西部专项、省选调生、西部计划、特岗教师等录取253人，参军入伍295人。认真做好考研学生的指导帮扶工作，临床医学创新班考研录取率达50%。

外国语学院依据中国人学习英语的规律，设计了知识基础上的加强能力培养的分级英语学习体系，通过数字技术和手段为学生提供泛在化的学习空间、全方位的教学资源、个性化的学习方法、更高频的教学互动、融合化的管理工具、多元化的教学评价，把学习的主动权交还给学生，突破了学生固有的学习方式，使学生在互动与合作中实现语言实际运用的目标。在宏观改革的推进中，从教材、课堂教学、评估评价等方面着手，将原有的培养方案、教学模式、教学方法和评价手段分解重组，再建以学生发展为中心的教育教学体系，激活了内生动力，全校本科各专业毕业生大学英语四级的通过率在 2018 年为 20% 左右，到 2019年 12 月三年级学生的通过率达到 66%。

2022 年学校持续调整优化专业结构，机械设计制造及其自动化专业获批省级一流专业，药物制剂、环境设计、法学等 4 个专业入选河南省民办普通高校学科专业建设资助项目。生物医药专业集群建设等 5 个项目获批 2022 年河南省示范校建设重点实施项目，新一代信息技术产业学院获批河南省示范校重点建设产业学院，智能制造产业学院获批首批省级重点现代产业学院立项建设，示范引领作用愈加凸显。课程建设与教学模式改革扎实推进。全面推进学业导师制，积极构建学业—实践—应用的人才培养模式，完善"以项目化教学为引领、以标准化专业基础课为支撑"的产教融合课程体系。"创业基础""工程热力学"两门课程获得河南省教育厅推荐，参加国家一流课程评审。"电子信息工程专业课程思政教学团队"获批河南省本科高校课程思政教学团队。在全省本科高校第六轮公共艺术教育评估中获评一类院校。

下大气力进行大部制改革，着力破除治理体系的结构性障碍。学校职能部门形成了大党建、大教务、大学工、大保障的管理体制和治理模式；设置学部、新型学院（科教中心）、专业教学组织，形成教、科、研、用一体化组织体系；实施学部制改革，整合工科学院成立工学部，整合艺术、体育等学院成立艺术与体育学部，整合商学院和外语学院成立商学部实现人才、资源、信息和成果的共建共享。机构改革后，基层部门事务性工作减少 60% 以上，工作效能大幅提升，人岗匹配更加合理，薄弱环节得到加强，改革创新的氛围日趋浓厚，工作重心有效地集中到了人才培养质量上。

2023 年，学校坚持党的建设与育人中心工作同频共振、相互促进，推进党建工作和事业发展"一体化"融合。积极打造"党建+教学""党建+科研""党建+管理""党建+服务"的党建育人联合体，使党建成为推动发展的红色引擎，用事业发展的实效来检验党建工作的成效，确保每一项工作都落到实处，开创高质量党建引领学校事业高质量发展的新局面。深入开展"三级联创"活动，纳米功能材料研究所党支部顺利通过国家级样板支部评估验收。设立 16 个党建创新项目和 10 个廉政建设项目，其中两个项目获批河南省教育系统廉政专题研究项目。

第四节　主线：提高人才培养质量

一　优化专业结构，提升产业对接契合度

胡大白一直重视学校专业结构优化调整，超前识变，着力解决专业建设与经济、社会脱节的问题；积极应变，着力解决科教融合、产教融合、医教融合、校企结合、校地结合等方面的融合问题；主动求变，解决专业人才培养支撑和引领经济社会创新发展的问题，推动高等教育成为"人才培养的摇篮、科技创新的重镇、人文精神的高地"。

（一）超前识变，坚持需求导向，合理设置本科专业

我国高等教育从精英教育步入大众化教育，主要是依靠高校扩大招生规模实现的，1998 年，教育部颁布了《普通高等学校本科专业设置规定》（以下简称《专业设置规定》），1999 年进行了修订。《专业设置规定》对普通高等学校专业设置的目录、设置条件、设置权限，以及申请的程序等都进行了详细规定。2000 年黄河科技学院"专升本"，首批开设 6 个经济社会发展最急需的本科专业：电子信息工程、计算机科学与技术、视觉传达设计、体育教育、工商管理、英语。

根据社会发展对法学、医护类人才的需求，学校于 2004 年开设法学专业和护理学专业。同年，学校国际交流和对外合作办学实现突破，引进国外优质教育资源，开设计算机科学与技术、工商管理两个中外合

作办学专业。

2005 年至 2014 年是学校新专业布局的第二个重要阶段，学校新增设本科专业 35 个（专业点 45 个），其中工科新增设本科专业数量最多，共 10 个。黄河科技学院形成了工科为主，理学、管理学、艺术学等协同发展的综合型大学专业布局，成为河南省首个开设临床医学本科专业的民办高校。

2015 年之后，学校打破思维定式，在专业设置上坚持有所为有所不为，专业设置更加理性。2018 年教育部发布《普通高等学校本科专业类教学质量国家标准》，学校以此为依据，明确各专业类的基本办学条件、基本信息资源、教学经费投入等条件，按照"需求调研—设置论证—学校审议—公示—材料报送"程序，规范开展专业设置工作。重点聚焦国家新兴领域，紧密支撑产业发展，设置新专业。相继开设了与社会发展密切相关的学前教育、运动康复等专业，根据河南省新材料产业发展开设纳米材料与技术专业，顺应农业创新开设农业工程专业，瞄准科技前沿和关键领域，前瞻性开设数据科学与大数据技术、智能科学与技术、生物信息学、网络与新媒体、网络空间安全等专业。

（二）积极应变，坚持数据驱动，调整优化专业结构

在胡大白的主导下，学校以河南省经济转型发展、产业结构调整和创新驱动对人才的需求为导向，调整优化专业结构，努力实现专业链与产业链、创新链等深度耦合。结合专业建设与发展实际，以及示范性应用技术型本科高校建设目标要求，学校研究制定了《"十四五"专业建设与发展规划》《"十四五"本科专业结构优化调整规划实施方案》。"十四五"期间，学校将坚持"撤、增、锻、塑"并举，逐步停招 17 个本科专业，拟到 2025 年，将本科招生专业数量控制在 55 个以内，理工类、医科类专业达到 30 个，占专业总数的 55%。

为了解决高校专业设置和人才培养与区域产业结构匹配度不高、专业结构调整举措与产业需求匹配度不高等问题，2020 年 12 月，学校受河南省政府和省教育厅委托，组建河南省普通高等学校本科专业数字化管理服务平台，完成了全省本科专业阶段性质量评价。依托河南省高等

学校专业管理服务中心这一平台，坚持精准化匹配、数字化驱动、协同化发展的改革原则，建立了产业需求自动化分析模型，以数据驱动的产业人才需求预测分析为切入点，以数据驱动的"产业链—专业链—教育链—人才链"四链融合为实施路径，形成专业高质量建设和人才高质量培养的长效机制。启动学校本科专业基本状态数据采集，实施本科专业发展动态监测，开展本科专业建设阶段性评价，为本科专业规划建设和结构调整优化提供数据参考。

学校除了在专业调整上谋"加法"，不断完善专业布局，填补布点空白外，还为专业调整做"减法"，建立专业预警与退出机制，将招生计划与第一志愿报考率、报到率、学生流失率、毕业生就业率挂钩，及时对不适应区域产业结构转型与人才需求变化的专业进行预警和淘汰，及时停招和撤销无法适应时代发展和市场需求的专业。2018 年以来，陆续停招社会工作、投资学等 16 个本科专业，撤销连续 5 年停招的信息与计算科学、服装设计与工程、过程装备与控制工程 3 个专业。优化专业结构，实现教学资源的优化配置。

（三）主动求变，坚持对标一流，保障专业高质量发展

2018 年，教育部召开新时代中国高等学校本科教育工作会议，提出高校要全面坚持"以本为本"，推进"四个回归"，建设一流本科教育，全面提高人才培养水平。2019 年 4 月，教育部办公厅发布《关于实施一流本科专业建设"双万计划"的通知》，启动一流本科专业建设"双万计划"，以建设面向未来、适应需求、引领发展、理念先进、保障有力的一流专业为目标，实施一流专业建设，拟 3 年建设 1 万个左右的国家级一流本科专业点和 1 万个左右的省级一流本科专业点。

学校根据"双万计划"实施一流专业建设工程，坚持"整体提质，重点培优"的原则，充分依托大数据技术，通过精准预测产业需求，从课程、教师、教材、考核、实践育人五个方面，推进专业内涵重构，提高人才培养的契合度。学校主动求变，以课程为核心、完善产教融合型课程体系；以"双师型"队伍为保障，提供应用型专业人才支撑；以教材为载体，保障人才培养的政治方向；以实践为抓手，建设应用型

创新人才培养的重要基地；以考核为牵引，推动各专业人才培养质量提升。对机械设计制造及其自动化、纳米材料与技术等 18 个专业锻强提质，推动经济学、学前教育、车辆工程等 33 个专业重塑升级。以现有特色优势专业为支撑和辐射，重点建设了信息工程、智能制造、土木建筑等 6 个特色专业集群。通过专业集群建设，统筹专业群平台课程建设，优化专业课程建设，共建共享专业群教学资源库，实现专业培养与产业需求的有效对接。生物医药、文化创意、现代物流与数字贸易 3 个专业集群建设获批 2022 年河南省示范校建设重点实施项目。学校建有省级重点学科 5 个，省一流专业 10 个，省民办教育品牌专业（学科专业资助项目）21 个，省特色、改革试点专业等 15 个。学校拥有的省级重点学科、省民办教育品牌专业（学科专业资助项目）数量居全省民办高校首位。

2023 年 8 月，为支撑建设一流应用型人才方阵、构建应用型一流大学体系，实现高等教育高质量发展，学校制定了《黄河科技学院本科专业改革实施方案》，以提高人才培养质量为主线，以新工科、新医科、新文科建设为引领，主动适应国家经济结构调整和产业转型升级，构建一流专业建设的质量保障机制，完善专业改革发展的创新机制。学校未来将围绕河南省新兴产业集群发展体系和郑州市发展战略，对接六大战略支柱和十条战略新兴产业链，持续深化学科专业供给侧改革，建立与经济社会发展相适应的专业人才培养体系，促进专业建设可持续发展。

二 强化专创融合，深化"双创"人才培养

2013 年 1 月底，教育部启动应用科技大学改革试点战略研究项目；2015 年 3 月，"大众创业、万众创新"首次被正式写入国务院政府工作报告；2015 年 5 月，国务院办公厅出台《关于深化高等学校创新创业教育改革的实施意见》；2015 年 10 月，教育部、国家发改委、财政部三部门联合发布《关于引导部分地方普通本科高校向应用型转变的指导意见》；2017 年 1 月，国务院印发《国家教育事业发展"十三五"规

划》，将加强应用型高校建设作为高等教育分类管理、特色发展的重要举措；2018年9月，国务院印发《关于推动创新创业高质量发展打造"双创"升级版的意见》。河南省先后确定了两批15所转型发展试点高校，加快推进创新创业教育改革。以创新创业教育为突破口，全面深化教育教学改革，培养应用型创新人才，是地方高校转型发展面临的重要课题。

胡大白牢牢把握教育的社会主义方向，引导学校以坚持"立德树人"为根本任务，以提高人才培养质量为核心，以应用型创新人才培养机制为重点，以完善"双创"教育全链条生态体系和强化保障措施为支撑，坚持做到"三个覆盖"（覆盖全体本科生、覆盖人才培养全过程、覆盖理论教学和实践教学各环节），推进创新创业教育与专业教育深度融合，着力培养富有创新精神、创业意识、创新创业能力并勇于投身实践的应用型创新人才，提高学校服务区域经济社会发展和创新驱动发展的能力。将深化体制机制改革作为深化创新创业教育改革的重要推动力，构建"教育+科技"集团化办学模式；初步建成一支集"创新、创业、创投"服务功能于一体的创新创业导师队伍；进一步完善"双创"激励机制；切实加强对学生的指导和帮扶工作，为深入推进创新创业教育改革提供有力的支撑。

（一）探索"一二三四"创新创业教育全链条体系

学校制定《黄河科技学院关于进一步加强创新创业教育工作的实施意见》《黄河科技学院关于提升学生创新创业能力培养的实施意见》《黄河科技学院培养创新创业人才跨专业选修课程实施办法（试行）》《黄河科技学院创新创业学分转换实施办法》《黄河科技学院创新创业在线课程学分认定办法》《黄河科技学院创新创业课程建设要求》《黄河科技学院关于修订本科专业人才培养方案的指导意见》等文件，修订《创新创业奖学金评选与管理办法》，指导各专业从人才需求调查、教育思想观念变革、课程体系改革、课程建设、教学模式改革、教育评价体系改革等多个方面开展人才培养方案综合设计。加强创新创业奖学金评定工作，通过支持项目及成果孵化，为学生创业提供金融服务和资金支持。

学校以深化创新创业教育改革为引领，将创新创业教育融入人才培养全过程，实现创新创业教育全覆盖，构建了"一条主线深化、两大模块实施、三个平台支撑、四项措施保障"的"双创"教育全链条生态体系。

"一条主线"即按照"双创教育四年不断线"的思路，实施"理念培育—项目模拟—综合实训—孵化助推—市场实战"层层递进的"双创"教育。学校发布《黄河科技学院关于修订本科专业人才培养方案的指导意见》，按照"面向全体、人人成才、因材施教、分类培养"的改革思路，为学生设置就业、创业、升学三种主要的发展方向，由学生自行选择。从大学三年级开始，就业方向，着重开设面向特定职业、专业领域的课程，侧重专业课程和综合实践，培养学生的实践能力和职业发展能力；升学方向，着重开设学科综合课程、综合技能课程，侧重研究方法、研究能力的基本训练；创业方向，侧重创业教育、创业项目和创业实践，培养学生的创新创业精神和实践能力。以"产教融合"为途径，将"中国特色社会主义核心价值观、创新创业教育理念、现代职业教育理念"融入人才培养过程，构建具有时代特征和黄河科技学院特色的人才培养体系。新的培养方案以创新精神、实践能力、创新创业能力培养为主线，重构和优化课程体系，注重教学内容和教学模式改革；体现了多专业协同、校企合作育人、分类培养、综合素质培养等新机制。

"两大模块"即课堂教学模块和实践教学模块。课堂教学模块按照"普及+专业+辅导+培育"的创新创业教育思路，设置"双创"知识普及课程、融入"双创"的专业教育课程、第二课堂三类课程。实践教学模块以学生参与式教学为主，将职业生涯规划、"双创"教育和就业指导教育贯穿其中，建立专业实践与"双创"实训有机结合的实践教学体系。学生通过创客工作室、创客工厂、实验室或实习实训基地、众创空间、孵化器、加速器等平台，亲历模拟或实战训练。

课堂教学模块中的"双创"知识普及课程着重对学生进行创新创业基础理论教育，培养创新创业精神，培育创新创业文化，包括"创业基础"等 22 门创业类课程，73 门视频网络课程；融入"双创"的专业教育课程指各专业在优化专业课程设置的基础上，挖掘各类专业课程的创新创业教育资源，教师在传授专业知识过程中实施创新创业教育，促进专业教育与创新创业教育有机融合；第二课堂着重对有创新创业意向和潜质的学生开设针对性的强化课程和实践训练，开设了微创业培育项目、"创业沙盘模拟"等课程和创业沙龙、GYB 培训等，设有大学生创业协会、科研促进会、机械创新协会三个创新创业类社团，开展"大学生创新创业项目计划大赛""创业演讲大赛""创业梦大讲堂"等活动。

"三个平台"即科技服务平台、公共服务平台、金融服务平台。

科技服务平台依托学校科研院所的研发项目，指导学生开展创新创业实践。科技服务平台，集成河南省院士工作站、河南省博士后研发基地、河南省重点实验室、国际联合实验室、河南省工程技术研究中心等50 多个平台的高层次人才资源和科技资源，提供专业技术研发、创业孵化、技术转移等服务。2016 年，经河南省委宣传部批准，学校建立中国（河南）创新发展研究院，同年，学校与河南省政府发展研究中心合作，共建河南新经济研究院。2018 年成立中国创新创业教育研究院，为国家"双创"战略深入实施和相关决策提供支持。

公共服务平台为大学生就业创业和科技成果转化提供集孵化、路演、展示、投资、社交、政务和生活配套服务于一体的全要素、开放式的综合创业服务生态体系，与二七区人民政府共建二七区中小微企业服务中心，提供工商、财务、税务、融资等"一站式"服务；积极引入财务、法律、知识产权等中介机构。建有大学科技园网，开通黄河众创空间、黄河众创咖啡官微，及时发布最新创新创业政策，提供资讯服务，提供对接服务等。

金融服务平台为学生创业提供资金支持，其主要资金来源是学校拨款，及知名企业、成功校友和其他社会力量的捐赠。该平台充分利用和整合政府、科研院所、行业企业的各类资源，不断加大资金投入力度，具备了科学研究、公共服务、金融服务等功能，形成了功能要素齐全、服务体系完备、运作实施高效的"双创"支撑体系。

"四项措施"即加强组织领导、加强导师团队建设、完善指导帮扶机制、建立集团化的办学体制。

2015年，学校成立了校长、党委书记为双组长的创新创业教育工作领导小组，负责全校创新创业教育顶层设计，指导和部署创新创业教育工作，定期开展创新创业观摩与交流、汇报与反馈，形成长效互动机制。创新创业教育工作领导小组对各学部（院）的创新创业工作情况开展实地考察、汇报交流，并进行现场评比，在全校范围内树立创新创业典型。建立创新创业教育协同工作机制。成立创新创业教育专门机构。独立设置创新创业教育学院，负责创新创业教育理论与实践的研究，创新创业课程体系设计、建设与开发，创业教育师资队伍建设与培养等。由创新创业教育学院牵头，学校建立教育教学中心、学生中心、教师中心、科技发展部等多部门齐抓共管的创新创业教育工作机制，根据创新创业人才培养需求，提供相应的创新创业实践指导与服务等，多部门协同推进创新创业教育工作的顺利实施。

加强对校内导师的培养。到2023年，学校有校内导师45人，其中2人为首批全国万名优秀创新创业导师，1人为科技部科技创业导师，7人为国家高级创业咨询师；高级职称教师5人，KAB教育讲师2人。2015年以来，有240名教师考取人力资源和社会保障部"高级创业咨询师"资格证书。此外，学校还吸引校外导师加入，建立了以优秀创业校友为代表的优秀社会企业导师团，通过"创业1+1工程"对已创业学生进行对口指导帮扶；学校创新创业导师库共343人；引进"中国工业设计之父"柳冠中等100位艺术设计大师成立名师工作室，指导学生将创意设计类产品转化为创新创业项目。

切实加强对学生的指导和帮扶工作。缺乏经验、资金不足、难以打造有效的团队是大学生创新创业项目面临的三大瓶颈，针对创客项目不同发展阶段的需求，学校从创新创业指导、帮扶、资金等方面提供有针对性、定制化的保障措施，帮助创客项目健康持续发展。

学校构建了"教育+科技"集团化办学模式，通过教育集团搭建普通教育、职业教育、继续教育的立交桥；科技集团则通过加快大学科技园、科技企业孵化器和大学生创业园建设，集聚内外资源，激发"双创"活力；建立特色产业园区，吸引优势科技企业入驻孵化，同时促进校内科技成果转化；设立产权基金，建立技术转移中心，为科技园、孵化器和入驻企业提供资金服务，形成技术研发、生产性实训、创新创业的有机互动，推进教育链、科技链、金融链、孵化链"四链融合"，推进教育与产业的有机结合。

（二）探索"课堂＋园区＋企业"的"三元合力"人才培养模式

习近平总书记多次强调指出，创新是引领发展的第一动力。党的十八大报告指出，实施创新驱动发展战略，强调科技创新是提高社会生产力和综合国力的战略支撑，必须摆在国家发展全局的核心位置。党的十八届五中全会提出，创新、协调、绿色、开放、共享的五大发展理念，创新是五大发展理念之首。党的十九大确立了习近平新时代中国特色社会主义思想，强调要贯彻新发展理念，建设现代化经济体系，加强创新型国家建设，加强国家创新体系建设，强化战略科技力量。

在深化政产学研用一体化的基础上，学校探索了"课堂＋园区＋企业"的"三元合力"人才培养模式。一是在课堂教学上，开设创新创业普及课程，构建创新创业专业课程群，开设跨学科专业的交叉课程；挖掘各类专业课程的创新创业教育资源，推动"专创"深度融合；通过创新创业竞赛、讲座等第二课堂活动，培养学生创新能力与跨界思维能力。二是在园区利用上，依托文化创意、电子信息、生物医药三个园区，利用"创客工厂—众创空间—孵化器—加速器—产业园"全链条创新创业生态体系，使学生亲历模拟或实战训练，将创业想法真正落地。黄河众创咖啡、黄河众创空间等为创业者提供办公场地、融资指导、风险评估、运营推广、产业合作等全方位支持，建成三个服务平台为大学生创业提供各类帮扶。三是在校企合作上，通过引企入校、共建实体、联合研发等方式，建立与企业联合培养人才的机制，通过实施"五共同"，即学校和企业共同制定人才培养方案、共同实施课程和教材建设、共同打造专兼职结合的教学团队、共同搭建产学研协作育人平台、共同实施质量保障措施，实现"四对接"，即培养目标对接企业需要、课程和教材对接企业实务、教学实践对接现场环境、教学质量评估体系对接企业标准。课堂、园区、企业三方主体各司其责、互为补充、相辅相成，形成了开放性的链式联动体系。

（三）构建"培养—孵化"全链条创新创业载体

为进一步整合科技人才资源，集聚创新创业要素，培养具有创新意识、创业能力和创造精神的创新创业人才，黄河科技学院于 2013 年开始建设大学科技园。为提高园区的专业化运行水平，2014 年 6 月，学校依法成立了具有独立法人资格的郑州黄科企业管理咨询有限公司，全面负责大学科技园的发展规划、载体建设和运营管理。大学科技园以高校为依托，以"政、产、学、研、金"紧密合作、优势互补、协同发展为发展理念，以市场化运作为运行管理机制，将学校的智力资源、教育资源、科技资源与社会资源有机整合，形成了"依托高校、政府支持、市场化运作、企业化管理"的运营模式，全面推进科技成果转化、高新技术企业孵化和创新创业人才培养，为地方经济社会发展贡献力量。

聚合校内优质资源，打造全链条创新创业载体。设立大学科技园专项建设资金，不断提升软硬件设施建设水平。2015 年以来，学校先后投入 1.38 亿元用于园区场地改造装修、服务平台建设、仪器设备购置等。已建成"创客工厂—众创空间—孵化器—加速器—产业园"全链条创新创业生态体系，总孵化场地面积 25200 平方米，能够满足不同阶段的创业需求。孵化载体设有工位近 1000 个，各类基础设施完善，要素集聚度高。高标准建设创客公寓、高水平人才公寓等生活设施，推动学校图书馆、餐厅、体育馆等资源共享共用，为大学生创业者提供全方位的服务保障。

加快科技企业孵化，提升服务经济社会发展的能力。园区依托学校科教资源，集成电子信息、生物医药、文化创意等主导产业和战略性新兴产业，全方位推进高新技术企业和战略性新兴产业培育。一是在孵企业健康发展。园区已累计孵化企业（团队）353 家，其中大学生创业企业（团队）172家，毕业企业（团队）148家；现有在孵企业72家。已累计孵化出7家国家高新技术企业。带动实习就业人数不断攀升，面向社会提供就业岗位1062个，就业服务工作有序开展。成功培育"智汇郑州·1125聚才计划"项目9项，累计获得政府产业化引导扶持资金1800万元。二是高层次人才入园成功创业。引进了长江学者、国家杰青、归国博士等一批海内外高层次科技创新人才入园创业，孵化了众多高层次科技型企业。其中，长江学者王志功与园区联合创办郑州神桥医疗器械有限公司，其研究成果在日内瓦国际发明展览会上获得医学组特别金奖。引进归国博士高翔，创办了河南分秒医配供应链管理有限公司，高翔也成功入选郑州市创业领军人才。三是孵化了一批科技型明星公司。例如，郑州大鱼智行科技有限公司是一家专注于智能锂电车的研发、生产与销售的科技型企业，研发实力雄厚，已拥有百余项核心专利，其中国家发明专利6项，年产能50余万台，现已发展为智能锂电车中国出口TOP品牌，其产品出口全球60多个国家和地区，拥有上百万的用户。2020年，大鱼智行车被评选为"十大两轮锂电车品牌"和"最佳投资国潮领军者"品牌。河南昱荣教育科技有限公司以"数据驱动管理变革，智能引领教育创新"为理念，服务高校教育教学改革，现有"翻转校园""翻转外语"等多个产品。依托移动互联网、大数据、人工智能等新技术，着力打造高等学校教育信息化2.0解决方案，已与全国40余所高校建立合作关系，现有学生用户35万人以上，教师用户12000人以上。

全面开放共享资源，推动"政校企行"协同发展。园区通过与地方政府、行业、企事业单位的交流合作，构筑更加开放、高效、共享的协同育人机制，为区域建设发展贡献智力支持。一是加强政校企合作。依托园区与二七区人民政府共建的"U创港"创新创业综合体，助力中小企业发展；与管城区政府、二七区政府签订合作协议，从人才、政策、资金等方面为园区的发展提供源源动力。通过共建校企技术合作平台、共培师资、共建实习实训基地等形式，学校与二七区政府、华为、校友企业等政府部门和企业合作共建校外创新创业实践平台100余个。

二是举办高规格创业服务活动。积极与科技、教育等政府部门、行业协会对接，相继主办、承办了 2016 年中国创客大会暨第三届中国创客大赛、2017 年"郑创汇"国际创新创业大赛、2019 年河南省科技活动周启动仪式暨第二届郑洛新国家自主创新示范区军民科技融合成果推介会、2021 年河南省科普讲解大赛等高规格的创新创业活动，吸引了社会各界的广泛关注，宣传了河南省的创新创业成果和形象，在区域范围内形成创新创业的辐射和带动效应。三是强化对外服务职能。加入二七区创新创业协会，当选常务副会长单位；加入河南省科技企业孵化器协会，当选理事单位；加入河南省高校众创空间联盟，成为副理事长单位，链接中国大学科技园联盟、中国高校众创空间联盟等优质资源，通过不同高校间的资源共享、外部对接、咨询帮扶，搭建高质量的交流合作平台，不断提升园区孵化水平和载体建设能力；同时加强与河南省科技厅、省教育厅、省社会科学院等政府部门、科研院所的合作，聚焦高校孵化载体建设的改革热点、难点问题，开展创新创业教育理论与实践研究，用新思想、新理念引领创新创业工作，取得了一批高质量的研究成果。由园区运营管理团队主持完成的河南省科技厅软科学课题——"河南省创新创业孵化平台的专业化服务与发展研究"顺利结项。该课题通过对河南省内孵化平台的发展现状、服务能力、存在问题及发展路径的全面梳理和探究，深入剖析河南省创新创业孵化平台的建设现状、服务模式和经验做法，深挖有切肤之痛的困点和难点，通过广泛调研、精准建言、提出策论，探索提升河南省创新创业孵化平台专业化服务水平的实现路径和建议举措，为政府的科学决策提供有力参考和依据，为共同提升大学科技园的发展水平和服务能力，加快打造河南省"双创"升级版，促进创新创业与经济社会发展深度融合贡献力量。课题研究成果在郑州大学科技园、河南众诚企业孵化器和黄河科技学院大学科技园得到了应用推广，有效促进了大学科技园、科技企业孵化器、众创空间专业化服务能力和发展水平的提升。四是创新创业工作取得明显成效。通过打造基础设施完备、功能要素齐全、各具发展特色的创新创业孵化平台，在汇聚各类创新资源、培育科技创新主体、优化"双创"发展环境等方面发挥着重要作用。先后获批全国首批众创空间、全国首批大学生创业示范园、全国创业孵化示范基地。大学科技园与黄河众创空间被双双纳入国家级科技企业孵化器管理服务体系。《人民日报》《华盛顿邮报》等国内外知名媒体多次对学校创新创业教育成效进行报道。学校获评首批全国创新创业 50 强高校、首批全国深化创新创业教育改革示范高校。在教育部举行的全国创新创业典型经验高校颁奖会上，黄河科技学院作为全国四所典型高校之一发言。国务院"双创"专题督查调研组、国家创新创业专题调研组和国务院大督查创新驱动组先后到园区调研，均给予园区高度评价，新华社对每次调研都进行专题通稿报道。《"四链"融合　全程"孵化"——这所民办高校建成"双创"高地》一文，同时被中华人民共和国中央人民政府网站转载。有来自政府、高校等的 300 多个参访团来园区学习调研。

三　推动课程革命，构建产教融合型课程体系

（一）课程体系改革的时代背景

随着我国经济社会的发展和创新驱动发展战略的实施，人才供给与需求关系发生了深刻的变化，面对经济结构的调整、产业升级步伐的加快，高等教育结构性矛盾也更加突出，国家实施的"大众创业、万众创新"等重大国家战略需要更多的应用型技术技能人才。国家大力倡导以信息产业和高科技产业来引领经济结构的转型升级，然而应用型创新人才缺口较大，产业需求端与高校供给端不匹配，在这样的背景下，学校应及早适应经济发展的新常态，主动融入产业转型升级和创新驱动发展，转变办学思路，推动课程革命，构建产教融合课程体系，培养符合时代发展需求的应用型创新人才。

（二）培养应用型创新人才面临的主要困境

2015 年 11 月 3 日，《中共中央关于制定国民经济和社会发展第十三个五年规划的建议》提出，优化学科专业布局和人才培养机制，鼓励具备条件的普通本科高校向应用型转变。由此可见，国家高度重视应用型本科建设和应用型创新人才培养。从人才培养质量的现状来看，应

用型本科院校处于一个略显尴尬的境地，其培养的学生基础理论与研究能力不如一流大学，实际动手能力不如高职高专院校。从人才培养的过程来看，偏重学科体系或知识体系的经典课程体系不适用于应用型创新人才的培养。

胡大白带领学校领导班子客观分析了目前应用型创新人才培养存在的三大困境。

一是产教深入融合不够。主要表现：首先是合作浅层化。校企双方的合作多为松散型、临时性、"两张皮"式、"点对点"的合作。其次是供需不对接。高校没有进行深入的产业需求调研，专业教学不能精准对接产业发展，服务产业发展。最后是企业不积极。高校服务企业的能力不强，培养的学生岗位适应度低，企业对参与高校办学的积极性不高。

二是师资队伍能力不强。主要表现：首先是教师对行业的产业规则和专业技术以及最新发展动态了解不够。其次是教师解决企业实际问题的实践应用能力不足。最后是教师教学设计能力欠缺，课堂教学中"以学生为中心"的理念体现不够，学生课堂参与度不高，影响课堂教学效果。

三是课程改革目标不明确。主要表现：首先是现有课程体系没有从市场导向出发进行系统设计，与市场需求无法紧密衔接。其次是现有课程教学目标、内容、测试方法对应用型创新人才培养目标的支撑度不够。最后是对每一类课程到底如何改，满足什么要求，达到什么标准，改革目标和实施路径不清楚。

（三）构建"2+1+1"（基础+实践+应用）产教融合型课程体系

受知行合一思想的影响，胡大白在教育实践中汲取"教学做"合一的精华，特别重视教师和学生分析问题、解决问题能力的培养。这也是学校开展产教融合型课程体系建设改革的思想起源。

学校构建产教融合型课程体系的顶层设计如下。

总体思路：立足新时代产教融合背景，以实现学生高质量就业为目标，以体制机制改革为支撑，以师资队伍能力建设为关键，从点到面实施，分类分步推进，全员、全过程、全方位深化课程改革，充分调动学生学习的劲头，明显增加学生对学习的投入，让学生以更加主动的状态学起来、做起来、忙起来，使课程教学真正成为提高教学质量的主渠道，积极构建"2+1+1"（基础+实践+应用）产教融合型课程体系。

核心内容：大一大二聚焦学生基本能力的养成设置基础性课程；大三聚焦学生实践和创新能力的培养设置项目化教学课程，所有课程都明确课前、课中、课后学习任务，课内学习与课外学习的时长比例不低于1：2，使学生真正动起来、忙起来；大四为应用阶段，教师带领学生直接进入产业企业生产一线，在获取工作报酬的同时接受职业应用性评价。

学校构建产教融合型课程体系的重要节点如下。

1. 试点先行、分类分步推进课程改革

2020年秋季学期，学校试点开设第一门项目化教学课程"英语口语教学实践"，由6名教师指导60名英语专业学生对600名非英语专业学生开展英语口语教学，教学效果良好。"英语口语教学实践"课程教师团队作为全校第一个"吃螃蟹"的课程团队，在项目实施过程中，付出了艰辛的努力，克服了一个个难题，积累了项目化教学开展的宝贵经验，为后续项目化教学的顺利开展奠定了基础。2021年3月起，每个专业试点建设1门项目化课程（就业类），学校首批29门项目化教学课程（就业类）立项建设，迈出了新一轮课程改革步伐。

2. 全方位开展岗位需求调研

2021年9月，全校59个本科专业开展专业需求调研，明确专业面向的职业岗位（群）及岗位能力，编制人才需求能力标签，形成职位标签1630个，职位要求标签5620个，推进人才培养供给侧与产业需求侧无缝链接。

3. 以项目化教学为引领，基于OBE教学理念系统化推进课程再造

2022年1月，各专业启动项目化教学体系设计。实践环节的所有项目化教学课程内容均紧密对接岗位具体任务，与企业深度合作，采用企业真实项目设计项目化教学，使学生从"见过、做过"到"做成"

"做好",学生毕业时即达到企业新入职员工水平。项目化教学是指紧密对接企业岗位任务,以企业真实项目为载体,基于师生共同完成完整的项目任务而进行的教学活动,强调将项目转化为教学过程。其核心理念是培养学生独立分析问题、解决问题的能力。其关键就是使学生能够面对真实项目开展过程中的不确定性,独立提出解决方案并有自己的创新。项目化教学课程在产教融合型课程体系中承上启下,支撑应用环节。项目化教学课程设计要满足三个要求:一是项目强调"真实性",必须是来源于企业的实际项目或虚拟仿真项目;二是建立对接企业行业的项目资源库;三是制定以成果为导向、市场直接评价或仿真评价的三级评价标准。设计项目化教学体系,实现以"教师"为中心转变为以"学生"为中心,以"课本"为中心转变为以"项目"为中心,以"课堂"为中心转变为以"工作场景"为中心。

通过项目化教学实施,找准学生参与项目化课程学习所需的前修知识、素质、能力,重构专业基础课和公共基础课,推进课程内容、教学模式、评价体系的全方位改革。专业基础课改革必须满足三个基本要求:一是能够直接支撑项目化教学课程或支撑后续专业基础课;二是采用市场评价、标准化考试、学科竞赛、技能测试等方式,建立客观性评价标准,确保评价结果不因学生、教师、场地等的不同而改变;三是建设线上学习资源,实现基础性内容线上自主学习,创新性内容线下师生互动,学生可以跨专业、跨学科选择不同的课程组合,在任何时间、任何空间进行自主学习,所有学习数据全部打通,实现规模化因材施教。

(四)课程体系构建初见成效

学校围绕课程体系构建、课程开发、课程设计、课程评价等,召开主管教学部(院)长、科教中心主任、骨干教师等不同层面的研讨会300余场次,包括教学改革研讨会、项目化教学体系研讨会、专业基础课改革研讨会、升学类课程设计培训会等。主管教学校长杨保成教授全程指导,与主管部(院)主管长、科教中心主任、一线教师等面对面深入交流课程改革理念、思路,解答改革中的困惑与难题。推动新思想的碰撞和新思路的萌芽,推动教师对产教融合型课程体系的设计理念、思路、步骤等有更加清晰的认知，推动全校教师统一思想认识，坚定改革步伐，使学校课程改革走实走深。

截至 2023 年 10 月，学校共投入 1031.3 万元立项建设课程 895 门（项目化课程 352 门、专业基础课 523 门、公共基础课 11 门、应用型课程 9 门），完成全部课程改革立项。邀请国家教育行政学院教育领导力与管理研究中心来校指导开展"课程知识建模培训""基于课程知识建模的教学设计培训""课程教学大纲培训"等，各专业已完成所有课程新版教学设计和课程大纲制定，所有专业已修订完成本科专业人才培养方案。

国家教育行政学院教育领导力与管理研究中心主任刘亚荣指出："黄河科技学院的'2+1+1'（基础+实践+应用）产教融合型课程体系的构建，颠覆了传统的教育模式，是新时代教育变革背景下一个了不起的创举。"她建议学校对课程体系改革进行梳理总结，形成比较完善的应用型创新人才培养新模式，为全国应用型高校提供良好借鉴。

四 坚持应用导向，增强社会服务能力

作为地方应用型大学，学校坚持面向河南经济发展主战场，瞄准郑洛新国家自主创新示范区、中国（河南）自由贸易试验区建设等，践行高校主动服务行业和区域经济发展的宗旨，不断丰富社会服务形式，提升社会服务质量，在推动学校转型发展、提升应用型创新人才培养质量、强化高校社会服务能力等方面，创造了富有特色的发展模式和经验。

（一）完善对外服务机制，统筹规划建设任务

2014 年成立黄河科技学院对外合作办公室，负责全校对外交流与合作工作，规划、协调、组织、实施和评估全校校企、校会（行业协会）、校际、校所、校地合作等工作，抓好顶层设计，明确职责范围，持续加强以政府、企业、研究机构为主体的产学研合作，全面推进创新创业载体建设，创新社会服务模式。胡大白亲自兼任对外合作办公室主任，把方向、管大局、做决策、保落实，精准把握社会需求，提升对外服务能力，持续引领发展，努力构建与高水平应用技术大学相适应的管理体制、运行机制和制度体系。在她的倡议和带动下，学校主动对接国家、区域重大战略和地方发展实际需要，不断发挥学科专业优势，深化校企合作、产教融合发展，着力构建全链条创新创业载体，探索实践产学研合作与社会服务新模式，努力为助推区域经济高质量发展贡献智慧和力量。

（二）打造新型智库名片，为地方发展提供智力支持

2015 年，胡大白根据高等教育的最新动态，产生了创办一家民办高校新型智库的想法。党的十八大以来，习近平总书记就建设中国特色新型智库多次发表重要讲话，而高校智库作为中国特色新型智库的重要组成部分，是高校践行党和政府决策的重要途径，也是提升教育服务经济社会发展能力的重要载体。面对新形势新要求，胡大白坚持以建设高极新型智库为目标，以服务高水平应用型大学及区域经济社会发展为己任，紧紧围绕中央和省委、省政府重大决策，明确高校智库功能定位，打造社会服务高地。她统筹协调各方，特聘河南省社会科学院原院长喻新安教授担任首席专家，聘请中国国际经济交流中心副理事长兼秘书长张大卫担任名誉院长，邀请刘人怀、刘炯天、张改平三位院士担任研究院的顾问，在场地、经费、人员等方面为智库建设提供全方位的支持。在她的推动下，以立足河南、研究河南、服务河南为目标的中国（河南）创新发展研究院（后改名为"河南中原创新发展研究院"）应运而生。目前学校建有河南中原创新发展研究院、河南民办教育研究院、河南新经济研究院等 20 余家研究机构，凭借深厚的理论和基础研究根基，聚焦社会发展重要课题和热点问题，在探索智库建设模式上走出了一条新路，各项工作取得了显著成效。

2021 年 9 月 23 日，黄河科技学院中华优秀传统文化概论课教师集体备课会简报：

胡大白勉励各位老师传承学校光荣传统，坚定文化自信，把教学与科研结合起来，把经过几千年传承的中华民族的优秀文化与新

时代中国特色社会主义思想结合起来，用以德树人的胸怀传承中国智慧。

深入开展理论研究，为经济社会发展建言献策。河南中原创新发展研究院已围绕国内、省内热点问题举办专题研讨会 60 余场，连续举办了 8 届高规格的中原创新发展论坛，被中央和地方主流媒体报道 200 余次。从 2017 年起，河南中原创新发展研究院开始出版地方双创蓝皮书，开创了研创全国省级双创蓝皮书和民办教育蓝皮书的先河。承担省部级以上课题 50 余项；出版《河南自贸区建设发展研究》等著作 10 部；在《河南日报》发表专版理论文章 50 余篇。入选中国智库索引（CTTI）来源智库（河南省仅 4 家），2019 年、2022 年分别有成果入选 CTTI 年度智库研究精品成果和智库建设最佳案例。2021 获批河南省新型高校品牌智库建设单位。通过深入调研、精准献策，河南中原创新发展研究院为地区建设提供具有前瞻性、针对性、有效性的分析报告，提升了政府决策咨询服务水平，受到省政府、市政府的高度认可。近年来，河南中原创新发展研究院承担国家发改委中央地方创新创业联合研究课题 2 项（全国共 66 项，河南省仅 3 项）；受河南省发改委委托，对河南省"双创"示范基地开展第三方评估；与河南省农业农村厅共建河南省数字乡村创新中心，并受其委托开展沿黄乡村振兴示范带建设专题调研，完成调研报告；与河南保税集团、建业集团等合作，服务企业战略发展。河南省委领导对河南中原创新发展研究院撰写的研究报告做出重要批示，充分肯定了学校智库建设成效。此外，河南省委咨询组《咨询与建议》刊发了河南民办教育研究院撰写的调研报告。如今，建设一流智库已经成为全校上下的共识，成为黄河科技学院应用型科技大学建设不可或缺的组成部分，不断绘就出新时代高校智库咨政建言的壮丽图景，为助推区域经济社会发展贡献智慧和力量。

（三）加强科技成果应用，提高科技服务社会效能

学校主动融入区域创新体系，坚持聚焦地方产业发展需求，以应用型科研为导向，盘活用好科技创新资源，建强科研创新平台，持续提升

科技创新能力，为地方经济发展提供智力支撑。

搭建区域创新平台，服务经济社会发展。学校充分整合校内优质科教和人才资源，加大软硬件投入力度，重点建设生物医药、新材料等科技创新平台，服务区域科技创新和经济社会发展。其中生物医药科技创新平台面积约 3000 平方米，通过资源共享服务平台和人才队伍建设，开展以产业需求为核心的创新药物和制药技术的研发与应用转化，努力培育一批高层次创新科技成果，促进和带动生物医药相关企业在河南省的聚集，不断提升全省生物医药产业的创新能力。依托 2016 年学校获批的河南省民办高校中首个省级重点实验室——河南省纳米复合材料与应用重点实验室，建设新材料科技创新平台，平台建设使用面积超 6000 平方米，围绕国家新材料发展战略，以中原经济区和郑州航空港经济综合实验区建设需求为导向，围绕河南省在能源、环境领域对新型材料的重大需求开展多学科交叉研究，解决新技术成果在工业化生产应用中面临的技术难题，开发具有自主知识产权的功能器件及生产工艺，通过与相关企业合作，将新技术成果转化为具有高附加值的产品，全面提升河南省在材料产业中的地位。

强化科技成果转化，助力地方产业升级。以应用型科研为主导，不断完善科研奖励、科研成果转化等政策，创新科研评价机制。修订《科研工作量计算办法》《科研奖励办法》《横向科研项目管理办法》等制度，下放科研人员对科技成果的使用、处置和收益权等，提高科研人员成果转化的积极性。出台《黄河科技学院科研成果转移转化管理办法》，积极推动一批科技成果成功实现产业化，全方位提高科技成果服务经济社会的能力。"无避让式一位两车立体停放装置"等 9 项专利成果转让给河南智达机电设备有限公司，转让费 101 万元。"纳米与新材料科学数据共享平台的开发"被连续 5 年成功转让给北京万方数据股份有限公司。30 余项横向项目研究成果被河南大广电子科技有限公司等 9 家合作企业采用，产生了良好的经济效益和社会效益。新药研发中心首席专家廖希斌博士带领团队，承担国家重大新药创制专项子课题，开展重大肝脏疾病领域相关的新药研发，获得横向经费 152.99 万元。

依托学校建设的郑州市高校专利产业化服务平台，助力 30 个师生的专利成果在 18 个企业成功转化，6 个科技园入孵企业专利实现产业化，利用专利成果孵化公司 6 个。学校共获授权专利 4314 件，其中发明专利 540 件，连续 4 年在全省高校专利申请量上名列第 2，入选河南省高校知识产权综合能力提升专项行动"十强十快高校"，位居中国新建（应用型）本科高校发明专利排行榜第 4 名、民办高校第 1 名。

打造应用型科研团队和平台，服务企业技术创新。学校与地方、企业、科研院所深度合作，以产业需求及技术发展为导向，共同成立研发中心组建创新团队，构建产业技术创新平台，研究解决企业发展中的关键技术问题。与河南嘉禾智慧农业科技有限公司建设电子信息产业科技创新平台，该平台被批准为"河南省智慧农业物联网云应用工程研究中心"；与河南省交通建设工程有限公司联合成立新型桥梁结构工程技术研究中心；与河南农业大学共建现代农业工程研究院。学校现建有河南省院士工作站、河南省博士后研发基地、重点实验室、国际联合实验室、河南省工程技术研究中心等高层次教学科研平台 50 余个，建有河南省区域性重要抗肿瘤活性研究创新型科技团队等省级科技创新团队 4 个，主动对接地方和企业发展诉求，不断发挥学科专业优势，引领产业升级，助推企业发展。学校纳米功能材料研究所的苯胺蓝肿瘤早筛诊断试剂研制项目取得了重大突破，2022 年已经完成了苯胺蓝肿瘤早筛诊断试剂的备案，并拿到了生产许可。物联网重点实验室、大数据中心、图像分析重点实验室为河南大广电子科技有限公司解决了高级人才匮乏和技术力量不足的难题。同时，学校积极推动高校仪器设备共享服务机制，加快创新资源开放共享，增强高校服务区域经济社会发展的能力。学校一批大中型科研仪器全部加入河南省大型仪器协作公用网和河南省科研设施与仪器开放共享服务平台，为全国近 100 家高校和科研单位、企业提供测试等技术服务超过 30 万次。黄河科技学院连续 3 年享有"河南省科研设施和仪器开放共享双向补贴"，是全省唯一一家连续 3 年享有省平台补贴的高校。

（四）集成优质教育资源，强化社会服务能力建设

学校不断发挥资源优势，主动融入新时期社会经济发展的主战场，积极拓展社会服务领域，创新社会服务形式，提升社会服务职能。

在实施"科普筑基惠民工程"中干在实处、走在前列。2017年，学校投资近1亿元建设智慧逐梦教育体验馆和医疗体验馆。智慧逐梦教育体验馆依托学校科教资源，利用数字化展教服务优势，秉承科普为民的服务理念，将高校教学科研资源以公众喜闻乐见的形式展现出来，全力推动科普文化教育，大力开展特色科普服务，创新科普内容表达，开发科普传播资源，为向社会大众传播科学理念、普及科学知识做出积极贡献。智慧逐梦教育体验馆定位为公益性科普体验馆，常年对外免费开放，社会大众均可预约参观。建馆以来，已服务社会公众33万余人次，网络科普200万余人次。同时，智慧逐梦教育体验馆以助力教育"双减"、服务乡村振兴、下沉基层惠民等为主线，优化整合科普资源，重点面向青少年开展科普教育实践活动，承担青少年科学素质提升重任。截至2023年，已开展科普活动3251场次，受益群体覆盖郑州、洛阳、开封、信阳等8地市27万余人次；开展科普研学活动50场次，覆盖15所中小学、幼儿园；在洛阳市两所乡村小学开展科普研学支教活动，使得1500余人次受益；先后获评河南省十佳科普教育基地、河南省科普基地、全国科普教育基地等。学校在推进"科普中原行动"中主动担当、展现作为，发挥了民办高校在科普教育阵地建设中的示范引领作用。

学校充分发挥全国首批社会组织教育培训基地、国家职业技能鉴定站、河南省农民教育培训创业孵化基地等平台的资源优势，面向全社会开展教育、培训、咨询、职业技能等级认定等服务，打造优质培训教育品牌。学校已承办郑州市青年公务员能力提升培训班、郑州国家中心城市建设高端培训班等各类培训130余场，参训学员12000余人；承办全国硕士研究生统一入学考试，教师资格证、医师资格证等各类校外大型考试近200场，服务学校和社会考生近13万余人次。同时利用学校现有场馆资源优势，为政府部门、社会团体等企事业单位提供对外服务，

举办具有社会影响力的大型活动。如中国科协主办的大型原创话剧《侯德榜》演出活动、河南省非物质文化遗产保护和智慧化中心主办的2023 河南传统舞蹈展演活动等。现已承接社会活动 300 余场，服务社会 20 多万人次。学校在职业培训、对外服务等方面主动作为，积极承担社会责任，不断拓宽社会服务领域，提升社会服务内涵，打造优质培训教育品牌，为区域经济社会发展提供强有力的人力和智力支撑。

五　以人为本，人才队伍建设成效突出

高素质教师队伍是高等学校的核心竞争力，是提高教育质量的关键。学校实施"人才强校"战略。积极扩大师资队伍规模，优化师资队伍结构，制定一系列人才引进优惠措施，以满足教学需要和实现可持续发展。

（一）重视师德师风建设

师资是学校最核心、最宝贵的教育资源。胡大白认为，师德师风建设对于提高教师队伍的思想政治水平、增强教师教书育人的自觉性至关重要。教师是高道德含量的特殊职业，教书育人是教师的天职，教师不仅要有广博的知识，还要有高尚的人格，不仅要精于教书，还要善于育人。因此，要以师德为核心，促使教师增强敬业意识，提高育人水平，塑造师德风范，努力做到严谨治学、敬业爱生、为人师表、乐于奉献，真正成为学生健康成长的指导者和引路人。在她的提议下，学校 2018 年 4 月成立了党委教师工作部，主要负责教师的思想政治教育和师德师风建设工作。

学校制定了《黄河科技学院师德师风考核办法》《黄河科技学院师德失范行为处理办法》。成立了以党委书记为组长的师德师风专题教育活动领导小组。通过一系列教育活动，激励广大教师不忘立德树人初心，厚植爱国情怀，全面贯彻党的教育方针，严谨治学，为人师表，精心育人，提高教师思想政治素质和职业道德水平，全力打造一支品德高尚、知识渊博、精于教书、勤于育人、忠诚于人民教育事业的教师队伍。

学校坚持师德师风教育，以"立德树人"为根本目标，结合学习贯彻习近平新时代中国特色社会主义思想主题教育活动，引导广大教师忠诚于党的教育事业，坚守为党育人、为国育才的使命担当，认真履行教师的神圣职责，坚定理想信念、陶冶道德情操、勤修仁爱之心，树立"躬耕教坛、强国有我"的志向和抱负，坚守三尺讲台，潜心教书育人，争当学生为学、为事、为人的大先生。以心有大我、至诚报国的理想信念，言为士则、行为世范的道德情操，启智润心、因材施教的育人智慧，勤学笃行、求是创新的躬耕态度，乐教爱生、甘于奉献的仁爱之心，胸怀天下、以文化人的弘道追求，进一步推动师德师风建设走深走实。

（二）加强人才引进工作

学校建校初期，教师资源不足，1985 年，胡大白亲自出面聘请郑州大学的 8 个系主任来校为学生上课。从 1994 年开始，学校逐步引进教师，建立起一支专职教师队伍。随着学校规模的扩大，引进教师的数量和层次都在不断提高，各时期引进的重点也有所不同。

1994 年，经原国家教委批准实施高等专科学历教育后，学校教师的招聘开始面向国内普通高校的本、专科毕业生。

2004 年，学校获得学士学位授予权后，对新引进教师的层次要求进一步提高到正规院校相关专业的硕士毕业生。2005 年学校印发《关于印发黄河科技学院引进博士硕士优惠政策的（暂行）规定的通知》，2006 年印发《关于印发设立"伯乐奖"暂行规定的通知》。2005～2007 年，引进硕士 298 名。

2008 年，通过教育部高校本科教学工作水平评估后，学校注重内涵发展，坚持高起点规划、高标准建设、高质量推进的原则，把全校人才队伍建设工作提升到新的水平。在注重引进硕士毕业生的同时，开始有针对性地引进博士和学科带头人。引进的方式也更为多样化，除正式引进专职教师外，还有在职特聘、返聘、兼职、柔性引进等多种形式，多元化的聘任方式使学校师资队伍的结构、数量和质量都得到了极大的改善和提升。

（三）引进培养"双师型"人才

积极推进学校的"双师型"教师队伍建设，是实现"本科学历教育与职业技能教育相结合"育人模式的重要条件。培养现代社会急需的应用型创新人才，教师不仅要善于给学生讲授学科理论、专业知识，还要善于运用这些理论知识去解决实际问题，如果教师没有实践能力，只会纸上谈兵，那就不可能培养出具有实践能力的应用型创新人才。因此，专业教师队伍中一定要有适当比例的"双师型"教师，学校可以从科研机构、大型企事业单位对口引进人才，以充实教师队伍、改善师资结构。

胡大白十分重视引进具有实践经验的"双师型"人才。2000年，经教育部批准实施本科学历教育后，学院明确"教学型"本科的定位，开始加大人才引进力度，除引进国内正规高校的本科毕业生外，也注重引进具有相关专业职称的"双师型"人才。根据不同专业对职业技能教育的要求，从科研单位、企业、新闻媒体、医院、金融机构等引进了一批既有学术水平又有实践能力和教学能力的工程师、医师、营养师、建筑师、经济师、会计师、律师、电台电视台技术负责人、编辑、播音员、节目主持人、记者、金融分析师等。比如，工学院引进的林深教授（教授级高级工程师）来自某建筑规划设计院，贾百合副教授（高级工程师）来自某知名拖拉机厂，李小芳工程师来自某建筑设计院。信息工程学院引进的庞保堂教授（教授级高级工程师），为享受国务院政府特殊津贴专家，原为某国有大型电子科技企业总工程师。唐海玲副教授（高级工程师）原为某邮电科技企业技术骨干，陈嘉乂副教授（高级工程师）来自某大型电子科技企业，新闻传播学院赵超同（教授级高级工程师）为某市电视台技术副台长，陶继新副教授原为某广播电台一级播音员，邵川副教授原为某市电视台副台长，苗伟副教授原为某广播电台主任记者、节目部主任，张培副教授原为某电台主任播音员。医学院许多教师既有教师资格，又有医、药、护等行业执业资格。音乐学院许多教师具有演员、演奏员等文艺行业资格证书。此外，学校还有很多专业有学术水平高、实践能力强、教学效果好的优秀的"双师型"教师。

对于引进的非高校教师系列的各类专业技术人才，学校组织他们参加高等教育教学理论培训，使其获得高等学校教师资格证，从而保证

"双师型"教师适应教学需要，胜任教学工作，提高教学水平，保证教学质量。许多学生反映，"双师型"教师的教学专业水平高，在教学中能紧密联系现实问题，教学效果好，实现了教学与生产、教学与社会现实问题的结合。

学校大力引进既有理论基础又有丰富实践经验的学科带头人，如邹景超、李鸿宝、喻新安、朱遂斌、杨保成等，这些人都是理论知识扎实、具有丰富实践经验或海外留学背景的"双师型学科带头人"，他们带动了相关学院、相关学科和管理领域的跨越式发展。如邹景超担任工学院院长后，倡导"本科+技师"的育人模式，使工学院近几年的毕业生深受企业欢迎，就业率始终稳定在98%以上。

除了引进"双师型"人才，学校还十分重视培养青年教师的实践能力，派出青年骨干教师到企业、机关、医院、科研院所、律师事务所等单位，参与学生实习指导、科研考察和工程实践等，帮助他们提高专业素质和实践能力，促进教学与科研、教学与实践的紧密结合。2018年10月，学校出台了《黄河科技学院专业教师到企业实践（挂职）锻炼的管理规定（修订稿）》，进一步规范了教师到企业挂职锻炼的任务、要求和考核等内容。

（四）加强师资队伍建设

优化师资队伍结构，建成高素质师资队伍，健全优秀青年人才引进和培育机制。安排专项资金，引进创新能力强、发展潜力大、研究能力居国内外领先地位、符合学校学科专业建设需要的国内外优秀高层次人才。选聘企业高端人才，推进产学研合作。探索校企人才双向流动机制，设置灵活的人事制度，建立选聘企业骨干、优秀技术人才和管理人才到学校任教的有效路径。推进基于价值导向的人才评价与激励机制改革。建全聘任制度，优化以岗位分类评价为核心的薪酬激励机制，探索团队考核与激励机制。以质量为导向，优化职称评审办法，修订评审标准与评审程序。进一步修订《师资队伍建设规划方案》。加大教学科研人员、思想政治人员、党政管理人员队伍建设力度，构建完善的人才服务体系。建立教师教学发展档案，开发教师教学发展管理系统，对接人事管理系统、教务管理系统、教学基本状态与评估系统和教学质量综合评价与监控系统等，将其作为规划教师教学发展的综合平台。

六　数字化赋能，建设创新型大学

2016 年起，黄河科技学院以建设创新型大学为目标，以教育教学创新和教育管理创新为切入点，开启了数字化赋能教育创新发展的探索与实践。

（一）优化顶层设计：引领学校教育生态重构

在研讨、实践和反思的过程中，学校逐渐加强了改革创新的顶层设计，即坚持"以学生为中心"理念，以数字化平台为载体，以实施个性化教育为路径，全面提升学生的就业质量和终身学习能力。

1. 全面践行"以学生为中心"的理念

为使学校的办学投入、资源配置、制度设计、教学改革能够真正促进学生的成长和发展，黄河科技学院改革政策的制定与实施始终围绕着三个核心问题开展。第一，为谁办学？从领导班子到管理人员，从专家教授到一线教师都要牢记学校"办一所对学生最负责任的大学"的愿景，把学生作为办学的出发点、落脚点和着力点。将"以学生为中心"的理念深度融入学校治理的各个层面。第二，为哪些学生办学？学校在任何场合都强调"以学生为中心"的办学理念，不是为了少数学习基础好、学业成绩优秀的学生，而是为了所有学生，要让每一个学生都得到发展。第三，如何才能在资源有限的条件下创造性地开展个性化教育以服务每一个学生的成长？学校以更好地服务每一个学生成长为目标，设计个性化教育体系，通过教学、管理和服务等多方面的数字化转型，为学生提供全方位的支持，发挥学生自主学习和自我发展的潜能。

2. 构建一体化教育教学数字化支持系统

"数字的本质是人，数据挖掘是在分析人类族群自身。"[①] 数据挖掘、学习行为分析和深度学习等技术不仅促进了高校教学范式、学习方式、

---

① 〔英〕托马斯·克伦普：《数字人类学》，郑元者译，中央编译出版社，2007，第 28 页。

管理模式和评价方式的转变，也保障了个性化教育的实现。学校从顶层设计出发，以数据为主线，建立一体化数据中心，通过创新数字技术赋能方法，打造一体化数据中心。重点建设"数据驱动的教学保障体系（数字教学）"和"智能引领的学生成长支持体系（数字学工）"双引擎，配套数字行政、数字财务、数字后勤三平台，构建形成学校"1+5"教育数字化新生态。助推差异化教学、个性化学习和精细化管理，为学校教育创新提供保障。一体化数据中心从根本上解决"数据孤岛"问题，保障数据高效互通、准确共用。数据驱动的教学保障体系（数字教学）是数字化体系的重点，通过教学管理、智慧学习、质量监控、产教融合等全方位流程重构，数据同步呈现、同步反馈，促进问题精准定位、质量管理举措有效协同、教育教学改进效果持续追踪，切实支持教与学的质量提升。

（1）聚焦学生高质量就业

个性化教育强调共性与个性的统一。高质量就业是衡量地方应用型本科高校人才培养质量最直接的标准，也是学生的基本需求。在保障学生高质量就业的基础上开展个性化教育，提升学生终身学习能力，既能满足数字时代社会对人才培养的现实需要，又能契合学生个性化发展和社会可持续发展的要求。学校通过建立数字化教育教学体系，为构建各个专业 OBE 人才培养模式提供数据基础和技术支持；建立专业人才培养目标、课程体系和教学改革的动态调整和过程质量监控与反馈机制，对学生成长的各类数据进行分析，对每一个教学环节的目标达成度进行追踪和评估，兼顾每个学生的职业发展诉求，切实保障学生高质量就业。

（2）实施个性化教育

个性化教育是"以学生为中心"的理念的重要体现。个性化教育不是外在于现行教育体系的独立的教育过程、教育体系，而是一种教育思想、教育理念，应将其贯穿于学校教育教学的全过程，渗透到家庭教育、社会教育、学校教育的方方面面。[①] 黄河科技学院将个性化教育作

---

① 〔英〕托马斯·克伦普：《数字人类学》，郑元者译，中央编译出版社，2007，第28页。

为人才培养的重要路径，通过数字化赋能个性化教育变革。学校对学生的群体特征进行了研究，发现学习习惯不良、课程参与度低、成绩落后的学生人数比较多，学生知识水平、个性特征与能力水平之间的个体差异也非常明显。各个专业在统一的专业人才培养目标基础上，还需要充分考虑学生的学习基础、个性特征、成长期待等综合因素，为每一个学生设定既基于自身基础又有一定挑战性的个性化发展目标；同时依托学生成长电子档案，为他们设立"一对一"的培养方案，提供差异化的教学和管理服务，帮助学生实现自主管理、自主教育和自主成长。

（二）构建数字化组织架构：全面提升学校治理能力

黄河科技学院在数字化理念引领下对学校内部组织结构、治理方式和决策机制等进行了系统创新，围绕服务学生成长实施组织机构改革，着力建设有生命力的治理体系，为个性化教育的实施提供组织保障。

数字化转型要求高校管理机制转向扁平化，逐步减少管理层级，赋予学校二级学院或部门更大的办学权力。基于此，学校围绕服务学生成长的核心职能，着力破除数字化转型中治理体系的结构性障碍，实施组织机构改革，推动机构改革向"大部门、大职能、大服务"范式转变。

一是推进行政服务体系大部制。学校成立了"三大中心、五大部"。整合 14 个处级单位，成立教育教学、教师、学生三大中心；整合37 个处级单位，成立党委与综合管理、科技发展、后勤服务、资源保障、思政教育五大部。通过扁平化管理，实现各层级效能和潜力的最大化。同时，部门之间实现学生成长与教学保障数据的关联与协同，保障与学生个性化成长紧密相关的各教育教学环节落实到位。

二是实行教学组织体系学部制。2019 年初学校整合信息工程学院、机械工程学院等 5 个工科学院成立工学部，整合艺术设计学院、音乐学院等 4 个学院成立艺术与体育学部，2023 年，整合商学院和外国语学院成立商学部。学部建设打破原有"学校—学院—系—教研室"多级管理架构，按照专业集群设立"科教中心"作为教学科研工作开展的单元，管理层级从四级缩减到两级，处级和科级干部分别减少 45%、52%。新的组织结构将更多一线教师和"双肩挑"人员投入教学改革中。科教中心突破了学科和专业壁垒，有较强的独立性，能够充分发挥专业集群优势，在产学研合作中可以更好地整合资源。以工学部为例，工学部承担理论课教学的外聘教师总量较往年减少了 50%，参与产学研合作的产业界兼职技术人员却增加了 30%。学校成立校、部（院）两级就业服务中心，整合专业教学力量和学生指导力量协同服务于学生高质量就业。

三是实施数字化转型工程。黄河科技学院领导班子深刻认识到，数字化转型的根本是人的改变，是人的认知的改变。数字化转型需要学校内部统一思想，形成真正的支持性组织环境。学校成立数字化转型领导小组，面向学校领导、中层骨干、基层管理者和教师，持续性举办数字化转型研讨班；立项 24 个数字化转型项目，覆盖教学管理、产教融合、创新创业等教育教学全领域，打造践行质量改进的数字化转型良好氛围。采取多种方式不断提升师生的数字化素养，丰富教师、管理者、办学者等对于数字化的认识和理解。如开展专题培训，设立教师数字素养工作坊，实施教师轮训，举办"混合式教学改革"等专题报告 80 余场次，通过数字化转型逐渐形成师生之间、教师之间、教师与管理者之间的新型关系，从而让"以学生为中心"的理念和创新型文化在学校生根发芽。

（三）推动课程革命：奠定学生终身学习基础

"现代的大学教育是课程中心的"①，课程是实现教育目标的基本保证。学校建立"学习中心"数字化系统，对课程目标、课程内容、教与学范式、评价方式等方面进行颠覆性变革。

1. 全面开展"以学生为中心"的课程教学设计，实施混合式教学

重构教学空间。学校打造移动端的"无边界课堂"，融合项目化教学理念和 OBE 教学理念，通过基于移动端的混合式学习环境创设，利用学习分析、学习测量、信息可视化等技术，实现对学生知识和技能准备过程、课内外学习过程、学习结果形成数据的记录和分析，开展学情

---

① 钱穆：《新亚学规》，九州出版社，2011，第 10 页。

分析，形成诊断和预测，帮助教师开展有效的教学设计，以数字化赋能学生学习习惯的培养、个性化教学的实施和学习效果的提升。教师围绕"课程学习基础知识点和预习要求"等开展课堂测试，配合每次课堂教学的在线测试，帮助学生及时巩固学习内容，测试结果自动记入学生平时成绩，突出过程性评价，提高了学生学习的积极性和主动性。采用任务学习模式，创设移动端学习环境，促进学生从被动学习、浅层次学习向主动学习、深层次学习转变。

2. 以公共基础课改革为抓手，奠定学生终身学习基础

为了帮助学生克服没有良好的学习习惯和自律性较差的缺点，改变学生因高中阶段学习基础薄弱而普遍缺乏自信心的状态，学校坚持立德树人根本任务，围绕"改变学习行为、培养学习习惯、养成学习价值观"螺旋上升的目标，自 2018 年下半年开始，相继启动大学英语、公共体育、劳动教育等公共课程混合式教学改革。

大学英语课程以"让学生学出效果，养成学习习惯"为出发点重新设计课程学习内容、学习方式和考核标准，彻底打破以教材为中心的理念。首创"翻转外语"全员每日英语学习项目，2019 年开始通过自主研发"翻转外语"小程序为全体学生定制个性化英语学习计划，通过实时高频正反馈，融入游戏化元素等实现持续性助推，让学生实现从被动每日学习向坚持自主学习的转变。学生养成自主学习习惯，平均每日在线学习英语 27 分钟左右，学校本科毕业生英语四级通过率实现大幅增长。

大学英语课程改革还给学生和教师带来价值观上的改变。绝大多数学生体会到真正投入学习后的快乐，部分因为基础差已经放弃了英语学习的学生也重拾信心。英语教学改革团队的教师也有了质的变化，他们普遍感受到教学的魅力和价值——教育是生命影响生命的过程。一切从学生的角度出发，根据他们的基础适时调整课堂进度，尊重学生，帮助他们在学习的过程中取得成就感，这种成就感将一直激励他们迎难而上，从而形成一种良性循环。从广大教师的心声中可以看出，课程改革不仅促进了学生学习方式的改变，也促进了教师教学能力的发

展和个人成长。

公共体育课程改革与大学英语课程改革的理念是相通的，旨在强调学生终身锻炼习惯的养成。学校实施"翻转体育"数字化项目，通过智能体育选课、自助校园跑系统、智能体育俱乐部、智能体测、人体成分分析仪等管理功能，利用校园体育大数据平台记录学生的体育运动轨迹，建立学生健康档案，对学生进行精准服务，使学生更加直观地感受到体质变化，不断激发学生的锻炼兴趣，有效落实"教会、勤练、常赛"的教学目标。"打造智慧体育，促进学生体质健康"行动先后被学习强国等10余家新闻媒体宣传报道。

高等教育的目的不仅是传授知识，也是培养德智体美劳全面发展的优秀人才。劳动教育能够让学生在实际劳动中感受到付出与回报，树立正确的价值观和人生观，形成勤劳、诚实、负责任的品质，从而为社会贡献自己的力量。学校以习近平总书记有关劳动教育的重要论述为指导，积极践行《中共中央 国务院关于全面加强新时代大中小学劳动教育的意见》，以"学校+家庭+社会"为主要领域建设四个教育模块；"翻转劳动"系统支持学生随时随地记录劳动实践，生成劳动教育成绩单，助推良好劳动习惯的养成。

（四）数字技术赋能：促进教学管理与学生服务精准化

学校按照OBE教学理念设计实践思路，教学管理与学生服务在教学设计、教学实施、教学评价等环节紧紧围绕促进学生高质量就业的要求展开，着力打造有张力的服务系统，为每一个学生提供高质量的教学服务和个性化成长支持。

1. 建立动态化的教与学质量监测与反馈机制

为实现培养目标，学校改变传统的终结性教学质量评价和学生学业质量评价模式，依托数字技术建立动态的课程教学督导评教、重点教学环节质量监控和学生学业过程监测反馈机制，促进质量问题精准定位、质量管理举措有效协同、质量改进效果持续追踪。

由于传统的督导评教和学生评教没有建立良好的数据反馈机制，日常教学督导检查的价值无法真正体现。自2018年秋季学期开始，学校建立督导质量的常态化数据反馈机制，使得同行评教、督导评教、专家评教、学生评教数据实现一体化呈现，所有评教信息可以即时反馈给教师本人，教师根据不同主体的反馈信息，对自己的教学进行多维度的反思。教学督导和科教中心根据更加立体化的评教数据给教师设置有针对性的研修和培训项目。这些做法真正实现了课程教学日常督导从"督"到"导"的转变，切实发挥了督导评教对教师教学的督、评、帮作用。

毕业论文（设计）是检验学生专业综合实践能力的重要教学环节。学生毕业实习、找工作和毕业论文（设计）在时间上的冲突导致其难以保障毕业论文（设计）的质量。对此，学校从 2017 年开始启动毕业论文（设计）数字化管理。同一专业大类的毕业论文（设计）实行统一在线选题征集，学生自主选择题目和指导教师。师生可以实现从选题、开题到设计、修改、写作、答辩等过程的线上线下一体化互动，教师可以更便捷地了解和追踪学生毕业论文（设计）进展，更好地开展指导。从对比数据来看，2017 年之前，毕业论文（设计）指导教师生均指导学时普遍在 12 学时；近年来，教师生均指导学时有了较大幅度提升，2023 届毕业生指导教师生均指导学时为 14.38 学时，切实保障了毕业论文（设计）的指导效果和质量。

对学业危机的精准干预是增强学生学习自主性、保障学业成果的重要方式。过去，每届毕业生中都有部分学生拿不到学位证。从 2017 年开始，学校通过对近 10 届毕业生在校学业数据的分析，确定了无法授予学位和无法正常毕业学生的学业进展规律，利用模型筛选出大一、大二学生中学业风险较高的学生，通过思想动员、学业规划和同学互助等多种方式进行干预，在不降低学业标准的情况下，这些学生在升入大三、大四后课程不及格比例较前几届学生降低了近 20%。

2. 开展成果导向的全覆盖课程评估

学校成立独立设置的教学质量监控中心，建立了成果导向的自我评估常态机制，其中包含课程评估、教师评估和专业评估，以及三大评估与各类专项评估组成的立体化评估体系。学校于 2019 年春季学期全面推行课程评估。学校按照"学生中心、产出导向、持续改进"的理念，坚持"高阶性、创新性、挑战性"的标准实施课程评估，制定了全新的评价指标，评估要点贯穿课程教学全过程，内容覆盖课程教学活动多个方面，即以课程设计、课程实施和课程产出为核心，侧重课程对学生学习成果和个体发展的促进，而非单纯的教师教学投入。在数字化平台支持下，学校改变传统集中检查式评估，采取线上线下相结合的全流程专家评审，依托平台通过线上教学数据的伴随式呈现、教学过程的实时监控、教学评价的及时反馈，结合线下现场听课、访谈、问卷分析等方式，对课程实行全流程、全方位的评价。

新的课程评估结果强调梯度递进。设置 A、B、C、D 四个等级，学校对 A、B 级课程给予奖励，强调要发挥其示范作用；D 级课程为预警和整改级别课程。每一轮课程评估后会形成课程质量数据画像和课程质量报告，教师、管理者均可以据此调整工作目标和改进教学设计，最终实现课程质量建设的闭环，形成持续改进机制。

从两轮课程评估结果来看，新的评估理念和评估导向有效地促进了教师教学理念的转变；教学设计普遍体现了"以学生为中心"的理念，并不断强化这一理念；教师参与教学改革的动力，以及全校教师探索混合式教学模式改革的积极性显著增强。仅 2019 年秋季学期，学校所有本科课程参与线上课堂讨论人次增长率达 313%，网络空间共享课程资料总体增长 78%，学生课外阅读学习的时间也大幅增加，较前一学期增加了 2.6 倍。

3. 基于学生成长数据提供个性化发展支持

实施个性化教育并找到适合不同学生的差异化教育教学方式方法，必须充分了解学生，在学生成长的动态过程中提供针对性支持。学校主要从以下三个方面进行相关的设计和实践。

一是为学生建立全程、多维、动态的数字化档案。2018 年起，学校将数字化入学通知与实体录取通知书结合起来，已录取学生通过扫描录取通知书附带的专属二维码，即可进入数字校园线上咨询自己关心的问题，在线完成资格审查。系统自动收集新生信息，为学校分析生源基础提供更系统的数据支持。入校后课程学习、创新实践、身体素质、心理健康等方面的数据都实现了伴随式收集，为教师、辅导员和管理者提供了一个完整的、可共享的、有效对接的学生数据平台。

二是从五个维度生成个性化的学生"画像"。学校确定了"学习成绩、心理健康、实践创新、生活规律、社交活跃度"五个维度的学生成长数字模型，在对学生个人电子档案进行数据分析的基础上，从上述五个维度为每个学生创建个人"画像"。教师、辅导员和管理者通过学生"画像"能更好地了解学生多方面的成长基础，关注学生多元化的成长需求，追踪学生的成长进展。实行学业导师与职业导师"双导师合一"制度，选聘优秀教师承担学生的学业导师和职业导师，依据学生"画像"，为学生创建个性化发展计划。根据每一个学生的就业、升学或创业等意向，按照达成学生个人发展目标所要求的知识、能力和素质标准，依托对学生个人成长数据的动态分析，有针对性地对每一个学生开展学业或职业发展规划的指导。导师在对有"创业"意向的学生进行指导时，会关注画像中"实践创新"和"社交活跃度"维度中积极性偏低的学生，鼓励和引导他们参加更多的创新实践活动。

三是开发"AI助教"功能模块。该模块通过目标制定、定时提醒、消息推送、课程预警、经验分享、进度反馈等方式为学生提供智能化、个性化支持。另外，还结合历届学生成长的数据和指导教师的意见建议等，对学生成长各个阶段的需求、常见问题分类汇总，形成可共享和参考的经验，帮助学生更好地规划学习和生活。课程预警则根据对每个学生所有在学课程的学情分析（包括日常出勤记录、课堂评学、课堂测试、作业情况等），结合本课程往年的不及格情况和课程学习要求，提前对课程学习不主动或课程学习的确有困难的学生进行挂科风险提示，督促学生调整学习行为和学习时间分配。近三个学期，"AI助教"已累计课程预警247592次，建成200多个特色经验库，为全校学生提供了1100万余条信息支持，通过"AI助教"的帮助，学校学风建设明显好转，学生自主学习的意识有了明显提升，学生课堂互动的平均参与率达91%，课后学生每日学习时长平均增加了近1小时。

（五）实施协同创新：与政府、科研院所和其他高校共同开展改革探索

1. 政校共建专业化评价机构，开展专业建设阶段性评价

河南省教育厅高度认可黄河科技学院教学改革和数字化转型成果，2020年12月，依托学校成立河南省高等学校专业管理服务中心，承担全省本科专业建设管理、质量评价和发展规划等工作。建设河南省普通高等学校本科专业数字化管理服务平台，采集全省本科专业建设数据435万条、教师信息11万条、专业信息3970种，形成较完备的全省专业基础数据库。建立专任教师、课程教学、学生就业升学等核心指标常模和质量发展数据模型，分析全省专业核心指标年度变化和进行横向对比，为专业高质量建设政策决策提供数据支撑。该平台已连续三年为全省本科专业建设阶段性评价服务，编制《河南省本科专业建设阶段性评价报告》，并为其他高校提供评价报告，指导其专业诊断、建设和发展；发布锻强提质、限制淘汰等四类专业清单，服务全省专业结构调整优化。

2. 紧密对接产业人才需求，着力推进"产业链—专业链—教育链—人才链"四链融合

产业人才需求是产教深度融合的内核，是高等学校专业建设和人才培养的根本依据。社会进步和科技发展带来产业结构演进和职业岗位持续变革，引发人才需求的持续变化。学校意识到，只有及时研究产业和职业发展趋势，分析其对人才规模、层次、类型、能力等方面的需求，才能准确引导高等教育人才供给规模、结构与质量适应现在及未来产业发展的客观要求。因此必须将产业人才需求调研作为本科专业结构调整的基础性和前提性工作。

整合拥有的河南省高等学校专业管理服务中心、河南中原创新发展研究院等专业服务机构、智库等资源，围绕国家、河南省的产业结构、产业分类和产业规划等开展产业研究。组织管理学科、工科等跨学科教师按照研究成果，研制了企业归属产业分类标准，产业分类标准通过了省统计局专家的论证和认可。利用AI技术，通过对人工判断依据的认定结果进行模型测算，生成数据模型以专业类为单位组建课题组，进行深度调研，贯通产业分类、职业分类、企业岗位（群）、岗位任职资格

标准等，形成"专业—企业—职业—行业—产业"分类基础数据库。结合河南省科技厅、统计局、工信厅等不同主管部门对企业的分类标准，建立和完善企业分类标签，最终建立覆盖近30万家企业的规范化企业数据库。按专业类建设对应的职位标签2845个。按照能力等级要求设计基础技能标签和专业技能标签两类岗位标签，共建设专业技能标签9252个。

学校坚持数字化赋能高素质应用型人才培养，以专业大类为单位，先后发起成立了河南省外语类专业产教融合联盟、土木建筑类专业产教融合联盟和体育类专业产教融合联盟等，充分集聚高校、行业、企业资源，组建"聚焦专业，链接产业，多校多企，互联共生"新型联盟，联盟内所有高校、企业和学生可开展求职、招聘、课程共建、职工培训、技术服务、创新创业等互动。河南省外语类专业产教融合联盟已经依托数字化平台，链接百余家企业，服务联盟内30余所本科高校的万余名学生。河南省土木建筑类专业产教融合联盟被列为2022年省示范校重点实施项目，依托联盟建设的超低能耗建筑行业学院，顺利获批河南省首批特色行业学院。

3. 联合科研院所与其他高校，共同开展改革探索

学校利用民办高校机制灵活的优势，在数字化转型过程中与国家教育行政学院、北京大学教育学院等合作，组建"院校研究"项目团队，开放学校组织建设、教学运行、学生成长等教育教学数据给项目团队，邀请团队人员到校跟踪调研，为教师和学生开设各类培训和教学工作坊。同时，学校与省内高校、国内民办高校成立"教育信息化2.0建设创新联盟"，围绕应用型高校数字化与教育教学深度融合创新开展协同创新。学校与南阳师范学院、广西外国语学院、中原工学院等30余所高校合作开展大学英语、公共体育课程教学改革，着力营造共建、共享、共创、共赢的数字化教育改革新模式。

第五节　大科研的布局

1998年12月11日，学校召开首次科研工作会议，规划部署科研工

作。会议形成《高校科研工作的地位、任务、内容、形式和作用》《建立科技工作体系和奖励制度》《1999 年科研工作安排意见》3 个文件。明确指出高校科研工作在促进学科建设、人才培养以及为经济建设服务方面具有重要作用，加强科研工作是学校可持续发展的重要保证。胡大白就科研管理制度建设提出了 6 点要求，同时对 1999 年度的科研工作进行了具体安排。这次科研工作会议正式拉开了学校科研工作序幕。胡大白特别指出，《高等教育法》规定具有一定科研能力是高校独立建制的必备条件，所以科研工作与教学工作同等重要，学校各部门、各单位应认真学习研究 3 个会议文件，深入贯彻落实会议精神，重视科研工作，积极推动科研工作的开展。

2014 年是建校 30 周年，学校科技创新和社会服务能力显著提升。

一是科研平台建设取得新成效。经省科技厅批准建立河南省首家管理科学院士工作站，聘请中国工程院刘人怀院士担任首席科学家。纳米功能材料研究所的超级电容器重点实验室和应用技术学院的工业过程仿真与控制技术重点实验室被批准为郑州市重点实验室。

二是科学研究项目取得重大突破。2014 年获批科学研究项目 386 项，其中国家级 3 项、省部级 52 项、地厅级 331 项。获得国家自然科学基金项目 3 项，占全国民办高校（含独立学院）立项总数（11 项）的 27%。获批教育部人文社科项目、思政教育专项等 5 项，立项总数居全国民办高校之首。

三是科学研究项目经费突破千万元。年度科研项目经费达 1030 万元（2013 年为 634 万元），增长 62%，其中纵向经费 334 万元。

四是科研成果丰硕。全年师生员工发表学术论文 1140 篇，出版著作 101 部，获各级科研成果奖 218 项，其中杨小兰教授主持完成的"混沌振动系统制备纳米粉体新技术"获河南省科技进步奖。通过省级科研成果鉴定 41 项，其中 33 项达到国内领先水平。获得国家授权专利 282 件，数量是 2013 年的 13.5 倍。

五是学术活动层次不断提高。充分利用学校优质资源，先后举办了教育、语言、艺术与跨文化交际国际会议，第四届世界私立高等教育发展国际论坛，国际新药研发论坛，黄河科技学院发展道路研讨会等，提升了学校学术影响力。承办了国家自然科学基金河南地区联络网 2014 年度管理工作会议和郑州市社会科学学术年会，丰富了学术活动，开拓了学术视野。

2019 年，学校获评"中国新建（应用型）本科高校科研综合竞争指数最高的民办本科高校"和"河南省教育厅高校实施哲学社会科学繁荣计划先进单位"。2020 年学校制定科研奖励措施推动开展科研工作。全年学校共获批科研立项 382 项，其中国家自然科学基金项目 1 项，教育部人文社科项目 2 项。出版著作 98 部，获得各类成果奖励 111 项。

创新能力不断提升，学校教师发表 2021 年 SCI 论文 20 篇，出版著作 67 部，获成果奖 141 项。完成科研项目经费配套资助 509.2 万元。获国家授权专利 151 件，其中发明专利 23 件。获批郑州市基础研究及应用基础研究专项资金 73 万元，立项 11 项。2021 年度河南省高等教育教学改革研究与实践项目，黄河科技学院获批立项 12 项，数量创历年新高。其中，"河南高校提升创新发展能力服务国家创新高地建设的研究与实践""新时代应用型高校'三三四'一体化教学质量监控体系研究与实践"等 6 项项目为省级重点研究项目。

民办教育研究也实现突破，河南民办教育研究院组织研创的《河南民办教育蓝皮书》作为全国第一部也是唯一一部连续出版的省级民办教育权威研究报告，到 2023 年已经连续出版 7 本；组织研创的《中国民办教育通史》三卷本以 145 万字的篇幅系统梳理了中国古代、近代、当代民办教育发展的脉络和历程，填补了系统研究中国民办教育发展史的空白；由胡大白领衔研创推出的六卷本 203.6 万字的《当代河南教育发展报告》丛书，全方位地展示了河南省 1949~2019 年 70 年来各级各类教育发展的实际及其在经济社会发展中的地位、作用，客观总结其中的经验、教训和成就，在此基础上对河南教育的发展进行了分析和预测。这些成果在国际国内引起了较大反响。

黄河科技学院河南中原创新发展研究院连续 7 年出版 7 本《河南双

创蓝皮书》，成功举办 8 届中原创新发展论坛，与河南省建设集团共建研究中心，2 项成果分别入选 2022 年中国智库索引（CTTI）来源智库建设最佳案例和智库研究精品成果。河南民办教育研究院多次向有关部门提交调研报告，相关建议被党委政府采纳。因连续 7 年出版《河南双创蓝皮书》和《河南民办教育蓝皮书》，河南中原创新发展研究院入选河南省新型高校品牌智库建设名单。生态文化研究中心与温县共建乡村生态文化实践基地，为推进黄河流域生态保护与乡村振兴贡献了力量。

从 1994 年开始，胡大白就多方布局，建立了涉及多个领域的研究院所。其中，涉及社会科学领域的有河南中原创新发展研究院、河南民办教育研究院、生态文化研究中心、台湾文化研究中心、翻译文化研究所、中华文化传承发展研究院、社会性别研究中心、中原音乐研究所、河南新经济研究院、郑州大都市区研究中心、文物艺术品司法鉴定研究中心、中国创新创业教育研究院、书画艺术研究院、建设性后现代与生态文化研究中心、中国书法传播研究院·杨杰书法艺术馆、黄河文化研究院；涉及自然科学领域的有信息工程研究所、医药研究所、网络与信息技术研究所、势科学与信息动力学研究中心、河南省中原学研究院、现代农业工程研究院、河南医药研究院、智能电气科研平台、机器人与自动化研究所、人工智能研究所、高分子材料工程技术研究所等。

第六节　创新创业教育

胡大白将创新创业教育放在学校教育工作的重要位置上，这源于她对创新创业教育深刻的理解。她认为，在地方应用型大学适时开展创新创业教育，不仅仅是为了解决就业问题，也不仅仅是为了解决经济问题，这项工作还涉及国家的稳定和发展，涉及国家在人才体系中建立各链条。对于学生，创新创业教育可能会构建有助于其人生发展的平台；对于学校，创新创业教育可能是培养应用型创新人才的战略措施；对于地方，创新创业教育可能产生创造的动力；对于国家，创新创业教育可能推动一代未来企业家的生成。

　　基于这个思考，胡大白推动学校将创新创业教育融入人才培养过程，实施就业、创业、升学三种方向上的分类培养。在职业定位上，强调技术应用；在培养要求上，突出能力本位；在服务面向上，强调面向工程技术、经营、管理一线。各专业结合实际，探索"双证书"培养、"订单式"培养等多种人才培养方式。

　　校企合作深化人才培养模式改革。通过建设行业学院、引企入校、校企共建、创办企业等途径，推进人才培养对接生产实践。设立华为信息与网络技术学院，与黎明工业集团合办世界工厂网班，与惠普共建创新实习基地，与中国科学院物联网研究发展中心共建人才培养基地。开设以"情景式""研讨式""案例教学"为特点的课程320门次，引入优质视频网络课程105门。创建基于数据分析的教学管理平台，实施数字化校园示范工程建设，实现无线网络全覆盖，全面推行"翻转校园"App，初步建成"教、学、管、评"一体的信息化平台。实施第三方质量评价，由注重知识评价向注重创新精神、创业意识和创新实践能力评价转变，建立了一套从学生入学到毕业的全程追踪、评价、反馈机制。例如，学校在外国语学院全面实施大学英语混合式教学改革，打破传统教学理念，重新设计课程体系，以学习效果为导向进行教学设计，充分利用现代教育技术服务于教学，构建线上、线下，课内、课外，教学和辅导相结合的混合式教学模式，提高大学英语教学效果，培养学生的英语综合应用能力。该模式以学习心理学理论为基础，首先指导学生进行词汇和语法知识的系统学习，其次培养学生听、读、写、译等能力。改革以大学英语课程教学为切入点，改变传统的教育理念，树立以学生为中心的思想，围绕学生的学习效果设计教学、开展教学。通过大学英语教学激发学生兴趣，彻底改变高等教育大众化背景下学生的学习方式，将"四个回归"落实到课程教学改革的具体实践中。打造全链条的创新创业生态体系。按照"理论加实践，四年不断性"的理念，建立"一体两翼四平台"的创新创业教育体系，将创新创业教育融入教育教学全过程。学校充分利用科技集团优势，建立"国家—省市—校内"三级实验实训体系，打造"创客工厂—众创空间—孵化器—加速器—

产业园"全链条创新创业生态体系。学生获得省级以上奖励 5543 项，其中国家级奖励 729 项，科技创新创业竞赛获奖数量在河南省高校中位居前列。学校荣登"2012~2016 年全国普通高校竞赛评估结果（本科）TOP 300"。在全国"互联网+"大学生创新创业大赛中获 2 银 5 铜好成绩。毕业生李威被评为"河南省首届大学生创新创业标兵"，他创办的公司入驻孵化器，产品获国际和国内专利 40 项，出口 60 多个国家和地区，他入选 2018 年"福布斯中国 30 位 30 岁以下精英榜"和"2018 胡润 U30 创业领袖榜"，是河南地区唯一入选者。毕业生赵杰创办公司获真格基金 1300 万元和阿里创投 1 亿元的投资，入选"河南省第二届十大大学生创新创业标兵"。入选了"河南省首届最美大学生"、"2017 年全国大学生创业英雄百强"的 2018 届毕业生马维祥创立公司销售家乡黑枸杞，月销售额突破百万元。

2014 年，黄河科技学院教改成果"民办高校应用型人才培养模式创新与实践"获得国家级教学成果二等奖；学校被教育部评为"全国毕业生就业典型经验高校"。2016 年，学校大学科技园和黄河众创空间被科技部认定为国家级科技企业孵化器，黄河众创空间被科技部认定为全国首批众创空间，学校获批"河南省大学生创业示范基地"，学校大学生创业孵化园获批"全国创业孵化园示范基地"，成为中国大学科技园联盟单位，学校获批"首批全国深化创新创业教育改革示范高校"。2017 年，学校大学生创业孵化园入选团中央全国首批大学生创业示范园，大学科技园入选"2018 中国 100 家特色空间"，学校作为河南省唯一受邀者出席全国"双创周"展示活动。2017 年以来，国务院"双创"专题督查调研组、国家创新创业专题调研组和国务院大督查创新驱动组先后到学校调研，均给予学校高度评价。新华社以《"四链"融合 全程"孵化"——这所民办高校建成"双创"高地》为题进行了报道。学校被评为 2018 年河南省示范性应用技术类型本科院校年度考核一类学校、教育部"互联网+中国制造 2025"产教融合促进计划建设院校等。

第四章　时代背景与个人特质

第一节　民办教育的大门开启

一　促进人才培养的国家举措

（一）开办广播电视大学

1978 年 11 月 26 日至 12 月 3 日，教育部、中央广播事业局共同召开了全国广播电视大学工作会议。会议认为，必须采取多种形式、多种途径发展高等教育事业，以适应社会主义现代化建设的需要。而举办广播电视大学，是"多快好省"地培养人才，加速提高广大群众科学文化水平的重要途径。广播电视大学是我国高等教育事业发展中的新事物，具有很强大的生命力。

1979 年 11 月 29 日，国务院批转教育部、中央广播事业局《关于第二次全国广播电视大学工作会议的报告》指出，广播电视大学开办半年多来的事实证明，它是"多快好省"地培养人才的一种办学形式。各省、自治区、直辖市应加强对广播电视大学的领导，帮助解决工作中的实际问题。中央各有关部门应积极予以支持，抓紧落实应由本部门解决的问题，扶植广播电视大学茁壮成长。

（二）建立高等教育自学考试制度

1981 年 1 月 13 日，国务院批转教育部《关于高等教育自学考试试行办法》的报告指出，建立高等教育自学考试制度，将为造就和选拔建设"四个现代化"的专门人才开辟广阔的道路，是鼓励广大群众特别是青年为实现社会主义现代化奋发自学的重要措施。

无论是经过业余自学的在职人员，还是通过自学获得毕业证书的待业人员，国家都承认其学历。在职人员由所在工作单位或其上级主管部门本着用其所学、发挥其所长的原则，根据工作需要调整工作；待业人员由省（区、市）的计划、人事、劳动部门根据需要择优录用，按其所学专业安排适当工作。待业人员的工资待遇与普通高等学校毕业生相同；在职人员的工资低于普通高等学校毕业生工资标准的，按普通高等学校毕业生工资标准执行。

（三）加强业余教育，逐步建立业余教育体系，解决同等学历同等适用同等待遇问题

1980年9月5日，国务院批转《教育部关于大力发展高等学校函授教育和夜大学的意见》的通知指出，为适应我国国民经济发展的需要，教育事业在20世纪80年代应该有一个大的发展。发展高等教育应贯彻"两条腿走路"的方针，采取多种形式办学。高等学校除办好全日制大学外，还应根据自己学校情况积极举办函授教育和夜大学。这对于扩大高等教育事业的规模、改变我国教育发展与经济发展不相适应的情况、加速培养各种专门人才、促进干部队伍的结构改革、提高全民族的科学文化水平，都有重要意义。各地区、各部门应当把这方面的工作当作一项重要的事业，切实加强领导，充分发挥函授教育和夜大学在我国教育事业中的作用。

无论是开办广播电视大学、建立自学考试制度，还是各地尝试的学历考试制度以及函授教育、夜大学等，都是为了抓紧解决人才短缺的问题。当这些教育形式都竭尽全力的时候，当完全依靠公办学校已经远远无法满足需要的时候，打开民办教育发展的大门只是一个时间问题。

二　当代民办教育的兴起

从新中国成立到1982年，教育经历了辗转曲折的发展历程。高等教育在校生由1949年的11.70万人发展到1982年的115.40万人，增加

了 8.86 倍。

1949 年全国只有 205 所高校，1950 年减少到 193 所，之后几年间发展缓慢，1953 年甚至回落到 181 所。高校数量的爆发式增长出现在 1960 年，全国高校数量由上年的 841 所骤然增加到 1289 所，1961 年即骤降至 845 所。以后数量年年减少，到 1971 年触底，只剩 328 所。1972 年以后缓慢增加，1982 年达到 715 所。

高校教师队伍中专任教师在全部教职工中的占比，1953 年达到 76.19%，这个时候一线教师比重大，干活的人多；1982 年专任教师仅占教职工总数的 39.32%，几乎 60% 的人是管理人员，专任教师的比重减少了接近 1 倍。

1949~1982 年，全国普通高校毕业生数呈不规则变化。1949 年新中国成立时，全国普通高校毕业生为 2.1 万人，相对于 54167 万人的人口基数，大学生真如凤毛麟角。1950 年，高校毕业生人数降到 1.8 万人，1953 年增长到 4.8 万人，1959 年达到 7.0 万人，1960 年突破两位数，达到 13.6 万人，比上年增加了将近一倍，直到 1964 年突破 20 万人，达到 20.4 万人。到 1971 年下降到 0.6 万人，低于新中国成立之初的规模，比 1949 年还少 1.5 万人。之后缓慢恢复，到 1975 年重回两位数，达到 11.9 万人，1977 年增长到 19.4 万人，1978 年有所下降，1979 年降到低点，只有 8.5 万人，相当于 1953 年的水平，之后缓慢增长，到 1981 年达到 14.0 万人。1982 年出现大幅度增长，达到历史性的 45.7 万人，是一年前的 3.26 倍。如果按大学四年学制推算，1982 年的毕业生，应该是 1978 年招的新生。这一年在中国当代高考历史上是特殊的，这一年的高校毕业生是由 1977 年恢复高考后的第一届新生和第二届新生共同组成的。

普通高等教育招生数随着经济社会的发展呈不规则变化。1949 年全国高校招生 3.1 万人，比同年毕业生多了 1 万人。之后一直增长，到 1956 年突破两位数，达到 18.5 万人，1958 年强势增长到 26.5 万人。1960 年，高校招生数达到历史性的 32.3 万人。之后迅速减少，1961 年出现断崖式下跌，只招了 16.9 万人，比上年减少了将近一半。1962 年以后小有起伏，总体呈现减少的趋势。到 1970 年，只招了 4.2 万人。1972 年恢复到两位数，为 13.4 万人，1977 年达到 27.3 万人。从 1967 年到 1977 年 10 年间，高校招生基本采取"推荐上大学"的方法。1977 年冬恢复高校招生考试制度，当年的新生于 1978 年入校，加上 1978 年的招生数，1978 年高校进校新生达到 40.2 万人，是 1970 年的近 10 倍。1979 年恢复正常，招生 27.5 万人，之后逐年增长，平稳发展，到 1982 年达到 31.5 万人。

在校生数随着招生数和毕业生数的增减而变化。1949 年，全国高校在校生数为 11.7 万人，1982 年是 115.4 万人，增加了 103.7 万人，在总人口中的占比也由 0.02% 提高到了 0.11%。[1]

从规模看，全国各级各类教育到 1982 年都实现了跨越式发展（1958 年的幼儿教育是特例），但是从发展角度分析，这样的规模（还有无法量化的质量）都已经远远滞后于发展需求。仅就高中阶段毕业生和高校录取新生情况看，高等教育的承载量与国家需求和人民群众的愿望还有较大差距。随着九年义务教育的落地，普通高中、普通中专和其他中等教育规模扩大，高等教育的压力越来越大。当然，普通教育的中小学和幼儿园，职业教育的中等、高等层次也都会面临相当大的承载压力。单单依靠国家经费办学，已经远远满足不了经济社会发展的需求，满足不了人民群众接受更高层次教育的需求。

1982 年 12 月 10 日，第五届全国人大第五次会议批准的《中华人民共和国国民经济和社会发展第六个五年计划》提出："普通高等学校的招生数由 1980 年的 28 万人增加到 1985 年的 40 万人；在校学生数由 1980 年的 114.4 万人增加到 130 万人。五年内大学毕业生共 150 万人。参加电视大学、函授大学、夜大学等学习的学员，1985 年达到 150 万人。1985 年计划招收研究生 20000 人，比 1980 年增长 4.5 倍，五年内毕业研究生 45000 人。"

查看 1982 年各级各类学校招生和在校生的数据，除了普通高中和

---

[1] 资料来源：根据历年《中华人民共和国统计年鉴》整理所得。

小学外，其他各级各类学校与目标要求相比都还有一定的差距，特别是高等教育和职业教育。

从高等教育情况看，需求远远大于供给。1977年，全国共有高校404所，招生27.30万人，录取率不到5.00%；1978年，学校数和招生数大幅度增加，学校达到598所，招生增加到40.20万人，但相比610万人的报名人数，录取率依然仅有6.59%；1979年，学校数增加到633所，报考468万人，录取28万人，录取率5.98%；1980年，学校数增加到675所，报考333万人，录取28万人，录取率升至8.41%；1981年，学校数增加到705所，报考259万人，录取28万人，录取率继续上升至10.81%。[①] 尽管学校数年年增加，但公办高等教育资源仍不能满足需求，每年都有多达上百万的考生落榜。

党和国家极为重视这种状况，从中央到地方，教育都被提到了重要的战略地位。

1978年3月，邓小平同志在全国科学大会开幕式上表示："我愿意当大家的后勤部长，愿意同各级党委的领导同志一起，做好这方面的工作。"在1985年全国教育工作会议上，邓小平同志又一次表示："什么叫领导？领导就是服务。几年前，我曾说过，愿意给教育、科技部门的同志当后勤部长。今天，我还是这个态度。"

当时，中共中央、国务院多次颁布或批转文件推动教育改革；国家尝试了全日制教育以外的广播电视教育、高等教育自学考试制度和函授、刊授、夜大学、走读大学等形式；积极鼓励厂矿企业办学、社队集体办学，甚至已经批准了实际意义上的民办学前教育。但是这些仍然远远满足不了经济社会发展对教育的要求，满足不了人民群众快速增长的教育需求。社会需求、中央重视、国家推动、人民渴盼，这些都是民办教育"出生"的条件。

1982年12月4日，第五届全国人大第五次会议通过修改的《宪法》（1982年版）打破了沉寂。《宪法》（1982年版）在总纲部分明确

---

① 王诺斯：《营利性与非营利性民办高校分类管理研究》，博士学位论文，大连理工大学，2017，第35页。

规定:"国家鼓励集体经济组织、国家企业事业组织和其他社会力量依照法律规定举办各种教育事业。"这就是说,除国家举办的以外,其他所有社会力量,当然包括社会团体和公民个人,都可以在法律规定的范围内,举办教育事业,而且是"各种"教育事业,不是某种或一种教育事业。

以《宪法》的形式明确民办教育的合法地位,使得中国的教育事业出现了繁荣发展的局面,也推动了当代民办教育以全新的形态出现,从无到有,快速发展,形成了百舸争流、千帆竞发、万马奔腾的局面。

第二节　自学考试辅导班的创办

1984年,国家改革开放的步子进一步加大,各项经济指标都刷新了历史,教育改革虽有行动,但是步子不大,远远无法适应经济快速发展的节奏。《宪法》(1982年版)已经打开了民办教育发展的大门,但是公办学校以外的教育还在谨慎地试探。

一　经济社会发展指标

(一)人口基数巨大

1984年,全国人口总数达到104357万人,比1981年增加了4285万人;1984年的全国人口出生率出现了自1980年以来的首次下降,由上年的20.19%下降到19.90%。1984年以后的6年间,全国人口出生率都保持在20%以上。

(二)就业情况

1984年,全国就业人员48197万人,比1981年的43725万人增加了4472万人。其中第一产业就业人员30868万人,比1981年的29777万人增加了1091万人;第二产业就业人员9590万人,比1981年的8003万人增加了1587万人;第三产业就业人员7739万人,比1981年的5945万人增加1794万人。总体来看,第三产业的就业人员增长幅度明显大于第一、第二产业,从就业数字看,三次产业的结构正在发生变化。1984 年，全国城镇登记失业人员 235.70 万人，比 1981 年的 439.50 万人减少了 203.80 万人，城镇失业人员登记失业率也比 1981 年的 3.80%下降了 1.9 个百分点。

（三）职工人数与平均工资

1984 年，全国职工人数 11890 万人，比 1981 年增加 950 万人；职工人均货币工资 974 元，比 1981 年增加 202 元。和 1983 年相比，城镇集体职工的实际工资指数为 113.10%，国有单位职工为 116.40%，城镇集体职工和国有单位职工的实际工资增幅都在 10%以上。

（四）国内生产总值

1984 年，国内生产总值 7208.10 亿元，比 1981 年的 4891.30 亿元增加了 2316.80 亿元。其中第一产业 2316.10 亿元，比 1981 年增加 756.60 亿元；第二产业 3105.70 亿元，比 1981 年增加 850.20 亿元；第三产业 1786.30 亿元，比 1981 年增加 710 亿元。三次产业结构为 32.13：43.09：24.78，与 1981 年的 31.88：46.11：22.00 相比，第二产业占比上升，第一产业、第三产业占比都有下降，但幅度不大。

（五）城乡居民人均收入

1984 年，全国城镇居民平均每人可支配收入为 652.10 元，比 1981 年的 500.40 增加了 151.70 元；农村居民家庭平均每人纯收入 355.30 元，比 1981 年的 223.40 元增加了 131.90 元。城乡居民人均储蓄余额 117.00 元，比 1981 年的 52.30 元增加了 64.70 元，三年来增加了一倍多。

就业情况的好转、三次产业结构的调整、人均收入和人均储蓄余额的增加，说明发展当代民办教育已经具备社会和经济条件。

二　胡大白顺势而为

20 世纪 80 年代随着改革开放的进行，人们的观念发生了很大变化。胡大白在病床上没有脱离社会，她在国家发展的大势中思考，有希望，有担忧。

（一）"振兴中华"的口号喊出了中国人昂扬向上的心声

"振兴中华"也是胡大白的心声。她为这样的民族精神感动并为之振奋。学校创办当年中国女排的拼搏精神无疑给胡大白加固了精神基础，丰富了她"敢为天下先"的个性品质。

> 胡大白说：办学之初，我便思考这个学校应该具有怎样的精神品格。我们学校是在改革开放大潮中诞生的新生事物，需要"开拓"精神。而开拓不光要胆大，还要讲科学，要从实际出发，学校创办当年正值中国女排在洛杉矶奥运会上夺冠，我就鼓励全校师生发扬女排的"拼搏"精神。而做成事业，还必须有坚韧不拔的"实干"精神。建校时，我们只有几十元钱，租的房子又脏又乱又破，我们便自己打扫；印试卷都是老师自己刻钢板，再用自行车把试卷载到学校的，条件艰苦。但干成事又是为了什么呢？是为了奉献国家，回报社会，于是提出了"奉献"精神。27 年来，"开拓、拼搏、实干、奉献"成为黄科院人一直以来的精神追求，而"奉献"更是四大精神的核心。我希望这种精神能够使黄科院砥砺前行，走向未来，也希望不论黄科院走多远，这种精神始终不变。①

（二）对青年人的关注

青年代表着发展。胡大白是大学教师，关注青年人是本能。她更多地关注青年人的思想和行为。早在 20 世纪 80 年代初，胡大白就感知到了改革开放后西方文化对中国青年的冲击。1980 年 5 月，胡大白看到《中国青年》杂志刊登的署名为潘晓的长信，信中感叹"人生的路呵，怎么越走越窄"，这使她受到很大震动。青年人的困惑、迷茫使这个大学女教师充满了担忧。因公致残后，她有更多的时间来思考，不断深入的思考使她越发感到教育的重要。

---

① 贺春兰：《接班人选择的背后思考——对话黄河科技学院创始人胡大白》，《人民政协报》2013 年 9 月 18 日。

三　开启办学之路

1984 年 3 月 10 日，北京市成人教育局、教育局、高教局联合发布了《关于鼓励社会力量办学的意见》，肯定了社会力量办学取得的成绩，分析了社会力量办学存在的主要问题，提出了发展意见。推动民办教育发展进入实质性阶段。

病床上的胡大白接收到了这个强烈的信号。位卑未敢忘忧国，胡大白从病床上起来，坐上了爱人杨钟瑶自行车的后座，开始其创办自学考试辅导班的艰难岁月，走上了办学的征程。一个人的能力是有限的，当一个人有限的能力和国家、民族的命运联系到一起的时候，蓄积的能量便可以创造奇迹。

第三节　人生和事业发展的"基因"

1989 年学校五周年校庆，胡大白总结办学经验，归纳出了"开拓、拼搏、实干、奉献"的黄科院精神，即"清醒敏锐的开拓精神、勇往直前的拼搏精神、坚韧不拔的实干精神、大公无私的奉献精神"。这样的精神，就是胡大白创办社会主义民办大学的动力，是她奉献精神的写照。

一　个性基础

1984 年的一个春日，胡大白坐在病床上看一部名为《新闻启示录》的电视剧。电视剧从某报社三位不同经历、不同思想、不同性格的新闻记者的视角，透视发生在南亚大学记者招待会上的"挖泥船技术谈判"等几个事件，展示中国教育由传统的教育模式向适应新技术革命的教育模式转变的艰难过程。

看到剧中人物命运的起伏，胡大白感触很深。特别是剧中大学领导说的那句"一个人应该在他最能发挥聪明才智的岗位上工作，人尽其才"，使胡大白深受启发。

夜深人静睡不着时，胡大白就琢磨：我的长项在哪儿？我虽然学中文、教中文，但谈不上喜欢中文，也搞不了创作，说到底就不是具有形象思维的人。我从小就擅长利用逻辑思维，自己能解决自己的问题，没有要去跟别人探讨的。我8岁就敢在人民广场讲话，学校难办的事都让我去办。这样想来，我应该算是组织能力强、凝聚力强、社会活动能力强的人，算是会出点子、善于表达的人，属于"振臂一呼，应者云集"的人。我现在虽然躺在床上，自己不能站、不能坐，但我可以出点子。另外，我的脸没烫伤，有一定的人脉，口才又好，做一名组织者、策划者应该没问题。

"因公致残，我还能干什么？"胡大白在病床上，想的是自己能以残疾之身为社会做些什么，这样思考的前提是"为社会服务"是一个人应该履行的社会责任。

（一）思想基础

一个人的事业要想成功，人生要想有建树，就必须有正确的思想基础。胡大白的思想基础，源于她对党的事业的坚定信仰，源于她对事物发展规律的正确认识，源于她的人生观、价值观和献身于天下的世界观。

胡大白对自己所从事的事业有着清晰的方向感和使命感，这种使命感是她引领学校从艰难走向优秀、从优秀走向卓越的不竭的动力源泉。

（二）意志基础

胡大白具有坚韧不拔的毅力和异于常人的意志。这种品质在她遭受常人难以忍受的身体创伤和生活打击时才爆发出来，成为她支撑生命和创造辉煌的意志品质。

胡大白遭遇了常人难以承受的打击和磨难，但是没有被打倒。全身的重度烫伤，被固定在病床上忍受伤痛，换药揭纱布如同撕裂皮肉，这些痛苦她都挺了过来。在病床上的三年，她没有怨天尤人心灰意冷，而是坚定了重振人生、报效国家的决心。

在学校发展有了成果、蓝图正在展开的时候，2004年10月，相濡以沫的丈夫和发展事业的战友杨钟瑶被查出身患绝症，夫妇俩坚定面对凶险的疾病，商定不告诉其他人。2005年9月1日，杨钟瑶因长期超负荷工作，劳累过度，病逝于郑州。胡大白遵守和丈夫生前的约定，简办丧事后，独立挑起了家庭和事业发展的重担。

在建校40周年前夕，担任黄河科技学院校长的杨雪梅突然去世，年仅53岁。胡大白悲痛，但她没有倒下。女儿杨雪梅是2023年12月13日晚上8点去世的，14日一早胡大白又到学校亲自主持了校领导班子会议，她诚恳要求大家顾全大局，提议丧事从简。她说，天寒地冻，尽量不要惊动师生。她以常人难以想象的毅力强压悲痛，没有当众掉一滴眼泪。但作为母亲，胡大白是悲痛的。杨雪梅是在学校最需要的时候牺牲了自己喜爱的事业来帮父母挑起这个担子的，2001年杨雪梅辞去在郑州晚报社的工作来学校随父母创业，由学校新闻办公室主任到校长助理、副校长、执行校长，直到2012年12月任校长，20多年来杨雪梅已经成长为合格的大学校长，为学校的发展呕心沥血，付出了辛勤劳动，展示了出色的领导艺术，学校获得了很好的发展，在全国民办教育界有了广泛的影响。白发人送黑发人，胡大白该是多么痛苦。在校领导班子紧急会议上，她没有流泪；在各级领导、学校师生代表和社会各界人士自发前往吊唁杨雪梅时，她没有流泪。她并不是铁石心肠，只是以意志和毅力在强撑着自己。2023年12月17日上午，在和杨雪梅遗体告别后，她再也控制不住，失声痛哭。

（三）知识基础

思想基础决定方向。意志基础决定成败。知识基础决定高度。

胡大白良好的教育基础、不断学习的良好习惯、从善如流的虚心态度，使她能够一直走在发展的前列。

从小学、中学到大学，书本知识的积累使她能够胜任中学和大学的教学工作。工作中的不断提高，使她对世界高等教育有了一定的了解。理论的学习使她能够不断提升自己的认识高度。教学实践丰富了她的教育思想，办学实践拓展了她的教育视野。在认识指导下的实践创新，使她的大学办出了鲜明的特色。

（四）性格基础

胡大白看上去平和文静，走路轻轻，说话缓缓，但是骨子里却刚毅果断、坚韧不拔，这是她面对人生重大挫折而奋起拼搏，面对艰难成就大业的性格支撑。

胡大白心怀天下，与人为善。她办教育，是为了党和国家的事业，是为了千百万人的学习进步。只有保持无我的个性，才会有包容天下的胸怀，才能一步一个脚印实现自己的抱负。

二　勇于担当，能力出众

能力是实现责任担当的基本保证。创办学校的成功和发展学校的匠心，都是胡大白能力的展示。

（一）定力、决断力和处置力

这样的能力表现为面对重大决策时的决断能力。

刚刚从病床上下地，胡大白就敏锐地看到了国家教育事业发展的痛点，毅然决定举办培训班；当改革开放后民办教育发展到一定程度时，她感知到普通高等教育的呼唤，不顾领导班子多数成员的反对，毅然决定举办学历教育；当专科层次的教育刚刚有了基础，她便感知到国家对更高层次人才的渴求，毅然决定攻坚克难，举办本科层次的教育。

这样的决策使她的人生充满了挑战，给了她艰苦的磨难，成就了她报国为民的初衷。

这样的能力表现为面对突发事件时的处置能力。

自学考试辅导班开学第一天就出现了突发事件，进不了教室的学生的质疑和要求退费的呼喊，使得局面出现混乱。胡大白赶来后真诚道歉，说明情况，取得谅解。在学校升格扩大规模时，面对征地等复杂情况，她在乱麻般的事务中理出头绪，依靠政府和群众逐一解决问题。面对办学过程中的审批、招生、管理和教学等方面的外部工作和内部运行问题，她都能冷静智慧地处置，保证了学校的健康发展。

此外，胡大白还有坚守方向的定力、推进目标实现的毅力、敏锐的判断力和看待人生的平常心。

这样的能力，成就了她心爱的事业。

（二）汇聚力量

自学考试辅导班的成功举办，源于她汇聚的三股力量。

求学、求知、求文凭的学子，构成她举办辅导班所依赖的第一股力量，也是决定性的力量。

当时大学里的教育资源恰好存在着严重的比例失调，一方面教室空间有限，另一方面教师的潜力没有被开发出来。胡大白所在的郑州大学中文系现代文学教研室共有 11 名教师，每年承担的教课任务只有 176 个学时，平均每人 16 个学时。为了评职称，许多教师会多上些课，以达到职称评定对工作量的要求。许多青年教师更是因为没有机会上课，缺乏锻炼机会，而难以提高业务水平。胡大白把这些教师请了出来，在不影响其本职工作的前提下，让他们尽情释放自己的能量。他们构成第二股力量，从业务上给了胡大白办班的底气。

1982 年，国家干部开始实行离退休制度。受北京许多老干部离退休后办教育的启发，胡大白也把河南省的一批离退休干部请到辅导班，请他们当顾问或管理干部，直接参与办学。这些老同志成为支撑胡大白办学的第三股力量。他们有的曾在党政军机关担任要职，有着丰厚的政治资源，有的是教育战线的老前辈，具有丰富的办学经验。来学校后，他们帮助胡大白担当起教学组织、教师选聘、校舍租赁等许多重要工作，尤其在学员思想政治工作上发挥优势，鼓励学员奋发向上，发现并及时解决学员思想问题，保证了学校的正常秩序。后来，当胡大白陷入新旧思维冲突、体制内外较劲所带来的矛盾旋涡时，正是这批老同志的有力支持，让她顶住了压力，渡过了难关。

能把这三股力量整合在一起，使其在学校这个创业平台上共同发挥作用，是胡大白早期办学成功的关键。

在办学和管理学校的过程中，从培训班到本科高校的跨越，从借鉴前人的办学经验到教育实践的各项创新，无不体现着胡大白的智慧和过人的能力。

（三）心怀天下，推动民办教育事业科学发展

胡大白在推进黄河科技学院发展的同时，也时刻关注着当代中国民办教育的发展。胡大白所探索的民办高校科学发展的经验，包括思政工作模式、人才培养模式、办学理念和治理体制创新，不仅适用于黄河科技学院，也成为其他民办高校参考借鉴的样本，几乎国内所有的民办高校都多次到黄河科技学院学习取经，胡大白也都是毫无保留地把经验传授给大家。不少公办高校，包括许多"双一流"高校也前来学习。

不依赖国家财政支持，依靠自我积累、滚动发展，培养出超过 20 万名社会需要的人才，黄河科技学院的这种实践与理论创新，对于当代中国高等教育具有重要的参考价值。从千校一面转换到特色发展，从学院制教学转换到根据社会需要来组织教学，从注重知识传授转换到注重创新能力的培养，黄河科技学院的实践与理论创新都走在了前面。

1989 年以来，胡大白先后担任中国成人教育协会民办教育专业委员会副主任、中国民办教育工作者联谊会副主席、中国民办教育协会监事会主席、河南省民办教育协会会长等职务，为中国民办教育事业的发展发挥了积极作用。

胡大白痛惜地看到，与黄河科技学院同时起步的许多民办高校，有不少没能坚持下来，给社会造成了不良影响。为防止这种情况继续出现，她利用一切机会，把自己的创业经验毫无保留地拿出来与其他民办高校分享；其他民办高校遇到困难时，首先想到的是向她请教、求援，她也总是毫不犹豫地伸出援手，为他们排忧解难。作为河南省民办教育协会的会长，她经常组织省内民办学校学习国家的法律法规，研讨发展形势，研讨应对办法。她不仅是教育家，也是社会活动家，她利用一切可能的机会为民办教育事业的发展发声、为困难群体的受教育权利发声。在担任第十届全国人大代表期间，她提出了制定《民办教育促进法》实施条例、加大《民办教育促进法》执法检查力度、落实民办学校教师待遇的议案、建议；还提出了重视高校毕业生安置工作、加大对县乡两级义务教育经费投入、缩小城乡差距的议案。2010 年 2 月 5 日，

时任国务院总理温家宝在中南海召开制定并实施《国家中长期教育改革和发展规划纲要（2010—2020年）》的座谈会，胡大白作为全国民办教育界的代表参加了会议，提出了重点支持高水平民办大学、设立专门机构负责民办教育的统筹规划等建议，这些建议都受到国务院的重视并在《国家中长期教育改革和发展规划纲要（2010—2020年）》中得到了体现。

为展示中国民办教育发展的历史轨迹与辉煌成就，2012年，胡大白提出与中国民办教育协会合作共建中国民办教育博物馆的构想，并由黄河科技学院承担建馆任务。2014年5月26日，设计简洁大方、端庄典雅的中国民办教育博物馆在黄河科技学院校园内建成并开馆，这是我国目前唯一一座系统展示中国民办教育发展历史的公益性民办博物馆。博物馆建筑面积为3332平方米，由"中国民办教育通史馆"和"民办教育典型学校馆"组成。"中国民办教育通史馆"以史为脉络，展现了我国民办教育2000多年的发展历史；"民办教育典型学校馆"展示了改革开放以来，在中国民办教育界有影响的各级各类民办学校的办学成就。

中国民办教育博物馆于2014年5月26日——黄河科技学院校庆日当天正式揭幕并对全社会开放。同日，由当时的香港孔教学院院长、世界儒商联合会会长、国际儒学联合会副理事长汤恩佳捐赠的孔子铜像也在博物馆前揭幕。博物馆投入资金3000万元，各类展品达2800多件，是一座以展示中国民办教育成就为主的公益性民办博物馆。博物馆收藏了中国各个时期、各个阶段民办学校的藏品，全方位、全过程地展示了中国民办教育发展的历史轨迹与辉煌成就。为国内外专家学者研究我国的民办教育提供了一个翔实的资料库，也为社会人士详细了解我国的民办教育提供了一个不可多得的平台。

博物馆的建成得到了中国民办教育协会和各地民办教育协会及民办教育机构、兄弟院校的大力支持，在中国民办教育协会的领导下，在各地民办教育协会和各级各类民办学校及培训机构的大力支持下，博物馆内涵建设水平得到了较大提升，馆藏展品由开馆时的2800多件增加到

4736 件，累计接待各类观众 190074 人次，日均来访量近百人。

10 年来，博物馆致力于讲好中国民办教育故事，除固定展外，举办各类专题临展近 50 个，创建省级科普教育基地多个，持续传播中华优秀传统文化，加强中国特色社会主义核心价值观教育，成效显著。先后接待国家领导人、中央、地方、行业等各级各类有关领导、专家学者近百人；先后接待各地青少年学生 10 多万人次到馆学习。博物馆较好地发挥了向社会展示宣传中国民办教育的平台作用，多次受到中华网、人民网、凤凰新闻网、网易新闻网、搜狐新闻网、大象网等多家媒体的关注和报道。

三　师爱和母爱

胡大白生于苦难，颠簸艰辛的童年使她感受到新中国带给她的平安的生活多么珍贵。为了这份平安和珍贵，为了国家更加富强，为了更多的人获得幸福，胡大白付出了超越常人的努力，来回报社会。

2023 年 5 月 19 日，在《黄河之水》新书发布会上，胡大白说："是新中国给了我安定幸福的生活，是党和国家给了我受教育的机会，是改革开放给我提供了办大学的环境，使我的人生得到升华。我对党、对新中国的感情就是这样从朴素的初级感觉中逐步培养起来的。"

胡大白感情基础的核心是爱。爱党的事业，信仰意志坚定。

首先，胡大白对事业的爱，体现在创办学校和发展学校的历程中。

其次，胡大白不仅是个出色的教育家，也是个贤惠的妻子、伟大的母亲、真诚的朋友。她对子女的爱，体现在信任和严格要求上。而她给予子女的，是榜样的力量。

杨雪梅是胡大白的女儿，她从小就知道分担父母的担子。在郑州大学读书时，父母正在创业的关坎上，杨雪梅利用课余时间几乎承担了所有的家务，给父母减轻负担。1992 年，杨雪梅从郑州大学中文系毕业后应聘到郑州晚报社做记者，很快就成为部门骨干。

随着黄河科技学院的发展，学校的工作越来越繁重。母亲胡大白天天早出晚归，父亲杨钟瑶更是不顾身体羸弱，每天到学校的施工现场紧盯进度和工程质量。杨雪梅看在眼里，急在心里。她心疼为了事业拼命的父母，想劝他们好好休息，但她也了解父母的性格，深知学校的发展是他们最大的牵挂。反复考虑后，2000 年，杨雪梅毅然辞去了自己喜爱的记者工作，成为黄河科技学院的一员，为父母分担重任。

一开始，胡大白没有准备让自己的女儿当校长。她不想把黄河科技学院办成家族式学校。但在黄河科技学院，杨雪梅从基层做起，从点滴做起，一步一个脚印成长起来，既让父母满意，又赢得了全院教职工的认可。

胡大白指出，虽然 2000 年我们成为全国第一所民办本科院校，但因为学校没有外界大量的资金投入，整个运转还是比较困难的。

我们学校白手起家，好多人怎么也算不出这个账，经常有人问我："没有政府支持，没有企业投入，你怎么能挤出这么多钱来建学校？"要发展学校，现阶段必须得这样啊。

这也是我们今天选择接班人的大背景，也就是说，我们选择校长的首要条件是可以无私奉献，年薪上百万元或者几十万元的人我们请不起。

作为中国第一所民办本科大学的创始人，我感到责任很大。如果将来学校垮了，并不是简单的一所学校垮了，可能会让人觉得是中国民办教育不行。所以，我要选择一个能够很好地传承学校宗旨和精神的接班人，办一所对学生最负责任的大学，这是问题的根本。应该说，选择雪梅并不是因为她是我的女儿，我也不愿办家族式学校。如果社会上有比她更适合的人选，我会选择的，但目前很难找到这样的人。让雪梅担任校长，最主要是因为她具有为学校事业牺牲一切的精神，能够传承学校的精神、宗旨，同时具备相应能力。

前面讲过了，如果从外面聘一个人，需要给他很好的待遇，而学校今天的发展还不能够支撑一个完全和市场对接的薪资体系；而我们所期许的具有为黄科院的孩子们、为教育全情投入的献身精神的人也很难找到。今天，我们学校领导的工资也就几千元钱，雪梅没有拿更多的钱，也没什么特殊待遇。

其实，我原来并不看好雪梅，一开始雪梅自己也不愿意到学校来，有时甚至有点反感，因为学校的事让家里一刻也不得安静。她大学毕业后在郑州晚报社工作，福利待遇很好，又是骨干。后来，她看到我们累得筋疲力尽，心疼我们，便利用空闲时间帮学校做些事情。

2000年，雪梅父亲心脏病突发，我们出国休养，把学校、家里的事情托付给雪梅、学校其他领导和三个好朋友。我们离开的那段时间正是民办院校招生旺季，事情很多。回来后三个朋友从不同的角度说"雪梅行"。一个朋友说雪梅把家打理得很好，那时家里住着我90多岁的父母，还有她两岁的儿子，雪梅把大事小事处理得井井有条。一个朋友说她工作有魄力，当时赶上招生，需要迅速发出几万封信，时间紧、任务急，没人愿意出头，雪梅下令"当晚必须做完"，她亲自坐镇，组织大家分工协作，把信全部装好寄出。雪梅的领导力、组织力让那位朋友很惊讶。还有一个朋友说雪梅很会化解矛盾纠纷，那时学校面临很多困难，外面征地的农民经常过来闹事，遇到这种棘手情况，雪梅主动站出来，并且应对得很好。

我没想到，我们一出去，她变成熟了。通过这些事情，我觉得她敢于负责，有能力、有魄力，最重要的是不讲私利，甘于奉献。

可能有人做过大学校长，职称、学历比她高，但那不是决定性因素。从2000年到现在，她一直没有偏离学校的宗旨和方向，能力在提高，经验在积累，运作水平也在提升，我对她有信心。

当然，雪梅面临的压力和挑战还很多，我不可能代替她，她主持工作以后，我绝不干涉，让她自己锤炼。[1]

---

[1]　贺春兰：《接班人选择的背后思考——对话黄河科技学院创始人胡大白》，《人民政协报》2013年9月18日。

　　杨雪梅到黄河科技学院后先后担任新闻办公室主任、校长助理、副校长、执行校长，2012年12月开始任校长，全面主持学校工作。殚精竭虑，夙夜在公，迎难而上，开拓创新，在多个工作岗位上丰富了阅历，积累了宝贵经验，为学校的发展做出了突出贡献。作为两届全国人大代表，杨雪梅积极参政议政，围绕教育、科技、妇女儿童发展等问题深入基层调研，积极发声，反映社情民意，提交议案建议60余项，多项被中共中央办公厅、统战部和省市有关部门采纳和重点督办。在改革攻坚的急难险重面前，她以身作则，冲在一线，以校为家，夙兴夜寐，团结全校师生员工勠力同心，使创新创业工作走在了全国高校的前列。她积极承担社会责任，积极组织开展助贫助残助学助创活动，免费举办下岗女工、女性村干部、女性创客培训班等，用真心真情为妇女儿童事业发展贡献了力量；她积极组织建设中国民办教育博物馆、智慧馆、国家职业技能鉴定站等，面向社会免费开展科学普及与技能培训工作，受到社会各界的好评；她全力维护师生合法权益，着力解决师生急难愁盼问题；她积极组织建设教职工经济适用房、青年教师公寓等；她关注学生生活与身心健康，以实际行动践行了"办一所对学生最负责任的大学"的庄严承诺；她将理论研究与改革实践转化为先进的人才培养模式，取得了丰硕成果，为中国民办教育界留下了宝贵财富。杨雪梅先后荣获国家级教学成果二等奖1项、河南省高等教育教学成果特等奖4项，先后被评为享受国务院政府特殊津贴专家、河南省优秀专家、河南省学术技术带头人。

　　长期超负荷的工作和发展的重担，使得杨雪梅没有时间停下来小憩。她不知道，亲人不知道，黄河科技学院的师生不知道，民办教育的同行不知道，凶险的疾病已经逼近了她。2023年12月13日晚上8点，年仅53岁的杨雪梅突发心脏病去世，离开了自己心爱的事业。

　　杨保成是胡大白的长子。15岁时，他跳级参加高考，进入郑州大学化学系学习，毕业后到河南省化工研究所工作。1991年，他又考入北京大学化学系攻读硕士研究生，毕业后赴美深造，获得康涅狄格大学高分子化学博士学位。2004年5月，从达顿商学院毕业后，他受聘于华盛顿奥森投资管理有限公司担任研究部主管。2007 年，他通过了美国特许金融分析师认证，成为美国特许金融分析师协会香港分会会员。

2005 年的时候，杨钟瑶因病去世，留下了年事已高的胡大白和正在发展的大学，百废待举。2007 年，35 岁的杨保成放弃了国外优越的物质条件，携妻子和孩子回国，融入黄河科技学院。

回国之后，杨保成担任河南省民办高校中第一个省级重点实验室——河南省纳米复合材料与应用重点实验室主任、第一个省级国际联合实验室——河南省小分子新药研发国际联合实验室主任、河南省高校工程技术研究中心主持人、河南省创新型科技团队负责人等。完成国家自然科学基金项目、省部级以上项目数十项，获发明专利 2 项；获得包括河南省科技进步奖在内的地厅级以上奖励 20 余项。

他主持了学校教育教学多方面的改革，把国际上先进的理念引入这所独具特色的中国大学，使黄河科技学院在承继传统的基础上融进了许多现代大学的元素。2022 年 6 月，他被河南省委教育工委任命为河南省"深化以质量为导向的体制机制改革"国外高校研究工作专家组组长，同年 7 月，他又被任命为"推进郑州大学、河南大学全面深化改革工作专班"专家组组长，进驻郑州大学开展工作。2023 年 11 月 26 日，杨保成当选河南省生物工程学会第七届理事会理事长。

胡大白对于女儿和长子在自己和学校遇到困难的时候，放弃个人挚爱的事业投身学校参与创业的行为感到欣慰，这种欣慰的外在表现是对他们工作的严格要求。

杨保中是胡大白的次子。他是第 32 届中学生国际数学奥林匹克大赛冠军、美国斯坦福大学金融学博士、麻省理工学院博士。

三个优秀的孩子，都走出了自己的路。胡大白给予他们的，是榜样的力量。

胡大白对学生的爱，是真诚的、真实的、真挚的爱。

1996 年 2 月 3 日，云南丽江发生 7 级强烈地震。胡大白很着急，不知道学生们什么时候能复课，担心即使复课也无法恢复正常的教学秩序，更担心在地震中受伤甚至致残的孩子。她要帮帮这些孩子。

丽江第一高中的刘延梅地震时被倒塌的墙压倒，父亲遇难。胡大白知道后通过省招办直接录取了她，免去了她所有的费用。刘延梅拿到录取通知书时，热泪盈眶。

武陟县詹店镇王庄村的王春芳有先天性身体缺陷，不足 70 厘米的身高使她在生活里遭遇很多困难。但她不向命运低头，不想成为家庭的负担、社会的累赘。从广播中听到胡大白的以自身经历鼓励残疾人的讲话后，她千方百计联系上了自己崇拜的胡校长。胡大白鼓励她，安排她入学，还安排同学照顾她。王春芳树立了自信，完成了学业。

盲人学生耿继涛入校后受到胡大白的特别照顾，胡大白不时过问他的学习和生活情况；冬天天冷，胡大白把自己儿子的棉衣送给耿继涛御寒；还委托学校团委专门为这个盲人学生举办"专场音乐演奏会"。

　　刘标玖在《黄河之水》中指出，耿继涛虽然看不见，但听到这阵阵掌声，心情还是特别激动。他站在演奏台上动情地说："我是一个不幸的人，又是一个幸运的人。我的不幸，是上天夺去了我一双眼睛；我的幸运，是胡校长圆了我的大学梦。在我远离家乡、衣衫单薄的时候，胡校长像母亲一样关心我的冷暖，把她儿子的衣服拿给我穿。她虽然不是我的母亲，却胜似我的母亲，此时此刻，我无以表达我感激的心情，就叫一声'校长妈妈'吧！"说着，耿继涛深深地鞠了一躬，又深情地说："校长妈妈，感谢您！"

　　耿继涛发自肺腑的话语，引起台下全体师生的共鸣，大家伴着兴奋和激动的泪水，报以雷鸣般的掌声。

　　胡大白走上台。耿继涛一边喊着"校长妈妈"，一边向胡大白鞠躬，并向她敬献了他亲手制作的花篮。

　　胡大白接过花篮，激动地说："孩子，我接受了。"说着，上前拥抱了耿继涛。

　　台上台下的师生感叹："母子情深，莫过于此。"

胡大白特别关爱困难学生，尤其是残疾孩子，总是力所能及地为他们提供上大学的机会,并在生活上给予他们关怀和帮助,在精神上给予他们自信和力量。除了刘延梅、王春芳、耿继涛,还有身高不足 1.3 米的仝瑞霞、患小儿麻痹症的张明州、终生离不开轮椅的刘淑慧等 400 多名残疾青年在黄河科技学院圆了他们的大学梦,学到了一技之长,实现了自身价值,走上了自立自强的人生之路。

胡大白也对普通学生倾注了母爱和师爱。她提出了"以学生为中心,一切为了学生"的工作准则,要求教职工必须树立扎实的服务理念,为学生的学习、生活乃至走出校门后的就业着想,并形成了"以就业为导向"的教育思想。

用心用情加上脚踏实地的德育工作,为人才的成长营造了良好的环境,学校涌现出了一批大学生先进模范典型和学习榜样。

2000 级学生曹阳,2002 年 7 月 29 日为救落水群众献出了 22 岁的年轻生命。2002 年 8 月 21 日,黄河科技学院党委根据曹阳的生前愿望和表现,追认他为中共正式党员,并作出《关于开展向见义勇为的"优秀大学生"曹阳学习的决定》。2002 年 8 月 23 日,《大河报》以《淮河激流里的生命挽歌》为题,报道了曹阳见义勇为的感人事迹。随后,新华网、《光明日报》、《河南商报》、《郑州日报》等也进行了报道。2004 年 6 月 14 日,河南省人民政府批准曹阳为革命烈士。

2002 级学生程勇,从小学二年级开始接送照顾残疾同学张大奎,坚持 12 年。程勇的事迹被作为 1997 年全国普通高校招生语文试卷的作文素材,1997 年,程勇被评为焦作市十大新闻人物。程勇所照顾的残疾同学张大奎,1981 年出生在河南焦作的一个农民家庭,一次高烧导致他小脑瘫痪。2002 年,张大奎克服常人难以想象的困难参加高考,进入黄河科技学院学习。黄河科技学院得知程勇的情况后,决定同时录取程勇。程勇作为一名试读生进入黄河科技学院学习,继续照顾生活不能自理的张大奎。2000 年,程勇被评为"全国志愿者助残先进个人"。而张大奎经过自身的刻苦努力和老师、同学的帮助,2006 年顺利考入河南理工大学攻读本科、硕士研究生,2012 年考入北京理工大学攻读博士研究生。2012 年,在"中国大学生自强之星"评选活动中,张大奎被评为"中国大学生自强之星标兵"。

对于程勇和张大奎的事迹，胡大白说："我们之所以同时录取二人，是因为从程勇和张大奎的身上看到一种精神，就是中华民族传统美德：遇到困难，不屈不挠；遇到挫折，不弯腰，不低头；遇到弱者，乐于助人，诚信待人。这种精神，不就是我们教育工作者所梦寐以求的吗？所谓教书育人，就是及时发现、挖掘、引导、培养学生的优秀品质，并将其逐步推而广之。有这样的典型在学生身边，教书育人有了标准，有了目标，挫折教育有了现实意义。"

2006级学生邹尊喜的父亲因自幼患小儿麻痹症，从1999年起就瘫痪在床，父母离异后，父亲全靠邹尊喜照顾。2006年邹尊喜被黄河科技学院录取，学业和瘫痪的亲人使他难以两全。胡大白听说后立即安排帮助他入学，并特批他带着父亲来上学。考虑到他父亲行动不便，而且路途遥远，胡大白指派专车去接父子二人。学校为他们父子专门准备了一间免费宿舍，班上同学组成了5人爱心小组与他一起照顾父亲。上学期间，学校还为他免除学费，提供勤工俭学岗位，给予他最大的帮助。中央电视台新闻频道"朝闻天下"栏目、人民网、河南电视台都市频道等上百家媒体，纷纷以《黄河科技学院新生邹尊喜自强男儿要携父求学》《孝心感动学校爱心助他圆梦，邹尊喜带父求学》为题，相继报道或转载邹尊喜携父上大学的事迹。2006年底，在"我与祖国共奋进——寻访中国大学生自强之星"活动中，邹尊喜荣获"中国大学生自强之星入围奖"。

毕业生宋广东2018年入选全国大学生基层就业典型人物，其事迹被收入《大学生基层就业典型人物事迹》，事迹被收入该丛书的，河南省仅9人；边爽作为"了不起的护航女兵"，2018年8月被中央电视台国防军事频道"军旅人生"栏目报道；毕业生王玉侠2020年入选全国大学生基层就业典型人物，是河南省5位入选者之一；李召坤被评为大学生志愿服务西部计划"优秀青年志愿者"；李威获评"首届河南省大学生创新创业标兵",入选 2018 年"福布斯中国 30 位 30 岁以下精英榜""胡润 U30 创业领袖榜"和 2019 年"胡润 U30 创业领袖榜",成为河南省唯一连续两年上榜者;赵杰获评"第二届河南省大学生创新创业标兵";马维祥入选"2017 年全国大学生创业英雄 100 强",被评为"首届河南最美大学生"。黄河科技学院涌现出全国优秀县委书记、全国优秀乡村医生、全国优秀大学生村干部、全国大学生基层就业典型人物、"福布斯中国 30 位 30 岁以下精英榜"入选者、河南最美大学生、河南省大学生创新创业标兵等一批先进典型。一批学子响应国家号召,扎根基层、服务边疆;一批学子考取国内外名校硕士研究生;还有一批毕业生成长为优秀企业家。

四 敢为天下先

1986 年,在胡大白办学遇到磨难之时,学校顾问、河南省军区原副司令员徐捷向其赠送"敢为天下先"的条幅,鼓励胡大白坚定信念,坚持举办民办教育的崇高事业。从此,"敢为天下先"成为胡大白的座右铭,成为学校大胆探索民办高校发展之路的动力。

"敢为天下先"是勇者无畏、高瞻远瞩、昂扬自信的精神,更是中华民族精神的反映。发扬"敢为天下先"的精神,当永葆"闯"的劲头。"志不求易者成,事不避难者进。"干事创业就是需要敢闯敢拼的冲劲,一味地害怕困难、不敢超越,事业必将难有发展。知难不避难,迎难而上敢超越,再难的事也能干成。发扬"敢为天下先"的精神,要树牢"创"的理念。创新是引领世界发展的重要动力。发扬"敢为天下先"的精神,必须坚持"干"的作风。反对空谈、崇尚实干、注重落实,是我们党的优良传统。"敢为天下先"不是一句口号,而是一次次实打实的行动。

"敢为天下先"是一种勇于探索、永不服输、开拓创新、勇争第一的精神,是贯穿黄河科技学院发展历程的一种创新理念。用胡大白的话说,民办高校是石头缝里蹦出的猴子,天生就没有奶吃,只有靠"闯"。"闯"不是蛮干,而是坚持按"三为"办学宗旨,认清形势,把握机遇，遵循教育规律，实现发展目标。

多年来，胡大白不忘初心，始终把"改为天下先"作为座右铭，在办学实践中孜孜以求，"敢为天下先"也成为她不断取得成功的精神理念。

"敢"，即有胆量、勇于进取，勇于承担责任。越是困境之中越是敢想敢干，越是遇到困难越是气势如虹。身为一个被严重烫伤的弱女子，正是凭着一个"敢"字，胡大白才白手起家，完成了征地建校、办专科、办本科等一系列常人不敢想的壮举。

"为"，就是实干。胡大白经常说，一个人要有所作为，就要在实干中"吃别人吃不了的苦、受别人受不了的罪"。

"先"，即走在前面；指意识敏锐，能够在时代发展的趋势中嗅到先机，同时还要善于抢抓机遇，只有这样才能勇立时代潮头。她说："你知道这个事情好，你十天过后才去办，人家办完了，就没你什么事了。"

"天下"，则意味着创业要有大的胸怀。将个人置于人类社会的大背景中，将学校置于人类教育发展的大背景下。只有保持这样的定位，才能有大胸怀、大格局。

第四节　汲取力量，更新发展理念

不断学习先进经验，及时调整学校发展航向，使得黄河科技学院这所中国特色社会主义民办大学不偏航、不倒退，行稳致远。胡大白坚持认真学习领会国家大政方针，科学研判教育发展大势，在遵循规律实现发展的基础上不断汲取现代教育的新理念、新思想。在"为谁培养人，培养什么人，怎么培养人"的实践中提高认识，在认识的指导下不断提高实践层次。

（一）工作之初的社会实践和运动锻炼

1964 年，胡大白大学毕业后被分配到郑州十三中工作，这段经历使她对教育在国家发展中的位置和作用有了更深刻的认识。《毛泽东选集》成了指导她日后工作的宝典。

（二）基础教育和高等教育一线的教育教学实践

在郑州十三中和郑州大学担任教师期间，胡大白有意把掌握的教育理论和先进的教学方法运用到教学实践中，逐步形成了独具特色的课堂教学风格，受到学生欢迎。在兼任班主任和辅导员的实践中，她的组织管理能力和分析问题、解决问题的能力得到培养，这为她后来作为大学创办人和掌舵人奠定了初步基础。

（三）"办班"的实践，促生了"办学"的理想

胡大白之所以"办班"，是因为她感知到国家发展对人才的渴盼、对教育的期望，坚持创办辅导班固然有自己对命运的不屈，但更多的是责任和担当。

自学考试辅导班不是正规的学校，但是比正规的学校办起来困难更多，运行中的矛盾和问题也更多。在"办班"的实践中，胡大白付出了超出常人的心血和劳动，也收获了丰富的经验，办学校、办大学的念头一天比一天强烈，当国家大环境形成时，她的办学愿望也就水到渠成了。

（四）中年会议

2008 年，学校首次参加教育部高校本科教学工作水平评估。2009年1月，教育部下发《关于公布北京师范大学等 87 所普通高等学校本科教学工作水平评估结论的通知》，公布 2008 年的评估结论，黄河科技学院得到的评估结论为"良好"。根据教育部精神，2000 年以后批准的本科高校的最高评估等级为"良好"，学校首次参加评估就达到了最高等级。可是胡大白并不满足。

教育部专家组的反馈意见指出了黄河科技学院本科教学中的一些薄弱环节。教育部专家组认为，学校应进一步加强师资队伍建设，着力培养高水平学科专业带头人、中青年骨干教师，努力提高教师队伍的综合素质和整体水平；进一步研究市场需求，加强与企业的深度合作，加大专业建设和课程建设力度，保证应用型创新人才培养目标的实现；进一

步加大对民办高校建设与发展的研究，继续探索民办高校可持续发展的路径。

学校高度重视教育部专家组的意见和建议，认为教育部专家组的意见和建议是客观公正的，是实事求是的，也是十分明确、中肯和宝贵的。

2008年7月6日，学校围绕整改工作组织召开了教育思想观念讨论会，会议的地点选在了郑州市中牟县（以下简称"中牟会议"）。这是黄河科技学院发展史上一次重要的会议。会议采取全封闭式交流，主要围绕三大主题展开讨论：教育部专家组肯定了我们什么？我们的不足是什么？我们今后应该怎么做？

与会者认为参与评估最大的收获就是评估使黄科院人真正明白了办学指导思想的重要地位。以前，大家认为办学指导思想只是一句话，但教育部专家组却指出，办学指导思想应该是一个思想体系，能够指引高校的办学方向和发展路径，回答"办一所什么样的大学、怎样办好这所大学""培养什么样的人才、如何培养人才"等根本性问题。可以说，办学指导思想是学校的顶层设计，体现在办学的各个环节，集中反映在学校的思想观念、办学定位、办学思路和办学特色等方面。

最让大家振奋的，是教育部专家组对"本科学历教育与职业技能教育相结合"的育人模式的充分肯定。在此之前，这个模式一直在搞试点，虽然在逐步推广，但由于学校内部存在不同意见，推进的力度不够大，更没有全面铺开。中牟会议统一了思想，达成了共识，决心进行深入、系统的教学改革，完全按照"本科学历教育与职业技能教育相结合"的育人模式指导教育教学工作。

会议解决了发展方式问题。作为全国第一个开展普通本科教育的民办高校，学校在"专升本"前后，对如何开展本科教育做了很多探索性的工作，学校领导层也对如何办好本科教育做了多次的讨论。但民办的本科高校怎么办，并没有一个成熟的样板，在这次会议上，"远学清华，近学郑大"就很自然地被提出了。

会议确定了今后学校发展的主攻方向。"本科学历教育与职业技能教育相结合"的育人模式，不是简单的学历教育加职业技能的训练，而是强调内涵向厚重发展，注重知识创新、积累与传承。这就需要加强重点学科与特色专业群建设，不断提升学科的科技创新能力和专业群的建设质量；要增强学校的自主创新能力，全面促进学校的内涵发展，提升综合办学实力，促进科技创新与人才培养的有机结合，在高水平科研实践中培养创新团队和创新人才，以高水平的科学研究支撑应用型创新人才培养；要从增强教学的针对性、先进性和实效性出发，优化课程教学内容，使之更具有职业性和适用性，在教学中贯彻行业标准和职业资格标准，重视学生基本技能、职业能力、职业精神的培养，形成独具一格的办学特色。

中牟会议之后，2009年2月，学校组织中层干部召开学校发展战略研讨会，讨论并形成了《黄河科技学院办学指导思想》，明确提出了"办一所对学生最负责任的大学"的愿景。从2009年3月起，在全校范围内开展以"机遇与挑战"为主题的办学思想大讨论活动，进一步审视学校的办学指导思想和办学理念，更新教育教学观念，在"办一所对学生最负责任的大学"的过程中解决"怎样办好这样的大学，培养什么样的人，如何培养好这样的人"的问题，为学校发展提供路径指向，进而实现学校在新阶段可持续快速科学的发展。

中牟会议是学校在评估后总结经验、明确思路的一次重要会议，会议获得的思想成果对进一步提升教学质量、深化教学改革、强化管理职能、推动学校发展具有重大意义。

（五）成为教育部应用科技大学改革试点战略研究单位

2010年颁布的《国家中长期教育改革和发展规划纲要（2010—2020年）》明确提出建立现代职业教育体系、优化高等教育结构。在研判了国家发展需要和自身的条件后，胡大白确立了黄河科技学院"实现转型发展，建设应用科技大学"的战略目标，指出学校将坚持"应用型创新人才"的培养目标定位，融入区域创新体系建设，探索应用科技大学人才培养新模式，抢抓机遇，深化改革，全力向应用科技大学转型。

2012 年 1 月 3 日，黄河科技学院向省教育厅提交了《黄河科技学院关于应用科技大学改革战略研究试点的请示》，申报教育部应用科技大学改革战略试点研究单位。2013 年，学校被批准为教育部应用科技大学改革试点战略研究单位，加入"中国应用技术大学联盟"，成为首批成员。同年，河南省启动普通本科高校向应用技术类型高校转型发展试点工作，黄河科技学院成为首批确定的 5 所试点高校之一。

2013 年 5 月 16 日，河南省教育厅批准黄河科技学院与济源市人民政府合作举办"黄河科技学院应用技术学院"，这是河南省第一个与政府合作办学、培养应用型创新人才的高校，也是济源市第一所本科高校，标志着学校"校市合作"办学进入新的发展阶段。学校紧密结合济源市经济社会发展的需要，开设了机械设计制造及其自动化、土木工程、电气工程及其自动化、车辆工程、环境设计、护理学 6 个专业。

黄河科技学院应用技术学院的创建，有助于培养应用型人才、服务地方经济社会发展，有效促进了学校战略转型和内涵发展，打造出了一个独具特色的民办高等教育品牌。

（六）积极交流学习

1994 年以来，美国、日本、英国、新加坡、加拿大等国家的多个教育代表团先后到校参观考察。胡大白也应邀到法国、卢森堡、比利时、荷兰、德国、丹麦、瑞士、泰国等国家进行学习考察。

将自己的办学实践和发达国家的世界一流大学相比较，一方面能够看到自己的不足，不断学习别人的长处；另一方面也能结合国情校情谋划战略发展方向，奠定中国特色现代大学的基础。

2014 年是中俄青年友好交流年，胡大白随"中俄青年友好交流团"赴俄罗斯，参加了一系列交流活动。

在莫斯科和圣彼得堡，她参加了"中俄关心下一代论坛""中俄青少年文艺交流晚会""中俄青少年书画艺术展"等活动，与俄罗斯教育、文化、艺术等各界学者进行了广泛交流。这样的交流开阔了胡大白的视野。

在列宾美术学院和列宾艺术馆，在冬宫、夏宫，在叶卡捷琳娜宫，胡大白都认真参观，专注听讲，深刻思考。在"中俄青少年书画艺术展"现场，胡大白与中国关工委主任顾秀莲一起欣赏了参展的书画作品。

俄罗斯是一个崇尚文化艺术的国家，在交流参观的日子里，胡大白觉得自己仿佛置身于文化艺术长廊之中，她深切感受到了俄国文化艺术的魅力，感受到了文化艺术对心灵的滋润。这也成为她建立艺术学院并不断提升其培养质量的动因之一。

第五章　凝聚力和影响力

胡大白做的，是社会需要、人民期盼、国家倡导的大事，虽然道路曲折坎坷，但是"得道多助"，在困难的时候，胡大白总是会有"贵人"相助。这种"助"是精神上的、是无法以金钱和财富衡量的。

2014 年 5 月 26 日，胡大白在黄河科技学院教育成果汇报大会上的致辞指出：

黄河科技学院能取得今天的成就，靠的是党和国家重视、支持民办教育的好政策，靠的是各级领导的亲切关怀、社会各界的热情帮助、全体教职工的开拓拼搏、全体同学的刻苦勤奋和广大校友的鼎力支持。

第一节　国家之助

胡大白得到的最大的支持源自国家。

一　"郑州市高等教育自学考试辅导班"是在国家支持下创办的

看似偶然的两件事，孕育了必然的"郑州市高等教育自学考试辅导班"。

第一件事是《宪法》（1982 年版）的颁布。为了解决教育不适应经济社会快速发展的矛盾，国家在尝试了各种非全日制的教育形式之后，以宪法的形式确立了民办教育在当代中国的地位。

第二件事是郑州大学安排优秀教师胡大白到修武县讲课，胡大白遭遇大面积烫伤。

《宪法》（1982 年版）给胡大白打开了发展民办教育的大门，命运给了胡大白伤残的身体和顽强的心志。顽强的胡大白在国家营造的环境下"敢为天下先"，用大爱和智慧为未来的黄河科技学院奠基。

二 专科层次的"民办黄河科技学院"是国家赋予的

1993 年 2 月，中共中央、国务院颁布《中国教育改革和发展纲要》，提出要"改变政府包揽办学的格局，逐步建立以政府办学为主体、社会各界共同办学的体制"。1993 年，为了积极鼓励、正确引导社会力量兴办民办高等学校，维护民办高等学校的合法权益，加强对民办高等学校的管理，原国家教委出台了《民办高等学校设置暂行规定》。该规定明确了民办高校的设置标准、审批程序和国家监管职责，打开了民办高等教育的发展之门。

至 1993 年，胡大白的"郑州市高等教育自学考试辅导班"已经办了 10 年，10 年间，这个辅导班办出了名气，胡大白积累了丰富的经验。1994 年 2 月，胡大白提出创办民办普通高等学校的申请，原国家教委首次受理和审批了民办黄河科技学院、上海杉达学院等 6 所全日制民办高校。

如果没有《中国教育改革和发展纲要》和《民办高等学校设置暂行规定》，胡大白办大学的愿望将停留在"愿望"阶段。

三 本科层次的"黄河科技学院"也是国家审批的

到 1999 年，全国社会力量举办的各级各类学校共有 4.5 万所，在校生规模达到 573 万人。其中社会力量举办的非学历高等教育机构 1240 余所，在校生 118.4 万人；普通中学 2593 所，在校生 107.2 万人；职业中学 950 所，在校生 27.3 万人；小学 3264 所，在校生 97.7 万人；幼儿园 3.7 万所，在园 222.4 万人。这 4.5 万所民办学校有普通小学、普通初中、普通高中，已经具备了"六三三四"学制中的"六三三"。①
虽然民办高校也已经有了，1994年2月，原国家教委已经批准民办黄
河科技学院、上海杉达学院等6所全日制民办高校实施专科层次的学历
教育，但是这样的高等教育是"大学专科"层次，离"大学本科"的
"四"还差半个量级，应该说还没有形成完整的"六三三四"体系。中
国当代的民办教育带着这个小小的"遗憾"进入了21世纪。

1999年6月13日，中共中央、国务院发布《关于深化教育改革全
面推进素质教育的决定》，明确提出凡符合国家有关法律法规的办学形
式，均可大胆试验，在发展民办教育方面迈出更大的步伐。

1999年6月18日，时任国务院总理朱镕基在第三次全国教育工作
会议上的讲话指出，鼓励社会力量以各种方式举办高中阶段和高等职业
教育，有条件的也可以举办民办普通高等学校。政府的顶层设计，拓宽
了民办教育层次上移的空间，举办民办普通本科教育的政策环境已经
形成。

2000年3月21日，教育部颁发《关于在民办黄河科技学院基础上
建立黄河科技学院的通知》，批准建立黄河科技学院，正式批准学校实
施本科学历教育。

黄河科技学院"专升本"具有里程碑意义，中国的民办教育从这
一刻起，真正构建了从学前教育、基础教育到高等教育的完整体系。国
家从普通基础教育到高等教育形成了完整的"六三三四"架构。

第二节　期望与赞许

一　党和国家领导人的期许

1999年11月4日，黄河科技学院"专升本"到了关键时刻，时任
全国人大常委会副委员长许嘉璐到校视察工作，充分肯定了学校的办学

①　根据历年《河南教育年鉴》整理所得。

思路："你们学校办得好，质量高，学费低，工薪阶层可以接受，这才是人民群众所欢迎的。"

2000年11月，胡大白荣膺"中国十大女杰"称号。当时的中共中央政治局常委、国家副主席胡锦涛接见胡大白时，对黄河科技学院的发展给予了高度评价，称赞说："你们学校很有名，做了很多工作，对学生很负责，为国家培养了几万名大学生，很感谢你们，希望做出更大的成绩。"这样的称赞，是党和国家对胡大白的肯定，也是嘱托。

2002年6月10日，当时的全国人大教科文卫委员会主任委员朱开轩视察黄河科技学院，在对学校进行参观走访时，朱开轩说："像黄河科技学院这样的民办高校认真办学，创造性地办学、有很好的社会效益，国家要促进它的发展。"

2010年2月5日，时任国务院总理温家宝在中南海召开制定并实施《国家中长期教育改革和发展规划纲要（2010—2020年）》的座谈会，邀请胡大白参加。胡大白在座谈中提出了重点支持高水平民办大学、设立专门机构负责民办教育的统筹规划等建议。胡大白的建议受到国务院的重视并在《国家中长期教育改革和发展规划纲要（2010—2020年）》中得到了体现。

二 地方领导的关心支持

2003年6月19日，当时的河南省委书记李克强及省委宣传部、省委教育厅负责人专门到黄河科技学院视察调研，参观了校园校舍，观看了艺术设计学院毕业生作品展、体育学院毕业考试武术表演，深入教室、宿舍，与师生进行了亲切交流，原定1小时的调研进行了3个多小时。李克强同志详细询问了学生素质培养、毕业就业、专业设置、学生思政工作以及开办民族学院、国际学院等情况，充分赞赏黄河科技学院的创新之路，认为黄河科技学院作为一个成功范例，在民办大学甚至高等院校中都是独具特色的，值得推广。李克强同志特意了解了黄河科技学院的就业情况，在了解到学校成立了毕业生安置办公室，并在省内外建立了10多个就业基地，每年毕业生就业率达到95%以上时，李克强同志对学校提前疏通就业渠道、加强就业信息交流的做法表示赞赏。

2004 年 4 月 23 日，时任河南省省长李成玉视察黄河科技学院，在调研学校的办学条件等硬件设施时，李成玉表示："黄河科技学院在河南教育事业的发展上树立了典范，走出了一条新路。"在听取胡大白的工作汇报后，李成玉说："黄河科技学院从开办自学考试辅导班，发展到拥有近两万名学子的大学校园，走过了 20 年辉煌的历程。黄河科技学院在地方政府没操多少心的情况下，为地方源源不断地输送着受过正规教育的优秀人才，在民办高校里走在了前面，教育部给予了充分肯定，省委、省政府也很认可。"

2004 年 5 月，经河南省学位委员会批准，黄河科技学院成为具有学士学位授予权单位，也成为全国第一个建立学士学位授予点的民办高校。2004 年 6 月，黄河科技学院首届 6 个本科专业 813 名学生顺利毕业，其中 636 名是 2000 年"专升本"时招录的，177 名是 2002 年学校获得招收"专升本"学生资格后招录的，这是改革开放后全国民办高校的首届本科毕业生。事实证明，随着高等教育普及程度的不断提高，民众对高等教育的选择余地越来越大，学生们不再为"上大学"而发愁，开始发愁上不了"好大学"。要建成一所教育资源优、教育质量高的好大学，必须既讲求数量又讲求质量。黄河科技学院在量与质之间追求协调均衡，走的正是一条稳健的可持续发展之路。

第三节　暖心的鼓励

一　德不孤，必有邻

（一）司令员的鼓励

1986 年冬，胡大白的辅导班遭遇了一系列打击。1987 年正月初二，河南省军区原副司令员徐捷和曾担任郑州市副市长、河南省体委主任的张北辰专程到胡大白家中拜访。徐捷给她写了两幅字，都题了"赠胡大白同志"，一幅是"自学考试，大有作为"，一幅是"敢为天下先"。

"敢为天下先"给了处于低谷中的胡大白奋起的无穷动力，使她坚定了继续办学的决心，从此不再动摇。

（二）权威媒体的评价

在黄河科技学院的发展过程中，新华社、中央电视台"东方之子""半边天""对话"栏目、中国教育电视台、《人民日报》、《光明日报》、《中国教育报》、《华盛顿邮报》等都曾专题报道过胡大白先进的办学理念和管理经验，多次从舆论上给予胡大白支持。

新华社主办的《瞭望》杂志早在1988年第38期就加编者按刊登了《胡大白和她的业余教育》的文章。编者按特别指出："民办大学的兴起已成为我国教育体制改革的必然趋势。下面这篇调查，通过各有关方面的评述，客观地展示出一个积极创办业余教育的改革者的一段艰难历程。我们认为，这类办学实践所显现的发展我国民办高等教育的现实意义，值得全社会深思。"

1993年黄河科技学院还没有获批普通高等教育，当年第二期《瞭望》杂志刊载《一所没有围墙的大学》，记录了黄河科技学院的成长经历和成功经验。文章用"创新的意识""改革的精神""担当的责任"浓缩了黄河科技学院的初步成就，报道了在没有资金、没有设施的情况下，胡大白和她的团队"聚散沙成铁塔"，高标准、严要求、高规格建设学校的事迹。文章凸显的是黄河科技学院"敢为天下先"的巨大魄力和"勇夺第一"的必胜信念。一方面，学校改革用人制度和分配制度，教师实行聘任制；另一方面，学校改革教学管理和行政体制，实行目标管理责任制，层层承包，定期检查，奖惩兑现。一系列改革取得了显著成效，教学成绩突出，毕业生"走俏"社会，社会各界给予高度的赞同和评价。

1995年11月28日，中央电视台著名电视栏目《东方时空》将"东方之子"胡大白请上屏幕，向全世界讲述她的办学事迹。

（三）领导的支持

原河南省顾问委员会主任张赤侠曾专门召开座谈会，邀请胡大白在会上介绍学校的发展情况。张赤侠对胡大白很支持，在会上专门表态说："中央有精神，离退休干部从事教育等工作，可以每月拿 60 至 80 元的津贴。这是中组部文件规定的，大白同志的学校可以执行。"

河南省委老干部局曾组织省领导及部分离退休同志在省老干部活动中心召开座谈会，请胡大白介绍离退休老干部发挥作用、为国家培养人才的情况。省委宣传部原部长侯志英在会上说："胡大白同志这个学校之所以办得好，就是因为充分发挥了离退休老同志的作用，老同志在这里也很高兴，很有成就感。希望老干部局的同志做好宣传工作，让每个单位都能重视老干部发挥余热，为社会贡献力量。"

1989 年 10 月 22 日，黄河科技大学建成 5 周年庆典大会在郑州青少年宫大礼堂隆重举行。许多省市领导专程来参加庆典，如当时的河南省委宣传部秘书长王天林、河南省委纪律检查委员会常委黄培芝、河南省委老干部局局长陈宏亮、河南省委老干部局副局长郭文学、河南省关心下一代协会副主席（河南省委宣传部原部长）冯登紫、河南省劳动人事厅副厅长赵中恒、河南省科技干部管理局局长孟照信、河南省科技干部管理局副局长李灵安、河南省教委高教二处处长李俊卿、郑州市委宣传部副部长聂敏华、郑州市委老干部局局长杨洪泽、郑州市委老干部局副局长孙风华、郑州市关心下一代协会主席和佩祥、郑州市关心下一代协会副主席宗光、郑州市劳动人事局局长谷秀峰、郑州市广播事业局局长张景国、郑州市电台台长施立仁、北京市成人教育局邵和平等。

黄河科技学院的名誉校长邵文杰（河南省人大常委会原副主任）、顾问徐捷（河南省军区原副司令员）、顾问刘仪（郑州市人大常委会原副主任）、顾问韩倩之（河南大学原党委书记）、校长陈德昌（郑州市政府原副秘书长）等也都出席了庆典。

《光明日报》杨智翰、《求实》杂志社许节良、《中国人才报》罗晓东、原中华社会大学副校长刘晓辉、原中国科技经营管理大学副校长郭子珍、原北京海淀走读大学副校长陈宝瑜、原江淮职业大学校长詹卓、原西安培华女子大学校长姜维之等也都专程赶到郑州参加庆典。

二 爬坡过坎时

1992 年 11 月 29 日，黄河科技学院 8 周年校庆在嵩山饭店召开，当时的全国人大常委会委员、中共中央宣传部副部长、《红旗》杂志社总编辑熊复，河南省委常委、组织部部长张赤侠，河南省人大常委会副主任邵文杰，河南省委常委、郑州市委书记张德广，以及省、市领导段宗山、葛纪谦、刘仪、牛甲辰等欣然出席。

在嵩山饭店开会时，张德广同志提出，要坚决支持学校的发展，特别强调以后学校的事情就是市委要承担的责任之一。黄河科技学院举行了北校区基建奠基仪式，完成第一期征地 20.775 亩，结束了学校没有自己校区的历史。

（一）关键节点

从 1999 年 10 月起，学校迎来了主管部门领导的密集考察。1999 年 10 月 29 日，教育部发展规划司原司长纪宝成来校考察。1999 年 11 月 20 日，教育部原副部长张保庆来校考察。之后十几位教育部的相关领导接连到学校考察。他们有的来自高教司、发展规划司、财务司，有的来自人事司、高校学生司、民族教育司；有的是司长，有的是副司长、处长；有的是结伴而来，有的是单独上门；有的是专门来的，有的是顺路过来看看。他们的目的只有一个，就是对黄河科技学院的真实情况从各个方面进行摸底，黄河科技学院是第一个申报本科的民办高校，教育部非常重视。

（二）重要时刻

举办校庆活动，不仅是对阶段性成就的庆祝，也为总结经验教训提供了契机。在黄河科技学院的发展史上，10 周年校庆与 15 周年校庆——一次在获批专科之后，一次在"专升本"前夕，都是最难忘、最激动人心的时刻。

建校 10 周年。1994 年 11 月 10 日，学校举行建校 10 周年庆祝大会。当时的河南省副省长张世英、省人大常委会副主任范濂、省政协副主席屠家骥、省教委副主任李文成、国家教委社会力量办学管理办公室主任王志强、郑州市委副书记祖松臣、郑州市副市长刘振中等领导同志到会祝贺，会议还收到河南原省委书记李长春发来的贺信。

黄河科技学院走过了 10 年不平凡的历程，取得了令人瞩目的成绩。学校第二个五年目标以 10 周年校庆为标志顺利完成，学校建设成为一所由原国家教委批准实施高等专科学历教育的具有中国特色的社会主义民办大学。1994 年 11 月 12 日，《河南日报》专题报道了学校建校 10 周年庆典。同时，学校还以自身办学 10 年的艰苦历程为素材，编辑出版了一份校庆专刊、一本题为《敢为天下先》的校庆文集，拍摄了两部分别由河南电视台、郑州电视台进行播放的电视专题片。通过电视专题片的播放、文集和报纸的编辑出版，学校回顾总结了 10 年来办学的经验，找出工作中的失误，进一步明确今后自身的发展方向和奋斗目标。

建校 20 周年。2004 年 5 月 30 日，建校 20 周年庆典举行，教育部、河南省委发来贺信，全国人大常委会及教育部、省、市领导到会祝贺，几十家省内外公办高校、民办高校的代表出席庆典。

教育部在贺信中指出，黄河科技学院是教育部批准的第一个民办本科普通高校。建校 20 年来，黄河科技学院认真贯彻党的教育方针，坚持社会主义办学方向，重视加强党建和思想政治工作；坚持以人为本、努力实践、积极探索民办高等教育的发展规律，积累了丰富的办学经验，取得了丰硕的教育成果，走出了一条中国特色社会主义的民办高校发展之路。河南省委在贺信中指出，黄河科技学院 20 年来积极探索，开拓创新，为壮大河南高等教育事业，培养社会主义现代化建设人才贡献了重要力量。

建校 30 周年。2014 年 5 月 26 日，黄河科技学院教育成果汇报大会在学校新落成的体育馆隆重举行。当时的全国人大常委会委员、全国人大教科文卫委员会副主任委员、民进中央副主席、中国民办教育协会会长王佐书，河南省政协副主席、河南中华职教社主任龚立群，第十届河南省人大常委会副主任吴全智，学校学术委员会主任、中国工程院院士刘人怀，河南省委高校工委书记、省教育厅厅长朱清孟，中国民办教育协会副会长、高等教育专业委员会理事长季平，全国人大代表、郑州大学党委书记郑永扣，济源市委书记何雄，教育部督学卢干奇，湖北工业大学校长熊健民以及教育部原副部长张天保、原副总督学夏铸等领导同志和国内外兄弟院校的领导、专家，校企合作单位代表，优秀校友代表、师生代表，新闻媒体的朋友和友好人士等近万人参加了大会。

王佐书、龚立群、朱清孟等领导同志先后致辞。熊健民作为兄弟院校代表发言。他们充分肯定了黄河科技学院 30 年来取得的辉煌成绩，特别指出黄河科技学院用 30 年的开拓奋斗，创出了一条中国特色社会主义办学之路，这是中国民办高等教育发展的一个创举，为全国民办大学创出了一条可供借鉴的路子。希望黄河科技学院继续发挥民办高等教育的优势，不断增强核心竞争力，深化改革，注重内涵，彰显特色，围绕办好人民满意的教育目标，加快推进学校向应用技术大学转型，在不断提高育人质量的基础上坚持立德树人，取得更加辉煌的教育成果。

黄河科技学院 30 周年校庆得到了各级领导的高度重视和亲切关怀。在校庆期间，当时的全国人大常委会委员、全国人大教科文卫委员会副主任委员、民进中央副主席、中国民办教育协会会长王佐书，中国教育学会会长、国务院学位委员会委员钟秉林，河南省政协副主席、河南中华职教社主任龚立群，河南省教育厅厅长朱清孟等领导同志多次到学校指导工作，关心和了解有关校庆活动的进展情况。校庆得到全社会的关心，也引起各大媒体的关注和重视，庆典期间，《人民日报》、《光明日报》、《中国教育报》、《中国青年报》、中国教育电视台、《河南日报》、《教育时报》、河南电视台、河南新闻频道、新华网、人民网、大河网、新浪网、《郑州日报》等进行了宣传报道。在宣传形态上实现纸媒、网媒、官网、微信等媒介同步多重覆盖交叉传播，实现了传播效果最优化。校庆通过展示学校办学业绩，提升了学校品牌形象，为学校营造了良好的外部舆论环境和更大的发展空间。

（三）团体的合力

黄河科技学院是胡大白团结带领一批批师生员工在不断创业、不断提升中建立起来的，在发展学校的同时，胡大白也实现了自己的进步。

在辅导班上课的郑月蓉老师以及丁捷、赵学武、陈培基老师等，都是毕业于知名高校、在郑州大学从事教育教学工作的优秀教师，他们能在十分简陋的条件下给辅导班学员讲课，看重的就是胡大白的精神。创业初期就和胡大白、杨钟瑶一起奔波的冯长安、陈勇民等一批放弃了之前稳定的工作来从事谁都不看好的民办教育的老师，现在依然在为学校的发展辛勤操劳。在学校传奇般发展的过程中，最早的创业人的使命是搭建"梯子"、铺设基础。这一代人在创办和运行辅导班的过程中风餐露宿，日夜兼程。在十分简陋的环境中坚守信念，将"郑州市高等教育自学考试辅导班"推入了中国当代普通高等教育序列，奠定了黄河科技学院发展的坚实基础。当年投身黄河科技学院风华正茂的青年，现在已经成为推动学校发展的骨干力量。

1995 年夏天，22 岁的赵会利从原郑州高炮学院毕业，有很多单位都开出优越的条件让她去工作。但为了实现当教师的梦想，她毅然选择了黄河科技学院。第一期青年教职工培训班结业后，赵会利做了班主任。不久后她因为工作出色而被任命为所在学院的团总支书记。几个月后，她又被任命为学校团委书记。就这样，短短一年时间，赵会利就从一个刚刚迈出大学校门的小姑娘成长为一个大学的团委书记。

1995 年 8 月，25 岁的张晓兵从河南农业大学毕业后选择了黄河科技学院，这是学校引进的第一个本科毕业生。被胡大白面试的过程十分简单，入职后张晓兵被分到当时的商贸学院第六教学部做班主任。不久后就被提拔为第六教学部副主任。

1997 年 6 月，毕业于原河南中医学院，已担任郑州东方医院办公室主任、住院医师近一年的黄涛，选择到黄河科技学院工作，成为首批扎根河南省民办高校的医科大学毕业生。1997～1998 年黄涛兼任黄河科技学院办公室主任和班级辅导员，1998～2000 年任当时工学院的办公室主任、电子工程系主任。

赵会利现已成长为学校党委副书记。罗煜在一线成长起来，现担任副校长。王威曾任商学院分党委书记，率先在全校实现二级学院体制机制改革，将商学院的发展活力充分激发出来，现在担任学校纪委书记。

一批新人在学校发展的过程中得到锤炼，德能相当，成为今天学校继续发展的骨干。1990 年以来入职的张林朝、董峰、李萍、董晓辉、李喜强、李高申、李国柱、于广超、张伟、张丕万、张晓兵、程晓林、韩捷、王军胜、路素青、白云庆、黄涛、汤保梅、曾秋菊、成迎富、郑月等已经成为学校党政部门、教学管理部门和各学部、学院的主要领导。

　　截至 2022 年，黄河科技学院教职工共 2267 人。他们将学校当成自己的家，将工作当成自己的事业，将学生当成自己的子女和弟妹。他们尊敬、爱戴、喜欢胡大白，把她当成慈母、大姐。

　　黄河科技学院的青年教职工对董事长的思想有"三个服气"。第一是真实。胡大白的共产主义信仰非常坚定，她讲政治理论、谈社会发展都是发自内心的真情流露、真实表达，一点也不矫情，所以很有感染力。第二是现实。胡大白办学之初就讲"为国分忧，为民解愁"，三十年来不断与实际相结合，使其内涵不断发展，所以能够常讲常新。如要建设应用科技大学，胡大白提出，应用科技大学要着眼于区域经济发展方式转变、产业结构转型升级，为一个地区培养其迫切需要的建设人才，这就是新时期的"为国分忧"；要解决高等教育与社会需求脱节的问题，培养大量应用人才，使这些孩子走上社会后在职场受欢迎、发展有后劲、父母不发愁，这就是新时期的"为民解愁"。经她一番解读，抽象的口号就变得很具体，而且与学校的发展战略高度契合，不由得人们不信服。第三则是前卫，胡大白比年轻人还要前卫。2013 年 7 月 31 日，在黄河科技学院暑期中层以上干部研讨班上，胡大白给大家上了一堂关于"慕课"的课，提出了三个问题："针对世界教育风暴'慕课'的到来，中国大学怎么办？中国民办大学怎么办？黄河科技学院怎么办？"这三个问题令不少听者目瞪口呆。胡大白解释，"慕课"即MOOCS，指大规模开放式在线课程教育，目前世界许多顶级大学免费开放教学视频，联手推出免费网络在线教育，同时也提供有偿服务，从而形成了"慕课"这种全新的教育模式。胡大白提出，黄河科技学院应当主动把全日制教育和"慕课"结合起来，抓住"慕课"风暴、中国开放大学、教育培训市场到来这三大机遇，为学校的教育教学改革和继续发展创造良好条件。听她讲完，大家都在感叹，胡大白思想够前卫、站位够前沿。①

第四节　实至名归

一　荣膺"中国十大女杰"称号

2000年10月20日，第三届"中国十大女杰"评选结果揭晓，胡大白当选。"中国十大女杰"评选工作由全国妇联和首都12家新闻单位联合开展，是从31个省、自治区、直辖市和中央、国家机关及中国人民解放军总政治部、武警部队总部、新疆生产建设兵团推荐的36位候选人中产生的。

2000年11月24日上午，第三届"中国十大女杰"表彰大会在人民大会堂隆重举行，胡大白作为4位发言代表之一在大会上作先进事迹报告。在本届"中国十大女杰"中，胡大白是教育系统中唯一获此殊荣的女性。评选中对她的事迹介绍：胡大白，曾在讲学中烫伤致残，1984年以30元钱起家创办黄河科技学院，至2000年，学校已发展成工、理、文、医、艺学科齐全的综合性大学，培养40多个民族的普通本、专科毕业生2万多名，是教育部批准的全国唯一的民办本科高校。学校还培养了130多名残疾生；免费招收云南丽江和湖北荆州灾区两批学生；免费对下岗女工和外来务工女性人员进行培训。她是"河南省劳动模范"、河南省"十大女杰"、"河南省优秀共产党员"、享受国务院政府特殊津贴专家。她曾应邀在联合国教科文组织举行的亚太地区私立高等教育研讨会上发表演讲，引起各国专家关注。

---

① 常义斌：《大白的大学》，河南文艺出版社，2014，第410~411页。

表彰大会的现场解说词：胡大白以残疾身，创办黄科院事业，十几年没花国家一分钱，培养出几万名大学生；她用赤子之心，关爱学生，关爱社会，改变了许多人的命运，拓展了中国的民办教育事业，赢得了各级政府和社会的广泛赞誉，也赢得了这来自人民大会堂的掌声。当时的全国妇联副主席、书记处第一书记顾秀莲在会议中，号召全国妇女向"中国十大女杰"学习，向她们那样树立坚定的共产主义理想和信念，弘扬热爱祖国、热爱人民的高尚情操和顽强拼搏、艰苦奋斗、开拓创新的精神，充分发扬自身潜能，以作为求地位、以素质求平等，为建设富强中国、和谐中国再立新功。

2000年11月25日上午，在全国妇女儿童活动中心的会议室中，时任中共中央政治局常委、国家副主席胡锦涛亲切接见了第三届"中国十大女杰"。合影时，胡大白就站在胡锦涛同志的身边。

> 胡大白回忆说："当时的胡锦涛副主席工作那么忙，事情那么多，还记得黄科院那么多事情。这是多么幸福和值得自豪的事啊！我为人民做了一些事，党和国家就这么重视我、肯定我、表彰我。这说明我们以前把发展放在第一位，把教学质量放在第一位，把关爱学生放在第一位是对的。这不但是我个人的荣誉、个人的幸福，而且是几万名黄科院人的荣誉和幸福；这不但是对我个人的肯定，也是对黄科院人十几年来辛勤努力的肯定。这也充分说明，党和国家是支持我们这样做的，是支持我们大力发展中国民办教育事业的。"

在受到接见的当天晚上，胡大白就乘坐火车赶回郑州，次日早上6点到达郑州火车站。在这里等候多时的省、市领导和黄河科技学院200多名师生代表，共同欢迎胡大白载誉而归。胡大白怀抱"中国十大女杰"奖杯，身披"中国十大女杰"绶带，满面笑容地走下火车。郑州市委原副书记杨惠琴握着胡大白的手说："我代表郑州人民向你表示祝贺，你为河南、为郑州人民增了光，全市广大妇女姐妹都要向你学习。"

2000 年 11 月 27 日上午 10 点，在河南省人民会堂，河南省人民政府举行座谈会，祝贺胡大白当选"中国十大女杰"。原副省长陈全国代表河南省委、省政府发表了热情洋溢的讲话，对胡大白当选"中国十大女杰"表示热烈的祝贺。他说，胡大白同志为河南 9000 多万人民赢得了荣誉，争了光，这是河南人民的骄傲，全省广大妇女同胞和教育战线上的同志要以她为榜样，发扬身残志坚、自强不息、艰苦创业、无私奉献的精神，为河南的经济建设和社会发展作出更大的贡献。同时，他要求省教育主管部门支持河南民办教育事业的发展，在具体政策上，可以再灵活一些，给民办学校更大的自主权，推进民办教育发展得更快一些，多为河南培养人才。当时的《光明日报》、《中国妇女报》、《河南日报》以及中央电视台"东方之子"、"半边天"栏目专题报道了胡大白的先进事迹和她的突出贡献。

二　当选中国当代教育名家

2009 年 9 月 27 日，在新中国成立 60 周年之际，胡大白获评"60 位新中国成立以来感动中原人物"；2009 年 9 月 29 日，在河南省"双 60"人物座谈会上，胡大白受到河南省委书记、省长的亲切接见，并发表题为《笃力办学，勇担责任》的发言。

2010 年 5 月 6 日，由郑州市委宣传部、市红十字会联合举办的"生命的红十字——纪念'5·8'世界红十字日"公益募捐晚会上，胡大白被聘为"红十字爱心大使"，并现场捐款 10 万元。2011 年 5 月 27 日，在省直机关精神文明建设指导委员会、省委省直机关工作委员会举行的第二届省直"十大道德模范"颁奖典礼上，胡大白被授予省直"十大道德模范"称号。2011 年 5 月 31 日，由中央文明办主办、中国文明网承办的"我推荐、我评议身边好人"5 月评比活动结果揭晓，胡大白荣登"中国好人榜"。2011 年 11 月 10 日出版的《河南教育》（第 11 期）刊发《黄河科技学院：让爱心之光洋溢芬芳》，专题报道胡大白用爱心铺就了一条关爱残疾学生和弱势群体的助人为乐之路。

2011 年 12 月 2 日，由河南省委宣传部、省文明办、省军区政治部、省总工会、团省委、省妇联主办的第三届河南省道德模范颁奖典礼在河南电视台举行，省委副书记等省领导为获奖者颁奖，胡大白获得"河南省道德模范"称号。2012年5月29日，河南省委宣传部、省文明办、省教育厅、团省委举办道德模范基层巡讲活动全省启动仪式暨道德模范高校巡讲活动首场报告会，胡大白作为全省道德模范参加活动，并发表题为《助学助困勇担当，播撒爱心献真情》的报告。

2017年11月，中国教育学会、中国高等教育学会、中国职业技术教育学会、中国教育电视台、中国教育报刊社、人民教育出版社6家单位第一次联合开展了评选中国当代教育名家活动。经过广泛发动推荐、严格审核遴选、开展专家初评、专家委员会终评四个环节，经过热烈的讨论和反复权衡，从400名入围候选人中选出中国当代教育名家终评会议的候选人和递补候选人名单，最终推选了90位"中国当代教育名家"。胡大白当选，实至名归。

第五节　师生的认同

历史上成功的教育工作者，无一不是以过人的人格魅力和非凡的毅力和能力使得教育对象由衷地感佩的。胡大白是教职工心目中的好大姐、好朋友，是学生心目中的"校长妈妈""校长奶奶"，也是师生员工认可的优秀校长。

一　有情怀的教育家

习近平总书记在2023年9月9日致信全国优秀教师代表时，从理想信念、道德情操、育人智慧、躬耕态度、仁爱之心、弘道追求六个方面阐述了新时代中国特有的教育家精神的核心要义。[①] 教育家精神在黄河科技学院和它的开创者胡大白身上，得到了淋漓尽致的体现。胡大白以超前的视野擘画发展蓝图，带领黄河科技学院紧跟时代步伐，克服重

---

① 《习近平致全国优秀教师的信》，求是网，www.qstheory.cn/yaowen/2023 - 09/09/c _ 1129854536. htm，2023年9月9日。

重困难，抓住机遇，以"敢为天下先"的精神，抢占民办高校发展的制高点。胡大白是中国民办高等教育划时代的拓荒者和实践者，在努力探索、执着追求的征程上，尽管遇到千难万险，也一度不被理解，甚至有流言蜚语，她始终坚持信念，始终保持坚韧不拔、顽强拼搏的奋斗精神，公而忘私、奉献社会，不断开创学校发展的新境界，对全国各地民办高校的起步与成长起着引领与示范作用。

黄河科技学院的师生员工对胡大白有着真诚的钦佩和喜爱，因为这样的感情基础，他们把黄河科技学院的事业当成自己的事业，自觉地将自身纳入学校发展、国家发展的大局之中，自己的人生也得以充实，境界得到提高。

黄河科技学院纪委书记王威："从刚上班就一直受董事长和老杨校长（杨钟瑶）对教育深厚情怀的影响，他们是我工作生活中的榜样和引路人，教会我怎样做人做事。董事长在创办学校和发展学校的过程中既有创新理论，又有创新实践，是社会公认的德高望重的教育家，也是我心目中的榜样和楷模。"

二　有战略远见的教育家

胡大白以她特有的敏锐和智慧，在学校发展的每一个战略节点都能够先行一步，从而在当代中国民办教育几十年发展的过程中抓住机遇，乘势而上，实现了办一所有中国特色的社会主义民办大学的愿望，也为千千万万学子提供了上大学的机会，为中国教育的改革发展提供了黄河科技学院样本。

黄河科技学院民办教育研究所研究员贾全明：董事长可以说是一个具有雄才大略的人。她胸中有战略，眼中有人才，工作有标尺，落实有步骤，使自己的战略目标一步步实现。

董事长对战略的把握可以说是与生俱来的、直击本质的一种直觉的把握。她在办学之初就提出了"办一所具有中国特色的社会主义民办大学"的战略目标。这样的战略构想在当时是没有任何一个教育行政领导、大学校长敢说的。当时只有几年办学经验的胡大白敢于这样旗帜鲜明地提出来，正是因为她有着非常敏锐的、直击事物发展本质的一种直觉。事实也证明了，她的战略把握是正确的。正是在这个战略的引领下，四十年里，朝着这个目标，黄河科技学院从自学考试辅导班变成全国第一所国家承认学历的专科、本科学校，相信以后还会有更好的发展。

董事长胸中有战略，眼中有人才。她具有非常强的识才、惜才、用才的能力。在发展的不同阶段，董事长都给学校选育了一批批人才。学校的人才，来源广泛，除教育行业外，还有政府机关、工商企业、军转干部、铁路系统，她唯才是用，不避亲疏，不看学历。在留校学生中，罗煜是重庆人，张丕万是湖南人，现在都已成长为副校级领导干部。为了学校势科学与信息动力学研究中心的发展，她极力引进两名本科毕业的无研究生学历（仅有本科）、无职称、无大的学术影响的"三无""90后"青年。他们在因不适应郑州的生活（二人为贵州人），不得已向董事长辞行时，抱着她痛哭流涕，直呼"奶奶，对不起！"

为了实现自己的梦想，她没有像其他办学人那样，提出"要办中国的哈佛"之类的目标，而是把"远学清华，近学郑大"作为学校发展的标尺。"远学清华，近学郑大"并不是比猫画虎，清华、郑大有什么，黄河科技学院就要有什么，而是把清华和郑大作为学校发展中的两个目标来赶超。把学校建成像清华一样的"民办小清华"，在国内高校中，甚至在国际高等教育中有一定的影响力，是黄河科技学院发展的"高目标"。在实现"高目标"之前，先发展成为像郑大一样的具有区域影响力的大学，则是黄河科技学院的"第一级目标"。实际发展中，黄河科技学院也是按照这样的标尺进行建设的，董事长聘任了省内相关专业一流的专家做院长。新闻传播学院的张仲良，是河南大学新闻传播学院的创办院长，音乐学院的崔红斌是河南大学音乐一系的创办系主任，工学院的邹景超、信息工程学院的刘昱旻，也都是业界有影响的专家。在民间，黄河科技学院能有"民办小清华"的美誉，不是没有原因的。

四十年来，黄河科技学院的路是最扎实的。"开拓、拼搏、实干、奉献"是学校战略落实的方式、方法。没有开拓、拼搏的"敢为天下先"的精神，没有实干、奉献的付出，任何伟大的战略都不会落地。董事长总能够分阶段、分任务地把战略构想落实到学校的"专升本"、评估等工作中，把战略发展与日常工作相结合，适时地提出不同时期的工作重点和战略口号，形成逢一必争、逢金必夺的校风，引领学校朝着总目标前进。

三　既是校长，又是亲人

胡大白对学生的关心是由衷的，她不但关心学生的学习和生活，帮助他们解决困难，还有意在深层次上关心他们成人成才。这样的关心几十年如一日，不是为了作秀，不是虚情假意，所以学生都把她当成亲人。

李威（2011届黄河科技学院毕业生，郑州飞轮威尔实业有限公司董事长，大鱼智行车品牌创始人）：胡校长不但是当代教育家，也是我们的"校长妈妈"，她对我们的关心爱护，不仅从一点一滴的生活处着手，也注重我们未来的发展。她坚韧、热心、平和、勇于开拓，是黄科院的精神核心。在黄河科技学院的岁月，受"校长妈妈"的教育和影响，我奠定了做人和事业发展的基础。

2022年，黄河科技学院在校生41706人。年轻的大学生以胡大白为荣，"校长妈妈"是他们的精神榜样，是他们引以为傲的偶像，又是实实在在的亲人。

2022级艺术与体育学部网络与新媒体专业学生董亚琦：在我的认知中，胡大白董事长是我们可亲可敬的"校长妈妈"。她是干大事的中国女性。作为当代中国民办教育的开拓者，她是当之无愧的教育女杰。敢为天下先，仅靠最初微薄的30元和坚韧的意志就走上了创业路，办起了我国首所民办本科高校，并将"办一所对学生最负责任的大学"作为人生的最高理想。此外，还用自己母亲般博大的胸怀为那些不向命运低头、身残志坚和经济困难的学生铺就了一条成才路，同时也为那些需要知识和帮助的人们送上爱心和温暖，还为广大学子点亮了前行的明灯，培育了万千英才。她是我们的榜样。

第六节　社会的肯定

胡大白在近40年的办学实践中，认真研究民办高等教育理论，推进教育实践创新，闯出了一条中国特色民办高校的科学发展之路。

胡大白的传奇事迹和突出贡献，获得了社会的广泛肯定。胡大白的办学实践和教育理念对当代中国教育，特别是民办教育产生了重要影响。黄河科技学院综合实力连续六年位居"武书连中国民办大学排行榜"第一，连续多年在"广州日报应用大学排行榜"位居民办高校第一。学校入选全国首批应用技术大学改革试点战略研究单位、教育部"互联网+中国制造2025"产教融合促进计划建设院校、河南省首批示范性应用技术类型本科院校，入选首批全国创新创业50强高校、首批全国深化创新创业教育改革示范高校、首批国家级创新创业学院建设单位等，黄河科技学院大学创业孵化园入选全国创业孵化园示范基地。黄河众创空间被认定为全国首批众创空间，与大学科技园双双被纳入国家级科技企业孵化器管理服务体系。国务院"双创"专题督查等3个调研组先后到校调研，并均给予高度评价，新华社进行通稿报道。党和国家领导人多次接见胡大白；多个省份党政部门、教育行政部门组织本地学校相关人员到黄河科技学院取经学习；中央和地方各大新闻媒体纷纷报道推介黄河科技学院，新华社、中央电视台"东方之子""半边天""对话"栏目、中国教育电视台、《人民日报》、《光明日报》、《中国教育报》、《华盛顿邮报》等都曾专题报道过胡大白先进的办学理念和管理经验；国内民办高校、民办教育研究机构多次到黄河科技学院调研。

中国教育学会原会长钟秉林于 2014 年 12 月 6 日在黄河科技学院发展道路研讨会上的讲话："作为民办教育发展的缩影，黄河科技学院建校 30 年来走出了一条科学可持续发展道路，提出了一些好的办学思路和理念，取得了一些宝贵的经验，为中国高等教育贡献了力量。这不仅对民办高等教育发展具有非常重要的借鉴作用，而且对于公办大学也具有重要的启示作用。"

河南省社会科学院原院长喻新安于 2014 年 12 月 6 日在黄河科技学院发展道路研讨会上指出："黄科院办学之路的示范、引领带动作用以及社会影响力，所产生和释放的正能量，对河南整个经济社会发展的影响，无法用金钱来衡量，也无法用数字来表述。"

国内外同行频频到黄河科技学院交流学习。据不完全统计，仅 2018 年学校就接待中外来访客人近 30 次，共计 200 多人。其中，来访的国际友人有当时的美国拉文大学生物学与生物化学教授、著名环保主义者、可持续发展研究专家杰伊·琼斯，纽约州立大学石溪分校副校长兼医学院院长肯尼斯·考山斯基，德国什未林设计学校校长海达斯，韩国文化交流中心代表金延喜等；国内来访的有当时的教育部"长江学者"特聘教授、西安电子科技大学博士生导师马建峰，厦门大学中外合作办学研究中心主任林金辉教授，浙江树人大学校长徐绪卿和党委副书记王军等。有的办学人员和教育研究人员甚至一年多次到黄河科技学院学习取经。黄河科技学院成为中国民办教育院校参照学习的榜样。

胡大白在 38 年的办学实践中，认真研究民办高等教育理论，推进教育实践创新，闯出了一条中国特色民办高校的科学发展之路。

胡大白立足中国大地，遵循教育和人才成长规律，服务社会主义现代化事业的需要，认真落实立德树人根本任务，办人民满意的教育。她长于分析，勤于思考，博采各家之长，解答学校发展中面临的现实难题。她的探索不仅对民办高校的科学发展具有极其重要的价值，对于整个中国高等教育的科学发展，同样具有启示意义。①

苏州大学的侯琮因博士学位论文研究需要，于 2023 年 2 月中下旬到黄河科技学院开展了为期两周的调研访问。其博士学位论文研究主题为"高水平民办高校建设"，采用质性研究范式对案例高校进行纵向过程研究。得益于校方的开放胸襟，在黄河科技学院进行田野调查的过程中，侯琮拜访了胡大白董事长、主要校领导、主要二级学院及职能部门负责人，探访学校的成长历程、发展模式与建设道路，累积了 20 余万字的访谈记录；同时切换多重研究视角与"在场"身份，沉浸式体验校园生活、参与教学活动，直观感受学校的精神风貌。以下是侯琮的调研感慨。

黄河科技学院（以下简称"黄科院"）的代表性意义在于，这所高校的创生和成长体现了在改革开放初期这一特定历史背景下，身怀教育情怀的教育人、教育家如何将教育报国理想付诸现实，琥珀一般凝结和保留着让民办高等教育萌发于中国大地的初心，浓缩着 20 世纪末期和 21 世纪初期走在最前面的民办高校劈波斩浪的奋斗历程。黄科院的典型性意义在于，这所高校自创立至今始终由胡大白教授乘船掌舵，主导学校成长各阶段的办学理念、战略导向、关键决策，在她强大的人格魅力和治学方略影响下，学校

---

① 苏州大学民办教育研究中心：《胡大白：当代中国民办高等教育的开拓者》，2022 年 11 月 3 日。

发展运行与组织制度演进一脉相承，宛若独具灵魂色彩的生命个体，在时代前行的历史洪流中勇立潮头。具体阐述如下。

一是葆有民办教育的办学初心和精神基因。黄科院创立于改革开放初期，当时百业待兴、急需人才，大学教师出身的胡大白教授深知教育对国家前途命运的重大影响，以"为国分忧，为民解愁，为社会主义现代化建设服务"的宗旨开办郑州市高等教育自学考试辅导班。这一教育报国的崇高理念是改革开放后最早建立的一批民办高校所共同秉持的，但是后续发展过程中许多高校似乎已将之遗忘。胡董事长兴办教育、服务社会的情怀如同指引黄科院前进的火把，也烛照着我国民办高等教育艰苦发展的创业脉络，在不同历史发展时期都不断焕发新的精神内涵。

二是饱蘸强烈个人色彩的生命历程。当前我国涌现出的一批水平相对较高的民办高校，多为改革开放初期创办的、个人（或家族）举办的"滚动发展型"高校，如黄科院和陕西西安的西京学院、欧亚学院、西安外事学院等，都凝结着第一代民办高等教育创业者白手起家、筚路蓝缕的创业拼搏精神。黄科院的教育理念和精神文化深深镌刻着胡大白的个人魄力，她敏锐的战略眼光及治学智慧构成了强大的机会识别能力，她一力促成学校实现一次次重大飞跃，同时在时代演进中始终保持着创业劲头并传承"黄科院精神"，因而学校发展历程得以稳健承续。

三是彰显组织个体推动制度建构与政策制定的先进性。黄科院对我国民办高等教育发展有着"敢为天下先"的历史性贡献。1994年学校成为全国第一所实施专科学历教育的民办高校，2000年经教育部批准成为全国第一所实施本科学历教育的民办高校，这在我国高等教育发展历史上属开天辟地第一回。由于此前并无例可参，许多机遇都是胡董事长反复争取"跑出来的"，她抢先按照公办高校设置的高标准建设学校，教育教学目标在自身实力和政策窗口同时具备的条件下得以实现。黄科院在实践发展中把握先机，同时积极在与环境的互动中汲取资源、建构制度，逐步塑造出民办高等教育的发展空间，折射出实践驱动政策制度建构的良性互动。

四是在我国民办高等教育内涵建设深化进程中发挥了榜样模范作用。黄科院在民办高等教育系统、区域高校方阵和应用型高校阵营中出类拔萃，特别是在体制机制改革、内部治理体系构建、人才培养范式改革等领域不懈求索、率先垂范。先后以较高水准顺利通过教育部高校本科教学工作水平评估（2008 年）及教育部普通高校本科教育教学审核评估（2018 年），获批全国首批"应用科技大学改革试点战略研究单位"（2013 年）和"河南省首批示范性应用技术类型本科院校"（2015 年），获批河南省硕士学位授予立项建设单位（2017 年）和硕士学位授予重点立项建设单位（2021 年），充分体现了民办高等教育在推进高等教育办学体制改革进程中的"试验田"和"先锋队"价值。

五是剑指一流的建设目标和高远定位。面向未来，黄科院发出了建设成为国内一流应用科技大学的宏愿。以黄科院为代表的一批水平相对较高的民办高校，在经历了高等教育扩招等时代机遇后，在我国高等教育大众化及普及化的历史性跨越中实现了可观的规模扩张，也都不约而同地在进阶本科层次后稳定规模、规范治理进而注重内涵建设，并于近十年间凭借各自对高等教育及市场环境的不同理解和判断，开始着眼于未来办学道路的探索和论证，如今已经演化出不尽相同的发展模式并在各自征程中持续推进。这些民办高校的创办者投入毕生心血于办学，遍尝举办高等教育的艰辛，也更有毅力从种种外界束缚中挖掘发展的可能。站在当前的时间节点上，尽管还无法预判这些高校未来发展势头如何，更难以断言何种发展路径是正确的，但民办高校自身的创业精神使之惯常于瞬息万变的市场环境中抓取生存机遇，正是这种不确定性给予了民办高校更多的希望和可能。[1]

---

① 苏州大学民办教育研究中心：《侯琮：调研黄河科技学院半月有感》，2023 年 4 月 17 日。

第六章　榜样作用和时代价值

　　胡大白将中国优秀传统教育思想和世界先进教育理念结合起来，根据中国经济社会发展现状和教育的实际，卓有成效地解决了在新的社会条件下"为什么办教育、办什么样的教育、怎样办好教育"等问题，为新时代办好民办教育、促进民办教育整体发展提供了可以借鉴的经验和理论参照。

　　为什么办教育？

　　胡大白办学的初心是"为国分忧，为民解愁，为社会主义现代化建设服务"。胡大白因公致残后，看着那么多孩子没有学上，看到各行各业那么需要人才，看到国家发展急需教育，她无法旁观，只能在病床上思考，怎样才能发挥自己的作用。

　　"1984年正是国内经济体制改革的起步时期，也是国内经济建设的大量用人之际，而国内高校大量的教育资源在闲置，人力资源开发严重滞后。我清醒地认识到，国之'忧'，是现代化建设人才紧缺；民之'愁'，是大学的精英教育把大批有志求学的青年挡在了象牙塔之外。"国家求贤若渴，开办了函授教育、刊授教育、走读教育等为渴望读书的人们提供条件，其中最直接、最权威的是建立了高等教育自学考试制度。"然而，河南省在1984年举行了首届高等教育自学考试，6%这一极低的合格率带给广大考生的是痛心和失望。一个大学教师难以推卸的责任感，促使我决心帮助这些没有上成大学的求知者。"[1]

---

[1]　胡大白、樊继轩：《民办高校内涵式发展战略研究》，河南人民出版社，2013，第2页。

中国历史上不少仁人志士，在国家发展需要的时候，都会从发展的大局出发，创办学校，培养人才。胡大白办学校，初心不改，砥砺前行，使得黄河科技学院发展成为当代中国民办教育的一面旗帜。

办什么样的教育？

胡大白要办的，是国家发展需要的、坚持社会主义办学方向的、既能实现学生个人成长又能服务国家发展的、具有中国特色的社会主义民办大学。胡大白坚持中国共产党的领导，将坚持教育的公益性原则贯彻办学始终。黄河科技学院一直坚持育人为本、德育为先，把加强党的建设作为办学兴校育人的根本保证，充分发挥党委的政治核心作用、党支部的战斗堡垒作用和党员的先锋模范作用，保证了学校健康稳定发展。

胡大白要办的，是具有中国特色的现代大学。这样的大学，是承接中国优秀教育遗产的、汲取现代先进教育理念的、适应当代中国经济社会发展需要的大学。

胡大白要办的，是生命常青的大学。只有充满活力的大学，才能生命长青。

在全球经济一体化的背景下，中国高校面临着国外的教育机构逐步登陆我国市场、高考生源逐年递减等诸多严峻形势。如何办生命常青的大学是当下摆在我国各高校面前的一个生死攸关的战略问题。目前，我国高校生源竞争的层面大致可分为两个：一个是"985"高校与国外及中国港澳台地区的大学争夺优质生源；另一个是"211"以下高校竞争一般生源。有人把中国近年来高校考生考取国外或中国港澳台地区大学的情况看作中国人才的流失，但在我们看来，这种观点过于狭隘和落伍。这只是高等教育生源全球化竞争分流的结果，且这种竞争趋势是不可阻挡的。在这种全球背景下的高等教育生源竞争不但给考生带来了更多的选择，而且使高校步入一个优胜劣汰的竞争轨道。[1]

---

① 胡大白等：《民办高校现代大学制度建设》，社会科学文献出版社，2017年，第34页。

　　要使教育之树常青，除了根据教育的内在规律做好战略布局和战术运作之外，还要不断进行改革，使体制机制永远保持年轻状态，激发内生动力，实现学校发展。

　　怎样办好教育？

　　教育有其自身的发展规律，但规律也容易产生经验主义，经验主义会产生僵化，阻碍教育的创新。一百所大学会有一百个办法，影响民办学校办学特色形成的重要条件是办学人的认识、能力和水平。那么，究竟一所大学如何经营才能做到生命常青呢？在胡大白看来，大学要想在竞争中始终保持优势，做到历久弥新，必须基于一种战略的管理。所谓战略管理，是指制定、实施、评估跨部门决策的科学和艺术，能够保证组织实现其目标。大学战略不是一成不变的章程，而是随着办学环境的变化不断做出调整的行动纲领。大学战略对外关注市场和政治、经济、社会、文化的环境变迁，适时调整自己的目标，以使大学的发展适应社会大背景的变化，做到与时俱进。

　　大学战略对内涵盖以下几个方面的内容：一是学科专业发展战略。大学要鼎力支持强势学科专业的发展，及时砍掉病态发展的学科专业，以集中精力支持发展朝阳学科专业，以便保持活力和应变能力。二是学校财务战略。大学要实现学校财政收入的多元化，包括政府投入、非政府投入、学费收入、科研收入、校友及社会捐赠等。稳定的财政是办学成功的关键因素之一，优秀的师资和先进的教学科研设备都需要良好的财政保障，任何资金来源萎缩的迹象都会引起大学的不稳定和骨干教师的流失。三是学校管理战略。一流的大学取决于一流的管理。科学的管理机制、优秀的管理人员，能够无限激励教师员工的创造力，把大学建成一个智力竞相迸发的舞台，使大学的教学科研始终走在同类院校前列。四是学校文化战略。校园文化是凝聚大学教师、员工、学生的血脉，教师、学生对学校产生的归属感、荣誉感、自豪感是大学文化的精华，大学文化作为一种无形的磁场，在学校生存发展的关键时期往往起着至关重要的作用。大学战略管理的目标是实现和保持大学的成功。管理大学是一个整合的过程，需要各相关部门的齐心协力。譬如，如果只注重学术成果而不注重有效的财政管理是缺乏远见的；同样，如果只注重校园建筑设施而不重视学术业绩的提升也是短视的。基于对大学战略的遵守和执行，大学的战略只有成为大学的刚性制度时才会对其具有约束力。①

基于这种思考，胡大白在黄河科技学院建立了"以党建为核心，全面加强思想政治工作"的制度；建立了具有中国特色的民办大学董事会制度；建立了主动为师生服务、为教学科研服务的行政管理制度；建立了能够激发教职工进行积极教育教学研究的学术管理制度；建立了在"民主、公平、公正、公开"的原则下，通过教职工代表大会、工会代表大会、学生代表大会、团员代表大会、妇女代表大会等形式体现的民主管理制度。这些制度有效地解决了一般民办学校高度集中的"一言堂"问题，实现了胡大白"广大师生广泛参与"的民主管理构想。

不少学校为了生存，把扩大招生规模、实现数量扩张当成头等大事。胡大白也重视规模发展，但她更重视的是教育的内涵式发展。她认为，在高等教育的战略转型时期，从大到强是民办高校实施内涵式发展的普遍模式，而正确定位则是民办高校实施内涵式发展战略的首要前提，"质量立校"是民办高校实施内涵式发展战略的有效途径，"人才强校"是民办高校实施内涵式发展战略的重要保障，"特色兴校"则是民办高校实施内涵式发展战略的必由之路。因此，实施内涵式发展战略是民办高校战略转型的必然选择。

民办高校如何实施内涵式发展战略？一是要更新观念，建立和完善科学决策机制；二是运筹帷幄，科学制定民办高校发展规划；

---

① 胡大白等：《民办高校现代大学制度建设》，社会科学文献出版社，2017，第35~36页。

三是深化改革，增强民办高等教育发展的生机与活力；四是科研创新，不断提高民办高校的教学质量和科研水平；五是加大力度，努力造就民办高校高素质的教师和管理队伍；六是对外开放，大力推进民办高校与国际教育的交流与合作；七是拓宽渠道，建立和完善多渠道筹措民办高等教育经费的保障制度。[①]

基于内涵式发展的考虑，黄河科技学院坚持不懈加强师资队伍建设，建立了一支稳定的、适应日常教育教学工作、能够支撑学校健康发展的梯次教师队伍；不断完善、建立健全了应用型创新人才的培养体系；建立了科学的教学质量监控评价体系；加大投入力度，硬件建设过硬的办学条件保证了内涵式发展的推进；长期凝练，形成了优良的校风、教风和学风，创建了"党满意、社会满意、人民满意"的高水平民办大学。黄河科技学院的办学实践得到了政府和社会的高度评价，原河南省教育厅厅长、河南省人大常委会原副主任蒋笃运认为，黄河科技学院紧紧抓住民办高等教育发展的良好机遇，全校师生员工齐心协力，艰苦奋斗，充分发挥办学体制灵活的优势，不断扩大办学规模，加强基础设施建设，汇聚教师队伍，加强内涵式发展，积极向应用技术大学转型，在学校管理、教育教学和人才培养等方面积极探索，取得了良好的效果，为河南省培养了一大批"下得去、留得住、用得上、干得好"的应用型创新人才，得到了社会各界的广泛认可和好评。尤其可贵的是黄河科技学院一直致力于探索地方高校转型发展的新思路，真正走出了一条应用型本科特色育人之路，为加快构建河南省职教体系贡献了突出力量。学校的影响力也进一步扩大，为我国民办高校培养高素质应用型创新人才提供了可资借鉴的样本。

健康发展的民办教育，还要不断认真审视自身的问题，只有这样，才能从根本上找到解决问题的办法，实现良性发展。胡大白认为，制约民办教育发展的问题，除了经费问题、社会认可度问题、师资队伍编制

---

① 胡大白、樊继轩：《民办高校内涵式发展战略研究》，河南人民出版社，2013，第6~7页。

问题，不断产生的新问题主要表现在民办教育内部。

一是发展定位不清和战略远见缺乏，核心竞争力不强。少数民办学校囿于小天地、小圈子，实现了小发展就裹足不前，安于现状。一些民办学校在长期的发展中摸爬滚打，在一定层面上实现了规模扩张，艰苦的发展经历磨炼了意志，同时也削减了锐气，缺失了发展远见。一些学校虽然有长远的发展规划，但缺乏科学的发展理念。个别民办学校过于注重经济效益，导致学校发展进入恶性循环。

二是内部管理方法陈旧，缺乏创新动力。少数民办学校办学理念滞后，失去了自己的特色。学生录取的粗放式做法，导致生源质量不高；专业设置的粗放式决定，导致专业设置雷同；教学运行的粗放式运转，导致人才培养质量不优；学校管理的粗放式运行，导致发展后劲不足。

三是趋公化现象。民办教育在发展之初，大多机构精简，务实高效。随着时间的推移，规模的扩大，内设机构就会一个个建立起来。一些民办学校照搬公办院校的模式，一级一级构建管理框架，民办教育的优势正在个别学校淡化。

四是同质化趋势。这种趋势表现在一些学校在机构设置上的相近，在人才培养目标、人才培养方案、人才培养方法等方面的相似。仅从专业设置来看，一些相对热门的专业如国际经济与贸易、工程造价、计算机科学与技术、物联网工程、电子信息工程、土木工程、环境设计、旅游管理、会计、日语、通信工程、汽车检测与维修、机电一体化技术、动漫制作技术、市场营销、物流管理、人力资源管理等专业重复开设率较高。总体来看，河南民办本、专科院校的专业设置呼应了经济社会发展对人才的需求，但同质化现象比较严重。

五是师资队伍建设问题。教师是教育发展的重要保证，师资队伍建设是学校各项工作的重中之重。河南的民办学校和全国一样，由于条件限制，师资队伍建设面临着比公办学校更严重的问题。引进高职称高学历的教师，民办学校的成本远远高于公办学校，培养成熟、取得一定学历和职称的教师又难以留住。由于没有公办学校教师的待遇，民办学校的教师队伍在学历、职称、年龄上都很难形成理想的'纺锤型'状态。①

第一节　汲取和发展先进教育思想

一　回应社会关切，贴近时代需求

教育是一种社会现象，伴随着人类社会的产生而产生，因社会生活的需要而发展。一定的教育服务于一定的社会形态，一定的社会形态决定一定的教育形式。

怎么办教育，怎么办好教育，不同的历史时期有不同的要求。在历史的长河中，虽然教育的形式不断变化，但教育的育人目的一直未改。要在 20 世纪 80 年代办好教育，就不能脱离时代，不能脱离社会实际。胡大白在教育教学和创办学校、指导学校不断健康发展的过程中，审视中国教育诞生发展的过程，结合当代中国、河南教育发展的实际，不断丰富完善自己的教育理念。

先秦时期是中国传统教育的形成、奠基时期，远古至夏商周时期是教育的萌芽时期，而春秋战国时期则是中国教育的形成、奠基和繁荣时期；秦汉至宋明时期是中国传统教育的发展时期；两汉至魏晋南北朝、隋唐、两宋是中国教育的发展辉煌时期；元至明代私学继续发展，书院虽有官学化倾向，明代并有盛衰，但毕竟还可与官学平分秋色；清代直至近代，中国传统教育出现了衰微的倾向。19 世纪末至 20 世纪"西学东渐"，"重建教育"成为中国教育的重

①　胡大白主编《河南民办教育发展报告（2017）》，社会科学文献出版社，2017，第 13~14 页。

大课题，学校教育也经历了由私塾到学堂到近代学校，书院到近代私立大学的重构和转型时期。到了近代，随着西方教育科学的传入与引进，中国的教育面貌发生了一系列变化。辛亥革命和五四运动后，乡村教育实践等教育思潮和中国共产党的新民主主义教育则成为推动近代民办教育发展的主旋律。中国近代民办教育史是中西教育全面接触、冲突、吸收和融合的教育史，也是交织着被迫接受和主动探索的矛盾与痛苦的历史，近代的中国传统民办教育往往与民族救亡相联系。①

新中国成立之后，教育有了鲜明的社会主义特色。百废待举，百业待兴，推动教育有了较快的发展。胡大白生于教育世家，她本人本来也从事教育工作。她在日常的教学工作中积极探索，冷静思考工作中遇到的问题，在传承中国传统教育的优秀遗产的同时，不断吸收先进的教育教学理念，将其融入工作实际，形成自己的教育特色。

（一）国家的指导方针

1980 年 12 月，邓小平同志在中央工作会议上强调："我们要建设的社会主义国家，不但要有高度的物质文明，而且要有高度的精神文明。"②

1982 年 2 月 27 日，中共中央办公厅转发了中共中央宣传部《关于深入开展"五讲四美"活动的报告》。该报告规定每年 3 月为"全民文明礼貌月"，要求每年开展"全民文明礼貌月"活动，因时因地制宜，各有重点，开展"五讲四美三热爱"活动。

"全民文明礼貌月"的开展，特别是"五讲四美三热爱"活动的持续推进，使得社会文明程度有效提升，有效消除了人们内心深处的认识误区，为新的历史阶段经济社会的发展铺平了道路。1985 年，虽然中央有关部门决定不再开展集中的"全民文明礼貌月"活动，但是推动文明行为的养成已经成为全社会的共识。而真正使文明行为在世代中国

---

① 樊继轩：《中国民办教育通史（古代卷）》，社会科学文献出版社，2019。

② 《邓小平文选第二卷》，求是网，www.qstheory.cn/books/2019 – 07/31/c_ 1119484755_ 48.htm，2019 年 7 月 31 日。

人精神生活中扎根成长的，还是学校教育。

（二）教育的重负

1980年，经济建设的大幕已经拉开，社会也在快速发展的轨道上向前进步。但是我国小学阶段的教育尚未普及；17%的小学毕业生还不能进入初中学习；60%的初中毕业生还不能入高中学习；97%的高中毕业生不能进入大学学习。也就是说，只有3%的高中毕业生有机会接受高等教育，而社会进步和经济建设急需大批受过各级各类教育的人才。教育落后于经济和社会发展，缺乏专门人才的情况十分严重。1975年和1978年我国局部地区人口抽样的调查数据显示，18岁以下的青少年和儿童人数已经突破3亿人。

表1　1980年全国6~18岁各年龄（学龄）段人口数

单位：岁，万人

出生年份	1980年年龄	人数	出生年份	1980年年龄	人数
1962	18	2350	1969	11	2561
1963	17	2749	1970	10	2463
1964	16	2437	1971	9	2573
1965	15	2491	1972	8	2474
1966	14	2422	1973	7	2377
1967	13	2376	1974	6	2146
1968	12	2663			

资料来源：根据历年《中华人民共和国统计年鉴》整理。

1980年全国6~18岁的儿童和青少年共有32082万人，平均每岁有近2468万人。也就是说，从1980年起到1992年，平均每年要有近2468万人进入社会（见表1）。如果高等学校不大幅度增加招生人数，每年仍保持30万人左右，则全国青年只有1.22%的概率接受高等教育。同样，高等教育前期的中学、小学和学前教育，也都远远满足不了经济社会发展的需要，更无法满足人民群众日益增长的对教育的需求。

从河南省的情况看，1978年，河南全省总人口为7067万人，小学在校生 1140.26 万人，占到全省总人口的 16.13%；初中在校生 405.24 万人，占全省总人口的 5.73%；高中在校生 116.38 万人，占全省总人口的 1.65%。到 1981 年，全省总人口增加到 7397 万人，而小学在校生却减少到 1110.65 万人，占比仅为 15.01%；初中在校生减少到 351.65 万人，占比为 4.75%；高中在校生数减少幅度最大，仅为 60.66 万人，占全省总人口的 0.82%，占比仅为 1978 年的约 1/2。

出现这种现象的主观原因是各方对教育的战略意义认识不够，客观原因是学龄人口的不断增加和教育设施的不断老化，使得教育资源不断流失。在社会的转轨转型时期，人们突然失去了方向，产生了迷茫。教育的长期缺位会使这种迷茫迅速发酵，产生社会问题，造成社会事件，更重要的是会影响一代人的文明程度的提升，迟滞社会发展的步伐。

面对社会强烈的需求和教育资源严重不足的矛盾，如何在社会发展的关键时期为国分忧、为民解愁，成为胡大白以举办民办学校的方式践行自己教育思想的动力源泉。

二　守正出新，创新发展传统教育思想

教育是民族振兴、社会进步的基石，是人类传承文明和知识、培养年轻一代的根本途径。中国的教育历史源远流长，在长期的发展过程中，形成了具有中国特色的教育思想。胡大白在主编《中国民办教育通史》这一著作时，对从远古到 21 世纪中国的民办教育发展历程进行了认真的梳理，结合自身教育教学和办学的经历与感受，提炼吸收前人的教育智慧，在不断实践、不断发展、不断提升中丰富自己的教育思想。

（一）精神与理想：强调品德、修为

教育和人类社会相伴而生，有了人类社会就有了教育。无论是国内还是国外，教育都是传承并发展人类文明的重要途径，教育使人区别于动物。

中国传统教育最重视的是培育精神和理想。这种理念认为，教育的要义，并不单单是传授知识，也不应只为儿童、少年、青年等"学龄

人"而设。教育的对象是全人类，不论年老年少，不论男女，不论职业，不分种族，不分贵贱贫富，每个人都应该通过教育受到精神与理想的熏陶，使个体的素质得到提高，促进人类社会不断向好。这样的教育思想的初衷，是通过对一代又一代人的培养，建立诚信、友善、和平、向上的理想社会。这是教育的初心。

孔子提出了以"仁"为核心的道德教育理念。在《论语》中，"仁"字出现了 109 次，说明"仁"在孔子的思想体系中居于十分重要的地位。孔子认为"仁"就是"爱人"，其精神价值的一个重要体现就是"己欲立而立人，己欲达而达人""己所不欲，勿施于人"。为了达到崇高的"仁"的境界，就要严格要求自己，不做违背最高道德准则的事，必要的时候不惜牺牲自己来成就这一事业。

战国时期百家争鸣，其焦点集中在人的精神和理想层面。儒、道两家都重视教育与修养对达到理想境界的重要作用，都把人的修养看作一个不断递进的永恒过程，并各自提出了达到人生境界、养成理想人格的一系列原则和方法，以便于各自的教育目标能实现。儒家理想人格的培养通过让人遵守必要的社会规范来实现，注重调整人与人之间的社会关系，重视人的社会责任感，提倡以礼节情，乐观进取。道家理想人格的培养主要是通过超功利的直观内化过程来实现的，重视人格的独立性，重视人与社会、自然的协调，力图解除任何情感因素的束缚，倾向于人格的自然发展，教人无为而无不为，富有超越精神。儒、道两家的教育理想共同体现了中国传统教育的终极价值追求。

西晋思想家、文学家、教育家傅玄认为教育就是扬善抑恶的日长日消的过程。

韩愈把仁、义、礼、智、信作为教育的主要内容，认为人性存在差别，教育对不同的人性发挥不同的作用。由人性而规定教育的权利，由人性而决定教育的内容，教育的根本任务就是去除人的恶性，实现人人向善。

朱熹主张学校教育的目的在于"明人伦"。他强调"父子有亲，君臣有义，夫妇有别，长幼有序，朋友有信，此人之大伦也。庠序学校，皆以明此而已"。人应该格物致知，正心诚意，修身齐家治国平天下，最后达到"止于至善"的境界。

这些中国古代教育大家为教育事业奠定的思想基础，推动着后世一代代践行者不断探索。胡大白教育实践承接了这个宝贵的遗产，在这个基础上形成了"以人的发展为中心"的教育理念。

（二）教育与时代发展同步

在对中国不同历史时期教育的状况和特征进行研究分析的过程中，胡大白结合当代中国的国情和教育发展的需要进行扬弃，中国传统教育思想的精华部分成为胡大白教育实践的理论指导。

> 远古时代教育与社会生活尚未分开，因而可将远古先民的一系列有助于文明开化的社会活动，看作社会教化的形式，并将举行这类活动的场所称为"大学"。事实上这种远古时代的所谓"大学"，既不是儒家所褒扬的那种完美无缺的"大学"，又不是专门意义上的学校，但它确实是引导远古先民步入文明开化时代的重要途径，其中形成的某些传统，也被文明开化时代的中国古典教育所继承。[①]

夏朝的生产力有较大发展。社会的变化和生产力的进步是夏朝学校教育产生的重要基础和条件。当时已出现了脱离生产劳动专门从事文化活动的"巫"。此外，天文历法知识在农业生产领域有了广泛的应用，艺术上也取得了一定的成就。

> 夏朝已进入了有文字记载的文明时代。这些事实充分表明，夏朝已经具备了产生学校的各种条件。[②]

---

① 樊继轩：《中国民办教育通史（古代卷）》，社会科学文献出版社，2019。
② 樊继轩：《中国民办教育通史（古代卷）》，社会科学文献出版社，2019。

西周的教育具有强烈的阶级性。

西周在继承夏商教育传统的基础上，形成了独具特色的教育模式。教育权、受教育权被奴隶主贵族掌握，学校教育也被奴隶主阶级独占，使得西周的教育具有极强的阶级性，并进而造成"学在官府"的教育体制。[①]

春秋战国时期官学失修私学兴起，旧的文化垄断被打破，学术下移民间使得私学萌生。孔子办学即出现在这一时期。

在孔子之前授徒讲学的还有周室的老子，卫国的蘧伯玉，齐国的晏婴，楚国的老莱子、伯昏无人，郑国的列御寇、子产、壶丘子林，鲁国的孟公绰，晋国的叔向等；与孔子同时讲学的，则有郑国的邓析、鲁国的少正卯等。[②]

秦汉教育确立了中国封建教育的雏形。

特别是汉代教育的宗旨、官学和私学的设施、教育的内容、组织形式和教学方法等各方面均为后世整个封建时代的教育奠定了坚实的基础，在中国教育史中占有关键的地位。[③]

魏晋南北朝到宋辽金元时期私学繁荣，书院制度在中国教育史上留下了重要的一页。科举制度成为重要的选拔官吏的制度，影响深远。

科举制度始于隋唐，终于晚清，延续了1300年，是世界上时间最长的考试选拔制度。对中国乃至东亚、世界都产生了深远的影响。隋唐以后中国的社会结构、政治制度、教育、人文思想，莫不受科举制度的

---

①　樊继轩：《中国民办教育通史（古代卷）》，社会科学文献出版社，2019。
②　樊继轩：《中国民办教育通史（古代卷）》，社会科学文献出版社，2019。
③　史仲文、胡晓林：《中国全史·教育卷：秦汉分卷》，中国书籍出版社，2011，第195页。

影响。科举制度为中国历朝发掘、培养了大量人才。1300 年间科举产生的进士有接近十万人，举人、秀才有数百万人。宋、明两代以及清朝的名臣能相、国家栋梁之中，进士出身的占了绝大多数。科举制度对于知识的普及亦起了相当的推动作用。明清两朝，中国的读书人以秀才计，大部分时间都不下五十万人；把童生算在内则数以百万计。除少数人能在仕途上更进一步外，多数人成为在各地生活的基层知识分子。

科举制度也出现了许多问题，其弊端日渐显露，渐趋腐败，败坏了学风以及社会风气，逐步僵化，后期注重门第、官官相护、朋比为奸、徇私舞弊等现象十分严重。"举秀才，不知书；举孝廉，父别居。寒素清白浊如泥，高第良将怯如鸡"。出身底层的优秀人才还是不能被选拔上来。特别是到晚清时期，科举制度成为严重束缚知识分子的枷锁，暴露出种种弊端。1905 年清政府停止科举，科举制度宣告结束。胡大白认为，在中国延续了1300 年的科举制度，其发端和鼎盛时期在打破门阀制度、不拘一格选拔人才方面发挥了积极作用，但是不能因其有巨大的进步作用而掩盖其晚期的严重弊端，也不能因为晚期的严重弊端而否定其巨大的进步作用。

梳理中国古代的教育脉络发现，其发展无一不是和经济社会发展紧密联系的。在当代中国，教育不可能脱离社会现实，不能离开社会制度的现实。基于对中国教育发展脉络的梳理和思考，胡大白将学校的功能定位为"为国分忧，为民解愁，为社会主义现代化建设服务"。胡大白将自己的教育实践与当代中国的基本国情，与经济社会发展的迫切需要紧密结合起来。

国家教育行政学院教务部原主任于京天于 2014 年 12 月 16 日在黄河科技学院发展道路研讨会上指出：

黄河科技学院所走过的每一步，都实实在在地贴近了年轻学子的求学需要，都是为了更好地服务人民、服务社会、服务国家。正是因为他们始终坚持这种为民、为国的情怀，才使黄河科技学院始终保持着一种正确的办学方向，保持着一种敢为人先的激情，保持着这面民办高等教育的旗帜不褪色。反过来说，如果没有一种为民、为国的情怀，只是把教育当作一种产业，是不适合办教育的。因为，教育赚不了大钱。教育不仅赚不了大钱，很多时候还要赔钱。世界上办得最好的私立高校，没有一个是没有巨额投入的。在中国，未来办得最好的民办高校，也一定是不以营利为目的的高校，一定是给予大量投入的高校。

（三）化民成俗，旨在形成良好的社会风气

到底人性是善是恶？《三字经》开篇指出"人之初，性本善"，而荀子认为人性是恶的。人的本性中不存在道德理智，如不加以节制任其发展，必将产生暴力，社会将呈现无序状态。为此，必须要有教育。这也是教育的初衷和最终目的。

道家教育的培养目标是"以辅万物之自然而不敢为"的人。教育能帮助人归真返璞，回到原始的自然状态中去。

从先秦教育理念看，儒、道、墨、法诸家基于对自然与社会的不同理解，提出了各具特色的人生境界与教育理想。尽管各家观点不甚相同，甚至明显对立，但归纳起来，其学理不外乎两大流派：儒、墨、法三家都强调整体利益至上，主张在遵守共同的文化秩序下发展自我；而道家则强调人格的独立，主张依据自然法则追求人格的完满。而在儒、墨、法三家中，儒家的教育理论最为丰满，教育实践最为成功，因而在先秦教育理论中形成了儒、道互斥互补的格局。

"大学之道在明明德，在亲民，在止于至善。"这是儒家对教育目的和为学做人目标的纲领性表达，"明明德""亲民""止于至善"被称为"三纲领"。教育的培养目标，就是把天生的"明德"发扬光大，推己及人，修己治人，达到思想行动上的至善。

"学在官府"是对西周教育制度的高度概括，也是我国奴隶社会教育制度的重要特征。学术和教育为官方所把持，国家有文字记录的法规、典籍文献以及祭祀典礼的礼器全部由官府掌握。以"化民成俗"为旨归的西周社会教化制度代代相袭，这是中国古代教化之源，对中国几千年的封建教育产生了深远的影响。①

宋元蒙学教育非常注重培养儿童的行为和学习习惯。

在日常生活礼节方面，宋元蒙学要求小学生居处必恭，步立必正，视听必端，言语必谨，容貌必庄，衣冠必整，饮食必节，堂室必洁。②

黄宗羲把教育提升到了影响社会、左右政局的高度。

黄宗羲认为，设立学校，不是为了养士，更不是为了科举，而是"必使治天下之具皆出于学校，而后设学校之意始备"。具体而言，就是一方面要形成良好的风尚，"使朝廷之上，间阎之细，渐摩濡染，莫不有诗书宽大之气"，另一方面，则形成强大的舆论力量设法左右政局。③

1905 年科举制度被废除。1912 年高等教育获得进一步的发展，北京大学提出了"思想自由，兼容并包"的办学方针，同时注重培养学生独立自主、开放进步的思想和精神，这种思想和精神成为五四运动的重要动力。

五四运动是中国新民主主义革命的开端，也对中国教育产生了重大影响。

---

① 樊继轩：《中国民办教育通史（古代卷）》，社会科学文献出版社，2019。
② 樊继轩：《中国民办教育通史（古代卷）》，社会科学文献出版社，2019。
③ 樊继轩：《中国民办教育通史（古代卷）》，社会科学文献出版社，2019。

五四运动之后，广大知识分子试图通过教育的改变来化解乡村文化危机，并身体力行，进行了大量的实践。以陶行知、晏阳初、梁漱溟、黄炎培等为代表的爱国教育者，从城市奔向农村，怀着振兴农村、改造社会的良好愿望，尝试走一条不同的农村改革道路，以解决不断扩大和增长的农村问题，乡村建设运动和乡村教育理论就应运而生。[1]

中国传统教育思想认为，教育系统是整个社会大系统的一个子系统，既不能脱离社会，也不能凌驾于社会发展之上。教育的功能之一就是化民成俗。许多教育问题实质上是社会问题，必须将其置于整个社会大系统中加以考察和解决；而教育问题的解决，又必然会促进整个社会的发展进步。孔子十分重视教育，把人口、财富、教育当作"立国"的基本要素。他认为，在发展生产使人民富裕之后，唯一的大事是发展教育事业。这种把教育放在治国安民首要地位，把个人道德修养和提高社会道德水准看作治国安邦基础的思想，有着十分重要的意义。《学记》把教育的作用概括为"建国君民，教学为先""化民成俗，其必由学"。强调建立国家、管理人民，教育必须优先发展；教化老百姓形成良风美俗，必须抓教育。教育的作用应该是在培养国家所需要的人才的同时形成良好社会道德风尚，形成促进社会和谐发展的公序良俗。

将人的发展置于国家、民族发展的大背景下，"穷则独善其身，达则兼济天下""贤哉，回也，一箪食，一瓢饮，在陋巷，人不堪其忧，回也不改其乐。贤哉，回也"。中国传统教育思想倡导这种不因个人得失荣辱而计较，却以天下为己任的品德，使得一代代读书人谨守初心，形成了中华文明的气质脊梁。胡大白从中汲取教育理念，从而要求在教育实践中培养学生"先天下之忧而忧，后天下之乐而乐"的品质，以期推动形成整个社会的文明风尚。

---

[1]　杨雪梅：《中国民办教育通史（近代卷）》，社会科学文献出版社，2019。

（四）强国精英

长期以来，入仕治国是读书人世俗的最高目的，"读书做官"的观念也延续了下来。胡大白认为，"读书做官"也是"正途"。问题是为谁做官，做怎样的官。

孔子并不隐瞒他办学的目的是培养官吏。他说："学也，禄在其中矣。"（《论语·卫灵公》）他的弟子子夏的一句传世名言"仕而优则学，学而优则仕"（《论语·子张》）也反映了孔子教育的培养目标。读书就是为了"劳心""治人""学成文武艺，货与帝王家""治国，平天下"。为官前的学习是为了登堂入室，学习优秀者就要去做官，为官后还要继续学习，以不断提高自身修养和治国理政的能力。①

稷下学宫是战国时期齐国设立的一所著名的高等学府，它的一个显著特点，是它同战国社会实际相联系，为当时的社会服务。稷下学宫汇聚了一大批有谋略的知识分子，是政府的智囊和咨询机构。②

隋唐时期的一些行政部门，如太乐署、太仆寺、太医署、太卜署、司天台等，亦设博士，招收学生，采取带徒弟的办法，使学生一面学习，一面工作，进行职业训练，把教育、研究和行政三者结合起来。③

到了近代，教育培养人才的治国理政意识的思想得到进一步发展。

梁启超认为传统的教育只会让读书人整日埋头于训诂词章和程朱理学，执着于死记硬背而不懂古今政事，醉心于功名利禄而不懂治国理政。因此他呼吁废除科举，兴办学堂，认为"故欲兴学校，

---

① 樊继轩：《中国民办教育通史（古代卷）》，社会科学文献出版社，2019。
② 樊继轩：《中国民办教育通史（古代卷）》，社会科学文献出版社，2019。
③ 樊继轩：《中国民办教育通史（古代卷）》，社会科学文献出版社，2019。

养人才，以强中国，惟变科举为第一义"。梁启超批评洋务派学习西方"器物"的主张，认为其过于功利，只会培养一些翻译、买办等技术人员，培养不出国家需要的人才。[①]

1902年创办通州师范学校时，张謇提出以"国家思想、实业知识、武备精神三者为教育之大纲"。所谓"国家思想"，就是要求学生打破"为我主义"，有爱国思想和自立精神。为激发学生为国家而刻苦学习的爱国热情，他处处强调学生要知国耻，雪国耻。[②]

胡大白认为，教育是强国重器，一个国家要发展，要强大，必须重视教育，而教育必须和国家的兴旺发达结合起来。传统教育中"读书做官""学而优则仕"的思想虽然具有明显的封建色彩，但其中为国育才的精神是可以继承发展的。在中国共产党的领导下，在社会主义制度下，教育要充分发挥自身的作用，为社会的发展培养优秀的人才，为经济振兴、民族复兴、国家强盛、人民幸福贡献力量。

（五）重视实践，知行合一

培养"仕"的教育，往往忽略了实践，这样的弊端造成人才培养和社会发展的脱节，导致教育的结果走向反面。有远见的教育家很早就发现了这个问题，并提出了许多有益的主张。

早在战国时期，关于教育的思想就在儒、墨两家产生了争论。墨子早年曾"学儒者之业，受孔子之术"，后因不赞同儒家的某些主张，便另立学派。墨家私学有弟子三百人，代表着"农与工肆之人"的利益，所以非常重视实用科技的传授。儒家鄙视生产劳动，墨家则强调"不赖其力者不生"；儒家"盛用繁礼"，墨家则俭约节用；儒家严义利之辨，墨家则主张"义，利也"；儒家的格

---

① 杨雪梅：《中国民办教育通史（近代卷）》，社会科学文献出版社，2019。
② 杨雪梅：《中国民办教育通史（近代卷）》，社会科学文献出版社，2019。

言是"穷则独善其身，达则兼济天下"，墨家则"摩顶放踵，利天下为之"，如此等等。①

胡大白认为，墨家的品德教育、论辩教育和科学教育虽有局限性，但也有一定的积极因素，即重视实践和联系实际。"关于道德品德教育，墨翟把道德修养放在教育工作的第一位。他重视劳动，反映了劳动人民的一些思想意识和道德品质。"

王阳明反对朱熹"先知后行"的观点，主张"知行合一"。他认为，"行"是意念的发动，是由心产生的；"知"也是由心产生的，因此，"知"和"行"是一个东西。②

胡大白认为，王阳明的这一学说，突破了程朱理学的旧框架，很有新意，在人们对程朱理学习久而厌的氛围中，传播心学，自然会产生较大的效应。

知行关系问题是古代哲学家、教育家的重点论题。

在这一问题上，王夫之的观点与朱熹的"知先行后"说和王守仁的"知行合一"说都不同。王夫之主张行先知后，知行并进，相互为用。基于这一认识，王夫之强调在教学过程中，必须着重力行实践，即"教必著行"。教的知识，虽不能完全付诸行，但是教师必须要求学生努力实行。学以致用，才达到了教学的目的。③

清初教育家颜元极力批判自汉以来两千年的重文轻实的教育传统，他指出，如果学生的学习与实际生活相脱离，即使读书万卷，也是毫无用处的。这种教育不仅害己，而且害国。

---

① 樊继轩：《中国民办教育通史（古代卷）》，社会科学文献出版社，2019。
② 樊继轩：《中国民办教育通史（古代卷）》，社会科学文献出版社，2019。
③ 樊继轩：《中国民办教育通史（古代卷）》，社会科学文献出版社，2019。

颜元主张学校应培养"实才实德之士"，即品德高尚、有真才实学的经世致用人才。颜元的这种主张目的是维护封建统治，即他说的"他日列之朝廷者皆经济臣"，能够"佐王治，以辅扶天地"，这是颜元思想的局限性。然而，他重视人才对于治国的重要作用，强调人才主要依靠学校教育培养，这些都是有道理的。同时，他提出的"实才实德之士"的培养目标，显然已冲破了理学教育的桎梏，具有鲜明的经世致用的特性，反映了要求发展社会生产的新兴市民阶层对于人才的新要求，在当时无疑是具有进步意义的。①

到了近代，人们对知与行的认识更加深刻。陶行知以试验推广乡村教育作为改造农村的出发点。"生活即教育"是陶行知生活教育理论的核心。"教学做合一"是生活教育理论的教学论。用陶行知的话说，"教学做合一"是生活现象之说明，即教育现象之说明，在生活里，对事说是做，对己之长进说是学，对人之影响说是教，教、学、做只是一种生活之三方面，不是三个各不相谋的过程。

陶行知创办的"乡村工学团"具有鲜明的特色：以社会为学校；生活即教育；会的教人，不会的跟人学，相师相学；教与学都以做为中心；在劳力上劳心才算真正的做，否则是瞎教瞎学；"行是知之始"；与大众共甘苦共休戚以取得整个中华民族之出路。工学团的含义："工以养生，学以明生，团以保生"，工学团要实施普遍的军事、生产、科学、认字、民权、生育六大训练。②

正是受到知行合一思想的影响，胡大白在教育实践中汲取"教学做"合一的精华，特别重视教师、学生分析问题、解决问题能力的培养。黄河科技学院"专升本"之初，就将自己的办学定位于培养"应

---

① 樊继轩：《中国民办教育通史（古代卷）》，社会科学文献出版社，2019。
② 杨雪梅：《中国民办教育通史（近代卷）》，社会科学文献出版社，2019。

用型创新人才"，并明确了"本科学历教育与职业技能教育相结合"的育人模式，使学校紧贴时代需求，为经济社会发展培养了大批合格的建设人才。

（六）经世致用

僵化的科举制度使得读书人在追求"八股"的过程中穷经皓首，却没有经国济世之才。第一次鸦片战争的失败和太平天国运动促使统治阶级中以林则徐、龚自珍、魏源为首的知识分子的觉醒，他们看到西方科学技术的先进之处，提出"师夷长技以制夷"，倡导"经世致用"的教育思想，迈出了向西方寻求真理的第一步，开创了中国教育早期现代化变革的先河。

近代启蒙思想的先驱龚自珍不满传统儒学沉溺名物训诂而无力解决现实社会中的迫切问题的古文经学，反对那种寻章摘句、专事考据、不问政治的不良学风。他要求恢复西汉以前的今文经学，提倡研究现实问题，主张要经世致用。[1]

中国近代启蒙思想家魏源认为，教育要培养修身齐家、治国理政的人才，人才多少是衡量一个国家是否贫弱的标准，而不是这个国家有多少财富。所以魏源指出，"财用不足，国非贫；人材不竞之谓贫……故先王不患财用而惟亟人材"。所以，他认为在专门领域要聘请有专门经验的人担任领导职务，"凡水师将官必由船厂、火器局出身，否则由舵工、水手、炮手出身"。当然，只具有专门技能的人不是人才，只有那些既有专业技能又有道德的人才符合魏源心中人才的标准。"但取文采而不审其德"不是人才选拔的准则。德才兼备才无愧人才的称号。魏源这种经世教育思想突破了以封建伦常教育为目的的人才培养模式，开创了人才价值观的新概念。[2]

---

[1] 杨雪梅：《中国民办教育通史（近代卷）》，社会科学文献出版社，2019。
[2] 杨雪梅：《中国民办教育通史（近代卷）》，社会科学文献出版社，2019。

晚清以来，国力凋敝，国家急需治国之才以挽救式微的王朝。而宋代以来的理学派热衷于空谈，对国家无益。鉴于此，曾国藩潜心钻研经世之学，主张学以致用，形成了"经世致用"教育思想。他认为"经济之学"很重要，在他眼中，官制、财用、盐政、漕务、钱法、冠礼、婚礼、丧礼、祭礼、兵制、兵法、刑律、地舆、河渠等都是应该考究的天下大事。

梁启超提出教育主要是为培养治国理政人才，他重视幼儿教育和女子教育，认为教育应当从儿时抓起，国家要推行免费幼儿教育。他呼吁男女教育平等，认为女子教育优劣决定一国的强弱。梁启超的教育思想极大地丰富了近代教育史的内蕴，也为近代教育制度的完善和国民教育的发展奠定了基础。①

（七）教育权利平等

教育的公平历来是公平社会的基础，但是在封建制度下教育权利和教育资源一直掌握在统治阶级手里，底层民众基本的生存权利往往得不到保障，想要获得受教育的权利则难上加难，所以在不同历史时期，都有有志之士呼吁并推动教育平等。特别是到了近代以后，这种呼声更加强烈，但是收效却微乎其微。一直到新中国成立，教育公平才真正成为现实。

康有为特别重视教育的普及。他说："一人独学，不如群人共学；群人共学，不如合什百亿兆人共学。学则强，群则强，累万亿兆皆智人，则强莫与京。"康有为注意到了国家富强与教育普及之间的关系，他认为如不普及教育，则愚人众多，愚人多而工商不振，工商不振则国力衰弱。要改变落后状况，就必须"变科举，广学校，译西书，以成人才"。

---

① 杨雪梅：《中国民办教育通史（近代卷）》，社会科学文献出版社，2019。

康有为关于学校教育制度的设想反映在 1884 年的《大同书》，是一个体系完整、前后衔接的学校教育制度，强调早期教育、学前教育，主张男女教育平等，主张实行德、智、体、美诸方面发展教育，反映了改良主义者的良好愿望，具有强烈的空想色彩。①

晏阳初具有平民教育理想。在晏阳初看来，民为邦本，本固邦宁，这话虽旧，实有至理。人民是国家的根本。然而，当时中国虽有四亿人民，但其中 80% 以上是文盲。而且中国以农立国，这些不识字的人绝大多数在农村。因此，为平民办教育，尤其是到乡村中为农民办教育，开发世界最大最富的"脑矿"，是关系到本固邦宁的根本问题。

孙中山从民国成立起，就主张教育平等，使穷苦儿童都能安心上学，要免收学费，为他们解决衣、食、住、书籍等问题。孙中山在 1912 年发表的《社会主义之派别及方法》《地方自治开始实行法》《女子要明白三民主义》等文件和演讲中，都一再重申了这一观点。在以后的演讲中，孙中山还强调了师范教育、女子教育的重要性和迫切性，也注意到了蒙藏教育问题。《中国国民党第一次全国代表大会宣言》更把"厉行教育普及"规定为一项重要的"对内政策"。

孙中山号召青少年要立大志，要为"大家幸福""把中华民国重新建设起来"而读书学习，不要只为自己升官发财，光宗耀祖；学习时要注意方法，不要死记硬背，应从"考察事实"、总结经验中求得进步；要注意"由浅入深""由近及远""由简及繁"地进行学习。要努力学好国外的物质文明，以帮助中国进步。②

中国共产党人也积极追求教育公平下工农大众受教育的权利。

以陈独秀、李大钊、邓中夏、毛泽东等为代表的受苏联"十

---

① 杨雪梅：《中国民办教育通史（近代卷）》，社会科学文献出版社，2019。
② 杨雪梅：《中国民办教育通史（近代卷）》，社会科学文献出版社，2019。

月革命"胜利影响而初步具有共产主义思想的知识分子站在劳苦大众的立场上，致力于为"引车卖浆之徒，瓮牖绳枢之子"争取受教育的权利。他们认为，学校应当坚持"庶民"方向。要解决平民的教育问题，必须先解决经济和政治制度问题。[①]

毛泽东提出的大众化教育，科学地体现了教育公平，是胡大白"为民解愁"办学宗旨的先导，成为胡大白教育实践创新的主要内容。

> 毛泽东是人民教育的提倡者和实践者，面向人民的教育也就是大众化教育。在长期的革命战争年代中，他把普及大众化教育、追求广大人民群众教育权利平等和教育机会均等作为推进教育发展的重要目标和内容。大众化教育是指受教育群体的广泛化，是指受教育的人数的比例上升，是面向工农群众多数人的教育，也是面向广大中低收入者的平民教育。大众化教育注重每个人受教育机会和权利的平等，是以人为本执政理念的体现。[②]

（八）扬长避短，兼收并蓄

中国传统教育思想在发展过程中，也因为闭关锁国出现了一定的停滞和僵化。思想的陈旧必然带来实践的落后，鸦片战争之后，随着社会政治、经济和文化的剧烈变革，教育也发生了前所未有的深刻变化。隋唐创立的科举制度在引领教育、选拔人才上虽然发挥了重要作用，但到了清朝已露衰败之象。科举考试内容越发僵化，强调形式而轻视实际，读书人为应科考，思想渐被狭隘的"四书五经"、迂腐的"八股文"所束缚。官学名存实亡，书院积弊丛生，私塾困难重重，步履维艰。与官学日益衰微不同的是，鸦片战争后，教会书院开始在中国萌发。受日益频繁的中外交往活动和洋务运动对专门技术人才需要的影响，西方近代

---

① 杨雪梅：《中国民办教育通史（近代卷）》，社会科学文献出版社，2019。
② 杨雪梅：《中国民办教育通史（近代卷）》，社会科学文献出版社，2019。

大学教育思想和教育模式开始传入我国。一些有远见的思想家也对国外先进的教育有了新的认识。

经过中西方教育的对比，林则徐发现西方教育内容尽是实用知识，而中国教育内容多是无用之物。所以西方能造出征服全球的轮船大炮，中国儒生只会在祖训和经史子集中摇头晃脑。要改变这种落后的教育方式，认识到"彼夷之长技，正乃吾国之短缺"，就必须学习西学的"奇技淫巧"。他在给皇帝的奏折中提出了"师敌之长技以制敌"的主张。"制敌"是目的，"师敌之长技"是途径和手段。可见，林则徐客观冷静地看出了中西方在教育内容上的差别，不因受到西方侵略就盲目排斥西方科学技术，反而认真虚心学习西方先进的科学知识，把"制敌"同学习西方先进科学技术严格区分开来，这是一种科学的开放的态度。①

魏源是中国近代史上明确提出向西方学习的人，他在《海国图志·叙》中指出："是书何以作？曰：为以夷攻夷而作，为以夷款夷而作，为师夷长技以制夷而作。"所谓"师夷"主要是指学习西方资本主义各国在军事技术上的长处。在魏源看来，"师夷"只是手段，不是目的，目的是"制夷"。所谓"制夷"，用今天的话说，就是要战胜和制止西方列强对中国的侵略，改变中国落后挨打的局面，从而使中华民族立于世界民族之林。

张之洞致力于改造旧式书院、创办新式学堂。在《劝学篇》中，他首次对融通中西文化的"中体西用"理念进行完整系统的理论概括。

总体来看，洋务教育具有一定的进步意义，但同时也烙上了封建性的印痕。首先是其指导思想，张之洞概括为"中学为体，西

---

① 杨雪梅：《中国民办教育通史（近代卷）》，社会科学文献出版社，2019。

学为用"。认为"中学"即经史之学，必须放在首要的主体地位，"然后择西学之可以补阙者用之，西政之可以起吾疾者取之"。在张之洞看来，"学校、地理、度支、赋税、武备、律例、劝工、通商，西政也；算、绘、矿、医、声、光、电、化，西艺也""政尤急于艺"，而最切要的是"兴学校"，可见，西政根本不涉及学习西方的政治制度，更谈不上改革现行制度了。这就难怪早期维新派一直批评洋务派学的只是西方的皮毛而已。其次，念念不忘中文学习，是洋务教育封建性的重要表现。所有的洋学堂学生和留学生，都得用相当时间学习"圣谕广训"，并不时"望阙行礼"；注重学生的资格和出身，注重规范学生的"道德"等，更昭著了其封建性。

张之洞视教育为维系腐朽封建制度的手段，显现出其落后的一面。但从客观效果看，张之洞的教育思想又蕴含着较多先进的理念。对这一份珍贵的遗产，我们应该批判地继承。①

胡大白认为，从教育发展的角度看，洋务教育第一次引进了一些新的教育内容和形式，打破了传统教育长期以经史禁锢人心的沉重氛围，在中国近代教育兼采中西以求发展方面，迈出了功不可没的第一步。要使教育具有不断发展的生命力，就要不断革新，不断突破，认真学习其他民族、其他国家先进的教育理念和教育方法，结合自己的实际，敢为天下先，开创教育事业的新局面。

（九）全面发展

张之洞在《劝学篇》中，首次对时人认知和融通中西文化的"中体西用"理念做出完整系统的理论概括。关于教育的目的，张之洞认为应该把学生培养成一个德智体全面发展的经世之才。他曾在《筹定学堂规模次第兴办折》中提出"考日本教育总义，以德育、智育、体育为三大端"。其中，德育要培养忠君爱国，以社稷为重之才。智育不

---

① 杨雪梅：《中国民办教育通史（近代卷）》，社会科学文献出版社，2019。

仅要突破传统的经史子集的陈旧范畴，更要注意西方先进的科学技术。关于体育，张之洞认为学生不仅要有德育和智育，更应该有强健的体魄。然而，毕竟张之洞是洋务派的典型代表，体用之论在其心中的地位很高。按照体用之论，张之洞认为德智体三方面"体用兼赅，先后有序"。德育为体，智育、体育为用。这也承袭了中国以德为先的传统教育观念。

金陵大学第一位华人校长陈裕光在长期的教育实践中形成了独特的教育理念。陈裕光强调他办大学的"职志"，乃是沟通中西文化，取人之长，补己之短，使吾国固有之文化，更臻完备。学科设置强调"适合国情""要为中国人民办学"。他说，教育二字，包括两种意思，一为教导学识，一为陶养品格。二者并重，不可或缺。若仅有学问，而无人格，则于人于事，无所裨益。故本校除启发知识外，亦常以琢磨品性，阐明宗教伦理为职志。而这个"职志"的目标，就是"造就健全国民，发展博爱精神，养成职业知能的根本"，以"服务社会、造福人群"。①

1914年张謇在为河海工程测绘养成所制定的章程中明确提出："一、注重学生道德思想，以养成高尚之人格；二、注重学生身体之健康，以养成勤勉耐劳之习惯；三、教授河海工程上必需之学理技术，注重实地练习，以养成切实应用之知识。"章程体现了德智体三方面全面发展的方针。1923年他又在致黄炎培论教育的信中对德与艺的关系做了精辟论述，认为无论初小高小还是中学大学，都要德艺并重，而小学阶段尤要强调德重艺次，因为不德无行将为社会所不容，即无从就业谋生。

人的全面发展是中国共产党长期以来坚持的教育方针，这个方针随着经济发展和社会进步不断完善。2018年9月10日，习近平总书记在全国教育大会上发表重要讲话。他强调，要在党的坚强领导下，全面贯

---

① 杨雪梅：《中国民办教育通史（近代卷）》，社会科学文献出版社，2019。

彻党的教育方针，坚持马克思主义指导地位，坚持中国特色社会主义教育发展道路，坚持社会主义办学方向，立足基本国情，遵循教育规律，坚持改革创新，以凝聚人心、完善人格、开发人力、培育人才、造福人民为工作目标，培养德智体美劳全面发展的社会主义建设者和接班人，加快推进教育现代化、建设教育强国、办好人民满意的教育。[1] 胡大白认为，这个方针应该是当代中国教育的根本遵循。

（十）教育具有阶级性

1919 年 2 月，李大钊在《晨报》上提出劳动教育问题，认为劳动者必须有受教育的机会，主张在教育上人人机会均等。此后他又发表了《平民主义》一文，倡导"纯正的平民主义"或"无产阶级的平民主义"。

> 平民教育思想的基本观点是：要实现自由、民主、平等的社会，必须打破等级制度和阶级差别。因此主张破除千百年来的封建统治者独占教育的局面，使所有的人都享有受教育的权利，都能获得文化知识，改变生存的状态，成为社会的平等之民。[2]

1921 年，毛泽东、何叔衡等中国共产党人在长沙为党创立了第一所干部学校——湖南自修大学。1922 年 10 月 23 日，上海大学成立。为了解决工农群众受教育的问题，很多城市设立了劳工补助机关，如设立夜校、半日学校，使工不误读，读不误工，工读打成一片。

> 李大钊认为教育属于上层建筑，围绕经济基础的变化而变化，它不仅取决于经济基础，而且还受到政治的制约。在阶级社会里，教育具有阶级性；上层建筑对于经济基础有反作用，因此，物质改造与经济改造要一起进行。李大钊的见解，在今天看来是马克思主

---

[1]　《习近平在全国教育大会上强调 坚持中国特色社会主义教育发展道路 培养德智体美劳全面发展的社会主义建设者和接班人》，http：//www.moe.gov.cn/jyb_xwfb/s6052/moe_838/201809/t20180910_348145.html。

[2]　杨雪梅：《中国民办教育通史（近代卷）》，社会科学文献出版社，2019。

义教育理论的常识，然而，在 1919 年前后，却是一种崭新的现代教育观。①

杨贤江是我国第一个比较系统地介绍和传播马列主义教育学说的教育家，他认为教育有"本质"与"变质"的区别。原始社会的教育就是"实用的""统一的""全人类的"，与生产劳动相结合，与社会生活相结合的教育。但是由于"社会的经济构造的转易"，教育内容也就出现了变化。自从私有制产生以后，便出现了占据较多的资源"支配阶级"和占据较少资源的"被支配阶级"。"支配阶级"有自己的教育制度，把灌输拥护私有财产的道德作为教育的任务，"被支配阶级"则被排除在制度之外。他把阶级社会教育的这种性质称为教育的"变质"。

胡大白认为，教育作为全人类的工具，其先进的方法可以由不同国家、不同民族共享。但是，在一定的历史条件下，教育不可能脱离社会实际而独立存在，教育具有鲜明的阶级性。明确了这一点，就能从理论上解决"为谁培养人"的问题。

三　兼收并蓄，汲取当代先进的教育理念

互联网的普及推动数字化时代迅速到来。数字化时代不仅仅改变了人的生活方式，也在深层次上改变了人的思想方式。教育也不可避免地在这样的大变革中接受洗礼。引领教育发展的，必然是适应未来经济社会发展的、在遵循教育发展规律的基础上将中外优秀教育思想融合起来，去粗取精、去伪存真、剔去糟粕、扬其精华的思想理念。

胡大白在多年的教育实践中不断总结经验，注重将中外先进教育理念与黄河科技学院的发展实际，与中国民办教育面临的机遇和挑战结合起来，用先进的教育理念不断丰富自己的认识，形成了具有时代特色的办学理念与教育思想。

---

① 杨雪梅：《中国民办教育通史（近代卷）》，社会科学文献出版社，2019。

胡大白认为，中国优秀的教育思想源远流长，导引着中国教育一步步发展到今天。世界上有 200 多个国家和地区、2500 多个民族，各个国家和民族不同的历史、不同的民族风俗，孕育了不同的文明，形成了不同的教育思想，积累了各具特色的、宝贵的教育经验。借鉴发达国家先进的教育思想和教育理念，对于发展新时代的中国教育，有着十分积极的意义。

学习和借鉴先进的教育理念，不是为了全盘否定我国的教育，而是为了在弘扬我国优秀传统教育思想的同时，看到我国教育的短板和不足，从而扬长避短，实现教育的快速健康发展。

学习和借鉴先进的教育理念，不是全盘照抄照搬。学习和借鉴世界先进教育理念中的积极方面也要结合中国的实际，一些不适应中国国情的，不能盲目学习。教育的发展，离不开国家民族的核心利益，不能生搬硬套其他国家、其他民族的做法。

教育在一定程度上也要引领社会发展，所以教育思想应该具有一定的超前性，要具备这个能力，就要主动跳出传统的圈子，向一切先进的事物学习。一些先进的经验，可能与我们当前的教育实践不相容，但是不影响我们有选择地吸收其先进的方面，将其拿过来加工改造，甚至进行精加工，来铸造我们的教育精品。

在继承和发扬中华民族优秀教育思想的基础上，胡大白还主动学习国外先进的教育思想，结合中国的国情和教育发展的实际，兼收并蓄，扬长避短，为我所用。

苏格拉底是古希腊著名的教育家和思想家。他认为教育的主要目的是培养治国人才，治国者应该是有德有才、深明事理、具有广博知识的人。苏格拉底主张政治知识化、专业化，认为美德即知识，而知识是可以传授的，所以美德是可教的，是可以通过后天获得的。胡大白认为，苏格拉底这一思想不但在当时的历史条件下具有进步意义，而且在今天也有积极的借鉴价值。苏格拉底教学法要求师生共同探讨问题，通过相互讨论，寻求问题的正确答案，其目的是激发人们探索真理的兴趣，引导人们自觉探索真理。这种方法遵循的是从具体到抽象、从个别到一般、从特殊到普遍、从已知到未知的规则。它的意义在于教导人们如何一步步排除事物的非本质的东西，逐步认识事物的本质。胡大白将这种教学方法移植到大学高年级的教学中，并且不断结合学生的实际进行调适，获得了积极的教学效果。

夸美纽斯是17世纪捷克著名的教育思想家、改革家。他认为教育的目的就是使人具有三种品质——博学、德行、虔信，教育能使人成为人，普及教育是非常必要的事情。他构建了统一的学校体系，倡导班级授课制，高度重视教育适应自然，并提出了循序渐进、量力性、直观性、系统性、愉悦性、巩固性等教学原则。这些富有创造性的观点，对胡大白的教育理论与办学实践产生了重大影响。

卢梭的自然教育思想、裴斯泰洛齐的"教育与生产劳动相结合"的思想、杜威的"教育即生活""教育即生长""从做中学"的教学方法论、赞科夫的"发展性教学"理论、苏霍姆林斯基的人的全面和谐发展教育思想等都对胡大白的教育实践探索产生了一定的影响。

在不断学习吸收的过程中，胡大白对中外传统教育中不适应当代中国教育的内容进行了扬弃，如中国传统教育理念中的读书做官观念、僵化的教条主义、严重的个人主义等。在弘扬孔子、朱熹等我国古代教育家博大精深的教育思想的同时，也辩证地看待他们的历史局限性。对于朱熹"明天理，灭人欲"的封建伦常教育，胡大白认为其目的在于迎合封建专制统治的需求，限制和禁锢人的自由发展，不值得提倡，但要将其修正为"遵循自然规律，涵养正直人格"，则可以提倡。对于国外教育家的思想，胡大白也不是全盘照搬的。比如苏格拉底的教学法，胡大白认为他的方法能够激发学生探索真理的兴趣，意义在于引导学生一步步排除事物非本质的东西，逐步认识事物的本质。但是这种教学法并不适用于所有年龄段的学生，中小学生甚至大学低年级的学生，由于知识储备不足，不适用这种方法，对于大学高年级的学生和进入研究生阶段的学生方可应用这一方法。

这样的学习、思考、吸收、扬弃，使得胡大白教育实践深深植根于中华大地，并获得成功。

第二节　回答了在当代历史条件下"为什么办教育"的问题

20世纪80年代初，党中央将工作重点转移到经济建设上来，提出社会主义市场经济的观点，这样的社会环境注定要催生新的教育思想，构建新的教育模式。

为什么办教育？在不同时期的不同历史条件下，有不同的答案。

一　教育与社会

（一）教育的时代作用

从中国教育的发展历史来看，不同朝代的教育总体上都是服务于社会的。胡大白认为，在当代中国社会主义制度下，教育必须坚持党和国家的教育方针，为社会主义事业和人类进步服务。

原始社会时期，生产力水平低下，教育的内容是与社会生活相适应的。其教育方式主要是言传、身教。春秋战国时期，百家争鸣。各学派的主张多为维护诸侯国的政治需要。秦朝统一后，对私学采取了严厉禁止的措施，其教育政策围绕着一个基本原则，即维护国家的统一和君主集权的封建统治制度。汉朝建立之初，在政治尚不稳定的情况下，正式的学校教育制度未能建立，在官学未创立之前，私学实际上承担起了培养人才、传播文化、发展学术的任务。元光元年（公元前134年）产生了岁举性的科目，即孝廉一科，标志着察举制以选官常制的姿态登上了汉朝仕进的舞台。元朔五年（公元前124年）汉武帝采纳董仲舒的建议，为博士置弟子，标志着太学的正式设立。把学校教育与文官选拔考试统一起来，是魏与东汉的不同之处，具体的考试形式就是魏文帝制定的"五经课试法"。曹魏在教育制度上的新发展体现在律学的创办上，律学的创办打破了经学的一统局面。西晋除继续兴办传统的太学外，还创办了一所旨在培养贵族子弟的国子学。这是我国古代在太学之外，另外设立一所传授同样内容的中央官学的开始，也是西晋教育制度的一个主要特点。北魏明元帝时期，改国子学为中书学，属中书省管辖，学内设中书博士以教授中书学生，这是北魏的特创。北齐在学制上的贡献是设置了国子寺，这一教育行政机构后为隋唐因袭。无论是中央官学，还是地方官学，基本上都以经学为主要教授内容，这是南北朝的共同特点。科举制产生于隋朝，既是当时社会政治、经济等因素发展的结果，又是中国古代选士制度发展的必然产物；进士科的设置标志着科举制的正式产生。隋文帝时设置的国子寺及国子祭酒，是我国历史上第一次由中央政府设置的专门管理教育的机构和官员，标志着我国封建教育已经发展到了成立独立部门的时代，这在中国教育发展史上具有重大的意义。唐朝学校教育制度是我国封建社会学校教育制度的典型。在地方上设置医学校，是唐朝教育的重要特点。教育和研究成为行政机构的有机组成部分，行政机构中派生出了教育和研究的功能，这是唐朝教育的一大特色。

宋代先后出现过三次兴学运动。第一次兴学运动是范仲淹在宋仁宗庆历四年主持的，史称"庆历兴学"。第二次兴学运动是王安石在宋神宗熙宁年间主持的，史称"熙宁兴学"。第三次兴学运动是蔡京在宋徽宗崇宁年间主持的，史称"崇宁兴学"。庆历兴学的一个重要内容就是创建太学，聘请石介、孙复等名儒到太学执教，并在太学中推行著名教育家胡瑗创立的"分斋教学"制度。熙宁兴学的一个重要内容就是编撰《三经新义》，将其作为统一教材。

元朝政府在积极提倡办书院的同时，也加强对书院的控制，使自宋朝以来书院的官学化倾向更加明显。

明朝科举同学校教育之间的关系极为密切——只有接受学校教育的学子才有资格参加科举考试，学校教育的直接目的是帮助学子参加科举考试，为"天子"选才。

（二）教育为民生服务

教育是社会事业，涉及千家万户，是发展意义上最大的民生。胡大白认为，教育的最大、最重要的功能，是解决人民群众的知识饥渴和精神成长需求问题。

清朝书院的类型，按其讲学内容来划分，大体上可以分为四种，即以讲求理学为主的书院、以学习制艺为主的书院、以学习"经世致用"之学为主的书院、以博习经史辞章为主的书院。

以龚自珍、魏源为代表的一批先行觉醒的知识分子，从"经世致用"的观点出发，批判考据之学和义理之学远离政治，不切实际，认为有关民生日用的知识都是士人应当学习研究的。

鸦片战争打破了清朝的封闭状态，以科举为代表的僵化陈旧的教育也日渐式微。教育在民族的内外交困中艰难探索，寻找出路。近代中国教育虽然受到西方教育的影响，但其主要方向是救世济民。中国共产党的早期教育是以大众化教育为出发点的。

（三）教育为强国服务

胡大白认为，教育关系到国家贫富强弱，是国家重器。教育的重要目的之一，就是为国家强盛服务。

洋务运动是清政府洋务派官员以"自强""求富"为口号，以"师夷长技以自强"为目的，以"中学为体、西学为用"为理论基础在全国展开的变革运动。为实现政治目的，洋务派在全国修建了 30 余所近代新式学校，用来培养科学、军事、翻译人才，包括 1862 年于北京建立的翻译机构同文馆，还有培养翻译人才的广方言馆等。清朝在 1872～1875 年每年派遣 30 名幼童去美国留学，他们大多成为日后中国的重要人物，其中著名的如唐绍仪与詹天佑，当时容闳负责选召近代第一批中国留学生。

"中学为体，西学为用"是洋务派关于中西文化关系的核心命题，也是洋务教育的指导思想。张之洞的《劝学篇》是对洋务运动的理论总结，并试图为之后的中国改革提供理论模式。

1898 年维新变法期间，光绪皇帝任命孙家鼐为管学大臣，创办了京师大学堂。京师大学堂是具有政府职能的教育机构，其创办初衷具有强烈的强国色彩。

二 教育与人

（一）教育助推人的发展

胡大白认为，学校教育面对的是一个个个体，不能搞流水线教学，无法实现"批量生产"。要根据每一个学生的实际实施有目的的引导教育，在落实教育方针的大前提下，使每一个个体在同一所学校中实现特色发展，从而实现教育的整体目标。

《大同书》是康有为的代表作之一，在书中康有为设计了一个前后衔接的完整教育体系，这一教育体系从接受胎教开始，到出生后进育婴院，然后再进入慈幼院，直到进入小学院、中学院和大学院后结束。

1896 年梁启超于《时务报》上发表《变法通议·论师范》，在中国近代教育史上首次专文论述师范教育问题。

根据学生身心发展的阶段性特征来确定学制的不同阶段和年限是近代西方教育心理研究的成果，梁启超是中国近代最早系统介绍和倡导这一研究成果的人物。

严复是近代中国从德、智、体三要素出发构建教育目标模式的第一人。

（二）教书育人的情怀

办教育最要不得的是私心，胡大白一直坚持为社会奉献，致力于办一所学生最满意的大学。

孔子办教育是为了培养人才，就是将"士"培养成德才兼备的君子，为"克己复礼"服务。战国时期各个流派或办学或游学，都有自己的政治目的。

到了近代，面对列强的侵略和瓜分，面对积贫积弱的国家状态，不少有志之士将救国的希望寄托在教育身上，为了这个目的，纷纷创办学校。如陈嘉庚先生创办厦门大学、马相伯先生创办复旦大学、张伯苓先生创办南开大学、盛宣怀创办北洋西学学堂和南洋公学、袁世凯创办山东大学、张之洞创办自强学堂（后发展成武汉大学），还有 1896 年四川总督的鹿传霖创办四川中西学堂（该学堂是四川大学的前身）等。1912 年河南都督张镇芳发咨文于河南省临时议会，设立河南留学欧美预科学校，该学校发展成为今日的河南大学。如今不少"211""985"大学、当前国家重点建设的"双一流"大学，其办学历史可以追溯到近代。

中国共产党成立之前，为了传播共产主义思想，1917 年毛泽东在湖南第一师范学校兴办的工人夜校，1919 年邓中夏发起组织的"平民教育讲演团"及其负责筹办的长辛店劳动实习学校等，都是持平民教育观的平民教育实践。

杨贤江 1928 年撰写的《教育史 ABC》，是第一部运用历史唯物主义分析世界教育历史的著作。杨贤江 1930 年撰写的《新教育大纲》，是第一部运用马克思主义理论论述教育原理的著作。杨贤江的教育研究大量是针对青年问题的，对青年的理想、修养、健康、求学、择友、社交、婚恋等各方面都曾给予耐心指导，这种全方位的教育堪称"全人生指导"。

20 世纪 30 年代，晏阳初主持的中华平民教育促进会在河北定县进行乡村教育试验，他对于县范围内如何具体实施乡村教育，总结了一套成功的经验，即所谓的"四大教育"和"三大方式"。

1931 年，梁漱溟到山东邹平开办山东乡村建设研究院，研究乡村建设问题，培养乡村建设人员，规划和指导试验区的乡农教育，为寻求民族自救之路做了艰苦的探索。

作为中国近现代职业教育的先行者，黄炎培及其平民化、实用化、科学化和社会化的职业教育思想不仅开创和推进了中国的职业教育事业，也丰富了中国的教育理论，并对 20 世纪二三十年代中国教育改革产生了巨大的影响。

"活教育"是陈鹤琴毕生为之奋斗的目标。

"生活教育"是陶行知教育思想的核心，集中反映了他在教育目的、内容和方法等方面的主张，反映了他探索适合中国国情和时代需要的教育理论的努力。"生活即教育"是陶行知生活教育理论的核心。"社会即学校"是陶行知生活教育理论在学校与社会关系问题上的具体化，"教学做合一"则是陶行知生活教育理论在教学方法问题上的具体化。

胡大白的教育情怀，是她投身教育、献身教育的主要动力。在百废待兴的阶段，胡大白看到许多学龄青年无学可上、无书可读，就想给孩子们提供学习的机会。随着事业的发展，胡大白朴素的感情升华为理论上的自觉，"为民解愁"的愿望就成了胡大白自觉的追求。

（三）人民大众的教育

"有教无类"是孔子提出的一种具有重要历史意义的教育思想，意思是不管什么人都可以受到教育，不能因为贫富、贵贱、智愚、善恶等原因，把一些人排除在教育对象之外。实际上在教育的发展过程中是"有类"的。在漫长的中国历史上，大批无权无势无地位的平民子弟没有享受到受教育的权利。胡大白要办的教育，不仅仅是面向所有可以录取的学生，还要将高等教育从"金字塔"中放出来。从培训下岗女工开始，四十年中，胡大白面向社会的培养工作一直没有间断。

1934年1月，毛泽东在第二次全国苏维埃代表大会的工作报告中具体、明确地表述了教育的根本方针，即"在于以共产主义的精神来教育广大的劳苦民众，在于使文化教育为革命战争与阶级斗争服务，在于使教育与劳动联系起来，在于使广大中国民众都成为享受文明幸福的人"。

1940年，毛泽东发表《新民主主义论》，创造性地提出"新民主主义"的概念，并相应提出了民主主义政治、新民主主义经济、新民主主义文化的要领。提出新民主主义文化教育方针，即民族的、科学的和大众的文化教育。

1935年11月，马克思共产主义大学改名为中共中央党校，由董必武担任校长。

1941年9月，陕北公学、中国女子大学、泽东青年干部学校合并为延安大学，延安大学是一所规模较大、学制正规的综合性大学，吴玉章任校长。

1935年10月，中央红军长征到达陕北，中共中央决定续办红军大学。1936年6月，西北抗日红军大学成立，1937年改名为中国人民抗日军事政治大学，迁至延安。它为共产党领导的抗日力量培养了20多万军政干部。该学校最重要的传统是理论联系实际，培养的革命干部是为中国人民的解放事业、为中华民族的复兴服务的。新中国成立后党的工作重心转移，教育的方向也发生了改变，但是培养合格的社会主义建设人才的目标没有变。

"为国分忧，为民解愁，为社会主义现代化建设服务"，胡大白明确回答了"为什么办教育"的问题。

三　教育自身

（一）教育的变革与递进

古今中外有远见的大家，都把发展教育作为重要使命。胡大白在办学实践中学习他们的办学经验，将他们心系教育的情结传承并发扬光大。

北京大学创立于 1898 年维新变法之际，当时名为京师大学堂，是中国近代第一所国立综合性大学，也是当时国家最高教育行政机关，1912 年改名为国立北京大学。

1911 年，清政府用美国退还的部分庚子赔款建立了清华学堂，该学堂为留美预备学校，1912 年更名为清华学校，1928 年更名为国立清华大学。

1913 年，北洋西学学堂改称国立北洋大学，后于 1951 年定名为天津大学。

南洋公学 1911 年更名为南洋大学堂，1929 年更名为国立交通大学，1949 年更名为交通大学；1957 年经历西迁与分设，分为交通大学上海部分和西安部分；1959 年，交通大学上海部分启用"上海交通大学"校名。

1905 年创办的复旦公学发展成今日的复旦大学。

南京大学近代校史肇始于 1902 年创建的三江师范学堂，此后历经两江师范学堂、南京高等师范学校、国立东南大学、国立中央大学等历史时期，于 1950 年定名为南京大学。

武汉大学源于清末湖广总督张之洞奏请清政府创办的自强学堂，后历经方言学堂、武昌高等师范学校、国立武昌师范大学、国立武昌大学、国立第二中山大学等时期，1928 年定名国立武汉大学，是近代中国第一批国立大学之一。

山东大学创办于 1901 年；同济大学创办于 1907 年；河南大学创办于 1912 年；南开大学创办于 1919 年；哈尔滨工业大学创办于 1920 年；厦门大学创办于 1921 年；中山大学创立于 1924 年。

新中国成立后，教育实现了快速发展，特别是改革开放后，高等教育的普及程度提高，加速推进了九年义务教育的全覆盖，实现了高中以上教育的大跨度发展。到 2022～2023 学年，全国共有各级各类学校 51.85 万所，各级各类学历教育在校生 2.93 亿人，专任教师 1880.36 万人。其中，学前教育共有幼儿园 28.92 万所，在园幼儿 4627.55 万人，普惠性幼儿园在园幼儿 4144.05 万人，占全国在园幼儿的 89.55%，比上年提高 1.77 个百分点。学前教育毛入园率 89.7%，比上年提高 1.6 个百分点。义务教育阶段学校 20.16 万所。九年义务教育巩固率达到 95.50%。其中，普通小学 14.91 万所，在校生 1.07 亿人；初中 5.25 万所，在校生 5120.60 万人。进城务工人员随迁子女进一步获得教育机会，义务教育阶段在校生中进城务工人员随迁子女共 1364.68 万人。其中，在小学就读的有 969.86 万人，在初中就读的有 394.83 万人。特殊教育得到快速发展，全国共有特殊教育学校 2314 所，在校生 91.85 万人。高中阶段教育稳步发展，毛入学率达到 91.60%。其中，普通高中教育学校 1.50 万所，在校生 2713.87 万人；中等职业学校 7201 所，在校生 1339.29 万人。高等教育继续保持快速发展势头，全国共有高等学校 3013 所。其中，普通本科学校 1239 所（含独立学院 164 所），比上年增加 1 所；本科层次职业学校 32 所；高职（专科）学校 1489 所，比上年增加 3 所；成人高等学校 253 所，比上年减少 3 所。另有培养研究生的科研机构 234 所。各种形式的高等教育在学总规模达到 4655 万人，高等教育毛入学率达到 59.60%。民办教育在规范中进一步趋向高质量发展，全国共有各级各类民办学校 17.83 万所，在校生 5282.70 万人，占全国各级各类在校生总数的 18.05%。①

我国形成了从学前教育到研究生教育的完整的普通教育、职业教

_____

① 资料来源：根据《2022 年全国教育事业发展统计公报》整理。

育、成人教育体系。教育理念的不断完善，教育设备的不断更新，教育技术的不断优化，教育水平的不断提高，使得我国的教育进入了现代化发展阶段。

在这样的大背景下，胡大白更加关注教育的社会属性，在坚持教育的社会主义方向的基础上，坚持关注民生，关注人的全面发展，关注教育对国家发展、社会进步的作用，不断推进教育教学改革，践行办学初心。

1958 年 9 月，中共中央、国务院在《关于教育工作的指示》中明确提出"党的教育工作方针，是教育为无产阶级的政治服务，教育与生产劳动相结合"，同时指出"教育的目的，是培养有社会主义觉悟的有文化的劳动者"。这是新中国成立后，中央文件中首次出现对教育工作方针的表述。1961 年《教育部直属高等学校暂行工作条例（草案）》将"教育必须为无产阶级政治服务，必须同生产劳动相结合，使受教育者在德育、智育、体育几方面都得到发展，成为有社会主义觉悟的有文化的劳动者"明确定位为国家教育方针，这一方针于 1978 年正式载入《中华人民共和国宪法》。根据 2021 年 4 月 29 日第十三届全国人民代表大会常务委员会第二十八次会议《全国人民代表大会常务委员会关于修改〈中华人民共和国教育法〉的决定》，第三次修正的《中华人民共和国教育法》进一步将教育方针明确为："教育必须为社会主义现代化建设服务、为人民服务，必须与生产劳动和社会实践相结合，培养德智体美劳全面发展的社会主义建设者和接班人。"

胡大白认为，教育的方向不能偏离，作为一个教育人，应该始终把党和国家对教育的需求记在心上并且付诸行动。"为国分忧"是胡大白创办学校、兴教育人的第一初衷。

（二）教育发展催生教育体系

中国近代学制的建立，使得现代教育成为中国教育的主体。胡大白认为，中国近代学制在科举制度终结后为中国的教育搭建了运行框架，尽管半个多世纪以来中国教育实现了快速发展，但一直没有突破这个学制。在今后的发展中，既要保持教育的稳定性，又要不断进行革新，使这个体系适应人的成长需要、适应人才培养的需要，使教育永远保持活力。

1902 年，在当时的管学大臣张百熙的主持下奏拟的《钦定学堂章程》，又称"壬寅学制"，是中国近代第一个以中央政府名义制定的全国性学制系统。

1904 年 1 月，清政府公布了由张百熙、荣庆、张之洞主持重新奏拟的一系列学制系统文件，统称《奏定学堂章程》，又称"癸卯学制"，这是中国近代由中央政府颁布并首次得到施行的全国性法定学制系统。

1905 年，自隋代起实行了 1300 年之久的科举考试制度终结。中国近代学制逐步建立。

1912 年、1913 年，民国学制系统的结构框架及一系列教育法令规程，统称"壬子癸丑学制"陆续公布，主要包括三段四级。壬子癸丑学制是中华民国政府时期的第一个学制，较全面地反映了资产阶级对教育的要求，也是民国初期的中心学制。

1922 年 11 月《学校系统改革案》正式公布，即 1922 年的"新学制"，或称"壬戌学制"，由于采用的是美国式的六三三分段法，又称"六三三"学制，即小学六年、初中三年、高中三年的学制，加上高等教育四年，也称"六三三四"学制。

第三节　科学地解决了"办什么样的教育"的问题

1949 年 5 月 10 日，河南省人民政府在开封成立。

据 1949 年的统计数据，当年河南全省人口共 4174 万人，高等教育在校生 0.08 万人，每 10 万人中只有不到 2 人能接受高等教育；中等专业学校在校生 0.84 万人，每万人中只有 2 人能接受中等专业教育；普通高中在校生 0.39 万人，每万人中只有不到 1 人能接受高中教育；普通初中在校生 3.70 万人，每万人中只有 9 人左右有机会读初中；小学在校生 161.45 万人，占到总人口的 3.87%。当年全省大中小学在校生 166.46 万人，占到总人口的 3.99%，且在校生主要处于小学教育阶段。

这就是新中国成立初期河南教育的底子。而私立学校数量更少。据

1950 年上半年的统计数据，河南全省共有小学 14282 所，其中私立小学 1884 所，仅占 13.19%。全省仅有 2 所私立幼儿园，在园幼儿仅 82 人。全省中等学校 147 所，其中私立中学 17 所，仅占 11.56%。全省初中 847 个班，共有学生 41231 人，其中私立初中 64 个班，学生 3383 人，分别占 7.56% 和 8.20%。高中 121 个班，学生 4674 人，其中私立高中仅有 10 个班、298 人，分别占 8.26% 和 6.38%。

1950 年上半年，河南省私立中等学校中，7 所是教会学校。到 1950 年下半年，私立中等学校减少到 14 所，教会学校减少到 5 所。

1950 年下半年，开封有 7 所私立中等学校，分别是：私立静宜女子中学、私立维新中学校、私立豫中中学校、私立两河中学校、私立华阳中学校、私立嘉育中学校、私立养正中学校。7 所学校共设 58 个班，在校生 3265 人，学校数量、班级数量和学生数量分别占到开封市中等学校总数班级总数和学生总数的 43.75%、30.69%、35.42%。其中在校生规模最大的是私立维新中学校，在校生达 686 人；最少的是私立养正中学校，在校生 300 人。7 所私立中等学校平均在校生 466 人。而同期公立中等学校平均在校生为 661 人。公立中等学校平均在校生要比私立学校多出近 200 人。

在私立学校中，有一部分是外国人办的。截至 1951 年 8 月，河南省共有初等教会学校 22 所，其中属基督教的有 19 所，分布情况：开封市 5 所完全小学，1 所初级小学；郑州市 4 所完全小学，1 所幼儿园；许昌市 1 所初级小学；漯河市 1 所完全小学；汝南县 1 所完全小学；信阳市 3 所初级小学；镇平县 1 所初级小学；商丘市 1 所初级小学。

1952 年 9 月 1 日，教育部决定自 1952 年下半年至 1954 年，全国私立中小学全部由政府接办，改为公立中小学。1952 年 10 月 15 日，相关部门发文，提出各省份接办私立学校应注意的事项，要求河南省在 1952 年下半年全部接办私立中学、私立小学。从 1953 年起，河南已经基本上没有了私立教育。[①]

①　资料来源：根据河南省档案馆资料整理。

这种状况一直持续到 20 世纪 80 年代初。

1982 年 12 月 4 日，第五届全国人民代表大会第五次会议通过的《宪法》（1982 年版）明确规定，国家鼓励集体经济组织、国家企业事业组织和其他社会力量依照法律规定举办各种教育事业。

以宪法的形式明确了民办教育的合法地位，使得中国的教育事业出现了繁荣发展的局面，也推动了当代民办教育以全新的形态出现，从无到有，快速发展，形成了百舸争流、千帆竞发、万马奔腾的局面。

胡大白要办教育，要为国分忧，为民解愁，为社会主义现代化建设服务。但是怎么办教育，办什么样的教育，没有先例可循。胡大白只能在实践中不断探索，在探索中思考，在思考中发展。

一　中国古代教育家的影响

1. 孔子办学的启示

追溯中国民办教育的起源，有翔实文字记载的当属孔子办学。孔子办学，开创了私人办学的先河。在诸侯争霸、百家争鸣的时代，孔子不遗余力地进行了教育实践。他的办学目的是培养克己复礼的"人才"，希望自己的学生努力学习，将来从政做官，实现抱负，学而优则仕。孔子的学校没有常年固定的校舍，在游学中言传身教，在实践中探讨做人为官之道。

两千多年前的社会环境和今天不同，不能完全照搬孔子的教育理念。但是他孜孜以求的办学精神，锲而不舍的教育努力，仁者爱人、亲亲为大的育人胸怀，不愤不启、不悱不发的启发式教学理念，在实践中引导学生成长的教学方法，都值得当代教育借鉴。

2. 武训办学的义举

武训童年失去双亲，生活无着，靠乞讨度日。年岁稍长就一边打工，一边乞讨。他在艰苦的生活中产生了设立义学的理想。他在三十年的乞讨和打工经历中积累财富，买下 230 多亩田地，终于在他年近不惑之时，用乞讨和打工所得，在柳林庄开设了义塾。从此武训感到生命有了意义，他在学生的琅琅书声中得到一种无以言喻的满足。武训对老师十分敬重，对学生诚心开导。在武训的影响下，老师一心一意教好学生，学生也认真学习。武训用自己无私的投入，在中国民办教育史上写下了不识一字创办教育的浓墨重彩的一笔。武训的办学精神，一直激励着胡大白。

二 现代教育的启示

1. 中国人民抗日军事政治大学的影响

1936 年 2 月，中央红军干部团和陕甘宁红军军事政治学校合并，在陕北安定县（今子长县）瓦窑堡成立红军干部学校。不久后，在红军干部学校基础上创办"中国人民抗日红军大学"，1937 年春改名为"中国人民抗日军事政治大学"（以下简称"抗大"）。1936~1945 年的 9 年时间，抗大总校共培训了 8 期干部，创办了 12 所分校、5 所陆军中学和 1 所附设中学，为新民主主义革命的胜利培养了大批军事人才。

胡大白将抗大坚持"名将办校、名师治学"的传统继承下来，在办学实践中始终将师资队伍建设作为重要工作；学习抗大"打仗需要什么样的人才就培养什么样的人才"的办学目标和办学风格，根据经济和社会发展的需要制定发展规划，落实人才培养方案。坚持把强化政治素质作为培养人才的灵魂与核心，坚持把凝聚文化素质作为培养人才的重点，坚持把强化科技素质作为培养人才的基础，站在新技术革命前沿，不断改善和优化知识结构，全方位提高科学文化素质，使学生成为政治素质和知识技能融合发展的人才。

2. 中外教育的经验借鉴

在中学和大学工作的经历，使胡大白将视野在横向上由郑州扩展到全国，由全国扩展到世界；在纵向上由孔子创立私塾和苏格拉底讲学扩展到夸美纽斯创立课堂教育体系，再扩展到今天世界教育的"万紫千红"，结合当代中国的国情和教育实际，将自己创办大学、献身教育的初心变成了现实。

先从容易处开始。《宪法》（1982 年版）打开了社会力量办学的大门。胡大白要办教育，先关注的是最迫切的问题，一方面国家急需各方面的人才，另一方面人民群众渴望接受教育。但是受到经济条件和思想的制约，国家还不能完全满足所有人接受教育的愿望，民办教育在这个时候具备了生长的条件。

从容易处开始，胡大白办起自学考试辅导班。打好基础，一步步发展起来，黄河科技学院成为当代中国第一所民办高等专科学校和全国第一所民办本科学校。

三　现实与理想的选择

胡大白面临的问题是"办什么样的大学"。

办北京大学那样的学术型大学，条件不具备。举办辅导班，虽然可以挣钱，但辅导班不是具有生命力的学校。

在实践中不断思考，胡大白决定：不搞大而全，不争正统，根据国情校情，办一所本科学历教育与职业技能教育相结合的现代中国地方应用型本科高校。

第四节　在实践中持续解决"怎样办教育"的问题

解决了"为什么办教育""办什么样的教育"等问题，接下来面临的就是"如何办教育"的问题。

一　确立社会主义办学方向

在黄河科技学院创建之初，胡大白就明确提出，要建设有中国特色的社会主义民办大学，必须坚持中国共产党的领导。在黄河科技学院的发展历程中，学校一直坚持育人为本，德育为先，把加强党建工作作为办学、兴校、育人的根本保证，形成了"以党建为核心，全面加强思想政治工作"的思政工作模式，其具体内容是"一个核心、两个抓手"。"一个核心"就是以党建为核心，充分发挥党委的政治核心作用、党支部的战斗堡垒作用和党员的先锋模范作用，实现全员、全方位、全过程育人；"两个抓手"是指业余党校和校卫队。业余党校是教育培养入党积极分子和党员的主阵地。每年新生接受入学教育后，都有90%以上的学生向党组织递交入党申请书，此后业余党校对入党积极分子、党员发展对象和新党员分期分批进行初、中、高三级培训。校卫队是党委领导下的由入党积极分子、新党员组成的学生自律组织，校卫队一方面接受思想教育，另一方面以实际行动接受组织的培养考察。校卫队在教学科研、安全稳定、学风建设和校园文化建设等方面发挥了重要作用，是培养入党积极分子和学生党员的有效载体。学校还积极开展学习型党组织建设，开展创先争优活动，使党的路线、方针、政策在学校工作中得到很好的落实，保证学校各项工作不偏离方向，很好地解决了"为谁培养人"的问题。

二　人才培养模式创新

一是在人才培养理念上，引导全员特别是教师和教学管理人员深入理解"本科学历教育"与"职业技能教育"的内涵。学校强调"本科学历教育"就是注重学历教育过程，使学生感受大学魅力，得到大学精神和大学文化的滋养；坚持本科学业标准，使学生有较扎实的理论基础，有终身学习能力、创新创业能力，有潜能，有后劲。注重"职业技能教育"就是使学生掌握系统的专业实践方法和技术技能。二者有机统一，相辅相成，通过合理的课程体系、适应性的课程、高效的教学方法、科学的管理制度和评价方式来实现培养目标。

二是在课程体系和教学模式改革上，突出实践导向、能力导向，坚持综合素质教育和实践能力培养相统一。通过能力结构倒逼分析，构建了"普通教育、学科核心、专业核心和创新性选修"四大课程平台，以及与此相贯通的实践教学体系；与企业共同开发以"实务、案例、问题、标准、流程"为主的实践性课程；注重教学内容与职业资格标准的对接。建立了新生研讨课、经典阅读课等多元化课程类型，以"五个一"工程为抓手，提升学生的综合素质和实践能力。

三是在校企合作上，坚持"平等互利、开放互融、多元共建"的立体化合作模式。学校与华为合作共建华为信息与网络技术学院；与惠普合作共建创新实习基地；与宇通集团、凤凰光伏、黎明工业等企业合作，形成了共建订单班、共建实训基地、共建工程技术研究中心、共建实体公司、共育人才队伍、共同开展科研和社会服务等多种合作模式，逐步探索出新形势下地方应用型高等学校人才培养的科学道路。

四是在质量评价体系建设上，注重完善教育质量标准，探索教育质量"第三方评价机制"。学校协同企业、行业，完善了各教学环节的质量标准；在课程大纲和教材建设上，坚持以企业、行业、职业标准为导向。建立国家职业技能鉴定站，引入兄弟院校、企业、行业组织等第三方力量，评价教育质量，实现了评价主体、评价方式多元化。

五是在科学研究上，坚持应用导向，坚持科研服务于教学，科研服务于人才培养；坚持面向地方产业转型升级和企业发展需要，开展产学研合作。学校重视教育研究，将教改课题、成果与科研课题、成果同等对待；重视将科研成果转化为教学内容。学校建立河南省纳米复合材料与应用重点实验室、创新创业研究院、中华传统文化研究中心、中国民办教育博物馆、势科学与信息动力学研究中心、中华文化传承发展研究院等教育教学研究机构，建有河南省院士工作站、河南省博士后研发基地、河南省工程技术研究中心等科研创新平台，为学校科学发展提供智库支持。

六是在创新创业教育上，搭建多元、多层次、个性化的创新创业服务平台，激发学生创业热情，服务学生创新创业。学校建立了大学生创业孵化园，孵化创业实践项目，支持专利成果转化；开办"黄河讲坛"、创业讲堂、校友讲堂和人文素质讲座。支持学科竞赛和科技创新，鼓励学生创新创业。

七是在国际交流合作上，以学习借鉴先进教育理念和办学模式为主旨，大力引进优质教育资源，注重传播中华优秀文化。

三　办有生命有活力的教育

黄河科技学院创办之初，为了迅速走上正轨，也参照公办学校的模式，很快建立了各级管理网络，行政部门、教学部门、学生管理部门、后勤服务部门、科研部门等都建立起来了。这样的纵横管理网络，条块交叉，职责分明，在一定时期内发挥了重要作用。

一种成熟的管理体制，可以使组织进入程序化运行的轨道，形成层级的、按部就班的管理模式，从而使系统保持平稳发展。但是这种管理模式一旦固化，就会出现层层梗阻、人浮于事、推诿扯皮、摩擦内斗等问题，严重增加管理成本，导致该作为时不作为，不该作为时乱作为，使得单位发展停滞甚至倒退。

民办学校虽然没有政府拨款，没有事业编制，但是其社会职能没有变。如果不及时对层级管理模式进行改革，学校管理势必将僵化，出现以下问题。

第一，双线管理，教育教学容易脱节。作为学校工作最重要的两个环节，教育和教学应该是相互联系、相互渗透、相辅相成、密不可分的统一整体，应作为一条主线贯穿始终。双线管理模式在操作过程中容易各行其是，协调困难，会给教育教学带来负面影响。

第二，管理层次多，战线拉得长。按传统的管理模式运作，教学工作安排要经过以下程序：党委和董事会确定大政方针后，校长与主管副校长应该拿出工作计划传达给教务主任，教务主任召开教研组长会转达布置，再由教研组长通知到备课组及全体教师。来自教学一线的信息反馈也要经过相同的路线向上传递。由于层次多，战线长，双向信息在传递过程中易变形或流失，影响决策和管理效能，降低学校的办学效率。学生工作亦如此。

第三，在这种教学管理体制中，年级组和教研组不是相对独立的教学管理的基层行政组织，各种权力均集中在职能处室。职能处室对年级组和教研组干预过多，年级组和教研组缺乏必要的自主权，工作效率低下。

第四，领导管理重心偏高，对下情知之较少，容易造成管理脱离实际，决策缺乏科学依据的问题，从而造成工作失误。在上万人规模的学校中，教务处要管理几千名教师，学生处要面对全校几万名学生，在通常情况下，职能部门很难驾驭如此大的管理跨度，无形中造成工作粗放的现象，降低教学管理的效益和效率。

第五，尽管学校将教学工作放在重中之重的地位，但是行政后勤部门依然会偏离这个方向。一旦教学保障部门和教学一线脱节，就会对教育教学工作造成损失。

第六，各职能处室之间缺乏平行沟通，一旦出现处室利益冲突和沟通障碍，便会造成学校管理的不协调。而管理环节多，协调难度大，校长和职能部门主管很容易陷入繁杂的事务中，整天忙碌却偏离教育教学主题。久而久之，必然形成中层棚架。

尽管胡大白有着过人的智慧和能力，用科学的管理方法使学校走上了健康发展的轨道，但是体制机制固化带来的弊端也不时出现。为了时刻保持发展的活力，改革就一直伴随着黄河科技学院的发展。

胡大白认为，民办高校的改革，既要遵循一般改革的基本原则、高等教育发展规律、高校办学与人才培养的基本规律，又要能够顺应学校转型发展的大势，支撑和保障学校发展战略目标与主要任务的完成。从高校自身来说，应当聚焦和体现在应用型创新人才培养的体制机制改革与创新上、实施产学研合作的新教育模式上、开展应用型科研与提升服务能力上、有利于建设双师双能型师资队伍的导向上。

在2019年的改革实践中，学校选定商学院作为试点。改革方案系统梳理了存在的问题，提出"系统性、整体性、重构性"的原则和构建"纵向层次少、横向幅度宽、大行政、大教务、大科研"的管理格局。撤销5系的建制，15个教研室合并为5个科教中心，成立党政学工、教学科研两个办公室。明确了部、中心的职责和领导干部配备数量，副科以上岗位由40个减少为22个。制定了实施步骤，提出了一系列保障措施。制定方案的过程既是集思广益的过程，又是凝聚人心、统一思想的过程。

在胡大白的引领、关注和指导下，商学院的改革达到了预期目的。从而推动了全校体制机制的改革，整体上实现了"扁平化"管理体制，提升了工作效能，保持了发展活力。

"面对新的形势，民办教育与其被动适应，不如主动融入，尽快实现自身素质的提升。确定现代教育理念，将自身融入全省、全国、全球教育发展的大格局中，立意高远，胸襟开阔，为天下办教育。完善内部管理体制，根据人才培养需要建立科学、高效的管理服务机构，办出自己的特色，避免同质化。以制度规范管理人员，增强服务意识，摒弃官僚作风，努力抑制行政化倾向，保持民办教育的活力和优势。多方筹措办学经费，节俭使用，将钱花在最应该花的地方，使师生受益、学校受益、社会受益。依法保障教师的合法权益，制定优惠政策，引进优秀人才，提供不断学习的机会，促进教师专业发展，保障教师工资待遇，鼓励教师参与学校管理，逐步建立起结构合理、精干高效的梯次教师队伍。保障受教育者的合法权益，使学生在民办学校能享受到超值的优质教育服务。建立科学的教育教学评价机制，改以往的终结性评价为真实性评价，使评价结果能更加真实地反映教师的教学和学生的学习结果。规范办学行为，自觉接受政府的督导、评估，接受学生、家长和社会的监督，克服自身的缺陷，不断完善，不断提高。"[1]

第五节　为中国民办教育的发展提供了可资借鉴的经验

一　建立了有中国特色的现代大学制度

中国当代的民办教育，经过《宪法》（1982 年版）颁布以来 40 多年的发展，已经具备了一定的规模，成为中国教育事业的重要组成部分。随着经济社会发展对教育要求的不断提高，人民群众对优质教育的呼声也越来越强烈，国家对民办教育的规范力度也越来越大。在多年的办学过程中，民办高校为中国高等教育的普及化贡献了力量，但是也出现了一些发展中的问题。如果民办高校不能从制度上规范办学行为，实现章程自治，提供优质教育，将会背离教育初心，无法承担自己的社会

---

[1]　胡大白：《河南民办教育研究报告》，载《2017 年河南社会形势分析与预测》，社会科学文献出版社，2017，第 128 页。

职能。胡大白在学校初具规模后就认识到了这个问题，加大力度进行当代民办大学制度建设，以大学章程为主轴，首先从宏观上研究民办高校现代大学制度建设的理念和价值；继而对民办高校的董事会、党组织、行政管理、学术管理、民主管理的运行进行了系统研究，并在黄河科技学院的办学实践中进行检验。在初步建立了实体制度后又回到理论层面进行研究分析，之后再到实践中运行检验。在"实践—认识—再实践—再认识"的不断循环上升的过程中，黄河科技学院成功建立了党建工作制度、董事会制度、行政管理制度、学术管理制度和民主管理制度等现代大学制度，形成了一套以董事会领导下的校长负责制为主体、党委把握政治方向、学术委员会统领学术事务、职工代表大会参与民主管理的治理结构。

在不断探索中，胡大白逐步形成了成熟的现代大学管理理念。2017年5月，社会科学文献出版社出版了胡大白的著作《民办高校现代大学制度建设》。

二 构建了"本科学历教育与职业技能教育相结合"的育人模式

胡大白认为地方本科高校，特别是民办高校不能复制国外研究型大学的模式，也不能照搬中国普通本科高校的做法。她主张现时的民办高校要结合中国国情，根据社会需要培养人才。

> 民办普通本科高校在坚持社会主义办学思想的前提下，还是要向应用型本科转型。这样的转型不能一哄而起，单凭跟风拍脑袋实现。要认真研究国际国内教育发展的大势，结合自身实际科学定位。规模扩张的热度要下来，有条件的学校可以早日制定百年学校的发展规划，将基础打牢。在实现应用型创新人才的培养过程中，借鉴、消化、吸收发达国家民办学校发展的成功经验，行稳致远，稳健发展。[1]

---

[1] 胡大白：《河南民办教育改革与发展报告》，载《2020年河南社会形势分析与预测》，社会科学文献出版社，2020，第192页。

　　1994 年，学校被批准实施高等专科学历教育后，胡大白适时提出了"面向地方，面向生产、建设、管理和服务一线，培养理论够用、专业技能强的应用型高级专门人才"的人才培养目标。学校面向地方，面向基层，为区域经济社会发展服务，根据社会需求开设专业，根据社会需要来进行课程的设计，同时注重理论和实践结合，职业性非常明显。

　　这是一所全新的大学。"办什么样的大学"是黄科院人面临的第一个既遥远又现实的问题。当然，在当时的高等教育精英化的氛围里，"高大上""象牙塔"的观念有着广泛的市场。胡大白当然想把黄河科技学院办成北京大学那样的学府。但是她客观地提出了"调整结构，夯实基础，深化改革，提高质量，尽快建成合格本科学校"的办学思路。尽管如此，开展本科教育初期，学校还是以老牌公办高校为榜样，仿效它们的培养理念和培养模式，使用它们的课程体系、教学计划和教材。但很快胡大白发现学校的学生、教师都很不适应，教师难教，学生难学，考试"一片红"。再加上编制、经费、职称评聘等方面的不同，照搬和效仿公办高校人才培养模式的道路行不通。

　　胡大白认真分析了普通高校单一培养模式与人才需求多样化的不协调问题，分析了民办高校在办学实力上与公办高校的差异问题，确定了"面向产业、服务地方、创新模式、校企合作"的发展思路。她指导学校工学院、艺术设计学院等单位在实践中尝试开展了校企合作，实施注重学历与技能的育人模式，收到了良好的效果。这为学校人才培养模式改革提供了启示。通过对学校定位、本科学业标准和生源情况进行综合分析，2003 年胡大白正式提出构建"本科学历教育与职业技能教育相结合"的育人模式。2006 年人才培养模式改革项目被批准为中国高教学会"十一五"规划重点课题。同年，学校提出战略重点转移，走内涵发展之路，加快了本科评建步伐，大量引进高层次人才，购置仪器设备，创新人才培养模式。2008 年，"本科学历教育与职业技能教育相结合"的育人模式，作为学校特色之一得到了教育部高校本科教学工作水平评估专家组的充分肯定和赞扬。2013 年，学校人才培养模式改革成果获河南省高等教育教学成果奖特等奖，2014年获国家级教学成果二等奖。

2013年1月，学校获批教育部"应用科技大学改革试点战略研究单位"，以此为契机，加快了应用科技大学建设步伐，在办学模式、高素质技术人才培养、应用性科研、社会服务、国际合作各个方面取得了更新更大的成果。

三 改革创新推动学校发展

胡大白强调，学校发展要平稳，改革创新要靠前。平稳发展，是教育的性质决定的。教育是一个周期比较长的事业，不能一哄而起，一蹴而就。胡大白不盲目融资，不办分校，不急功近利，靠着政策支持，不断提升质量，实现滚动发展。但是平稳发展不等于固步自封，裹足不前，而是要在稳定的基础上不断改革，解决自身可能出现的信息不畅、效率不高、精神不振、思路不新等问题。从办校开始，黄河科技学院的改革创新就一直在路上。

早在1993年春，胡大白就主持制定了《黄河科技大学综合改革方案》。同年5月25日，河南省教委专发《关于郑州黄河科技大学综合改革方案的批复》文件，批准其为"河南省社会力量办学改革试点单位"。

黄河科技学院的治理结构，除参考企业法人治理结构所要求的独立完整的产权制度、民主科学的决策制度、专业高效的执行制度和灵敏有力的监督制度以外，还坚持教育公益性和市场性相统一的原则，处理好教育活动的公益性与经营管理的市场性之间的矛盾，做到两者的协调与平衡。灵敏的市场应对机制、打破"铁饭碗"的用人机制、废除"大锅饭"的分配机制、精简机构和人员的成本机制，正是黄河科技学院核心竞争力形成的关键。

2019年2月，黄河科技学院成立了以董事长胡大白、校长杨雪梅、党委书记贾正国为组长的管理体制机制改革小组。探索并实施教学单位学部制改革，整合信息工程学院、机械工程学院等5个工科学院成立"工学部"，整合艺术设计学院、音乐学院等4个学院成立"艺术与体育学部"。2021年9月，成立行政工作部，持续推进行政大部制改革，制定配套规章。2023年2月，成立学校综合改革工作领导小组，下设办公室，全面推进学校体制机制改革工作。在原学生处、就业办公室、心理健康教育中心、学生资助管理中心、学生职业发展中心等部门基础上成立黄河科技学院学生中心；在原教务科研处、教学质量监控与评估中心、对外合作办公室、学科建设办公室等部门基础上成立黄河科技学院教育教学中心、黄河科技学院科技发展部；在原人力资源部、人才办公室、绩效领导小组办公室、教师发展中心等部门基础上成立黄河科技学院教师中心。

胡大白重视教学管理服务系统的改革，她认为，教学管理服务系统直接面对师生，是实现人才培养目标的重要部门，必须使之适应师生成长、学校发展的需要。建立学部制可以打破现有的学科组织结构，推动建立一切资源向教育教学倾斜的一系列制度，推动搭建服务于教育教学的机构平台，从而实现院系内部治理体系的优化。

对于学校的改革进程，胡大白一直十分关心，她认为，只有遵循规律、顺应发展需要，不断调整校内外各种关系，实现不断改革，才是学校发展的永恒动力。在学校改革进程中，胡大白不仅从战略上进行科学设计，还到一线指导具体工作。

2023年暑假期间，胡大白深入各个机构开展调查研究。在调研中，她对工学部中长期高质量发展提出明确要求。

一是以创新体制机制改革为动力，加快推动学部高质量发展步伐。工学部是学校创新推进"以部办校"大部制改革的先头兵，发展中一定会遇到新问题。要坚持问题导向，实事求是把问题摆出来，解放思想，大胆改革，聚众智慧，不等不靠，拿出"以部办校"的"亮剑"精神，着力在体制机制创新上下功夫，用创新发展观点破解发展中的问题，用体制机制创新促进学部事业高质量发展。

二是以党的二十大精神为指导，重塑黄科院精神理念。党的二十大报告指出，高校的根本任务就是立德树人。黄河科技学院早在建校之初提出的办学宗旨就是"为国分忧，为民解愁，为社会主义现代化建设服务"，这和党的创新理论是一脉相承的。我们学校的发展历史也证明，30 元人民币能够成功办成一所万人大学，这正是我们学校"开拓、拼搏、实干、奉献"的精神和"敢为天下先"的体现。我们提出了"办一所对学生最负责任的大学"的办学愿景，怎么样才能算负责呢？对学生负责，也要对教师负责，大学之大不在于大楼，而在于大师。办学近四十年的经验告诉我们，只有让学生满意了，家长才能满意；只有让教师满意了，教学质量才能提高。为此，我们一定要全面重塑师生的黄科院精神理念，让每一名师生都有主人翁责任感，心往一处想，劲往一处使，做到师生同育、同学同发展，共长共享共赢。

三是加强数字化建设，用数字化技术实现高质量发展。我们必须清醒地认识到，在未来的高等教育事业发展中，谁先拥有了系统、完整、全面的高科技数字化应用能力，谁就会抢先占有高等教育高质量发展的制高地。有了现代化的数字技术，可以大大提高我们教育教学改革高质量发展的实效，希望工学部在这方面大胆创新，整合资源，勇敢创试，敢立潮头。

在办学过程中，胡大白不拘泥于固有的思维模式，时时提出自己的主张。2016~2017 学年，河南民办教育机构已经达到 1.77 万所，在校生 566.27 万人，占到全省在校生总数的 21.77%。在不少学校铆足了劲扩大招生规模的潮流中，她敏锐地提出了"在发展中转型"的理念，提醒民办学校要认真研究新情况，解决新问题，以新的思维调整办学作为，并具体提出从六个方面实现转变。

1. 思维方式：由"战术谋划"向"战略思维"转变

30 多年的艰难发展，河南的民办教育克服了一个又一个困难，形成了今天的局面。在创业发展中，人才、资金、场地、设备、政策等问题都是需要一点点解决的。面对这些具体问题，要提出一个又一个方案，只有解决一个又一个问题，才能一步一步向前走。有远见的民办教育家，从一开始就站在发展的高度，发展初期的布局谋篇就为日后的"鸿篇巨制"奠定了基础。对党的教育事业的忠诚，对学生成长的责任，对学校发展的远见加上不懈的努力，使这些学校一天天发展壮大起来。面对新常态，民办教育更需要"战略思维"，明确发展方向，瞄准发展目标，构建发展框架，凝聚特色文化，形成发展合力。

2. 办学理念：从注重经济效益向注重社会效益转变

开办学校需要资金，学校发展需要资金，毫无疑问，经费是教育发展的重要保障，对民办教育而言尤其重要。作为社会事业，民办教育从一开始就必须注重社会效益。当规模壮大到一定程度，学校具备了一定的办学实力后，就更加应该注重社会主义教育的公益性原则，为人民办教育，为国家办教育，办好教育，办优质教育。

3. 发展方式：由规模扩张向内涵提升转变

十年间，河南的民办教育实现了规模的增长。但总的看来，这种增长主要是粗放型的外延式增长，这种增长方式在一定时期会使学校实现低水平的运营，要想升级发展，必须转向内涵式发展模式。要处理好规模、质量、结构和效益的关系，把关键点、兴奋点和工作重点聚集到提升人才培养质量上来。

4. 内部管理：由管理型向服务型转变

民办学校发展到一定规模，就会形成相对稳定的管理结构，这种结构运行久了而不改革，就有可能僵化，滋生权力意识，淡漠服务观念。如同一些公办学校那样形成行政化痼疾。民办学校内设机构必须不断地强化服务意识，为师生服务，为人才培养服务。不要当了科长、处长、主任就张扬权力。除了及时根据发展需要，调整内设机构及其职能外，还要加强对相关岗位人员的服务情况考查考核，形成良好的服务生态。

5. 治理结构：由单一型向法人共同治理转变

在长期的发展过程中，民办学校形成的管理模式发挥了高效、集中、减少扯皮摩擦、降低办学成本等作用，实现了学校的快速发展。随着学校规模的扩大、层级的升高，这种管理模式也面临升级。一是要加强学校章程建设，二是要优化法人内部治理结构，三是要深化改革。建立适应时代发展要求的现代学校制度，从而增强民办学校的核心竞争力。

6. 人才培养：由同质化向特色化转变

民办教育的优势，在于自己办学的灵活性和人才培养的特色化。但是长期以来，由于各种因素的制约，民办学校越来越趋同于公办学校，在浪费师资、设备、仪器等资源的同时，削弱了民办教育发展的动力，影响了民办教育的社会形象，更重要的是满足不了社会多层次、多样化的人才需求，制约了民办教育的健康发展。适应新常态，民办学校的人才培养模式必须向特色化转变，民办高校要更加注重应用型创新人才的培养。根据河南经济社会发展对人才的需求，优化人才培养模式，培养出符合人的发展需求的、经济社会急需的、具有鲜明特色的应用创新型人才。[1]

---

[1] 胡大白主编《河南民办教育发展报告（2017）》，社会科学文献出版社，2017，第94~95页。

参考文献

田景正、刘黎明：《中外教育名家思想》，华东师范大学出版社，2016。

胡大白：《民办高校法人治理结构初探》，《黄河科技大学学报》2015 年第 4 期。

董圣足等：《从有益补充到共同发展——民办教育改革发展之路》，华东师范大学出版社，2018。

胡大白等：《民办高校现代大学制度建设》，社会科学文献出版社，2017。

胡大白：《民办本科高校培养目标定位与育人模式改革的研究与实践》，《黄河科技大学学报》2009 年第 6 期。

何成辉、苏群：《应用型本科院校学生能力培养途径的探讨》，《中国高教研究》2002 年第 3 期。

陶岩平：《论应用型本科教育的性质与特征》，《常州师范专科学校学报》2004 年第 1 期。

樊继轩：《论"本科学历教育与职业技能教育相结合"——对民办本科高校应用型人才培养模式的探讨》，《黄河科技大学学报》2008 年第 6 期。

樊继轩：《对"本科学历教育+职业技能培养"课程体系的探索》，《黑龙江教育》（高教研究与评估）2010 年第 5 期。

陶西平、王佐书主编《中国民办教育》，教育科学出版社，2010。

钱穆：《新亚遗铎（新校本）》，九州出版社，2011。

王诺斯：《营利性与非营利性民办高校分类管理研究》，博士学位论文，大连理工大学，2017。

贺春兰：《接班人选择的背后思考——对话黄河科技学院创始人胡大白》，《人民政协报》2013年9月18日。

常义斌：《大白的大学》，河南文艺出版社，2014。

胡大白、樊继轩著《民办高校内涵式发展战略研究》，河南人民出版社，2013。

胡大白主编《河南民办教育发展报告（2017）》，社会科学文献出版社，2017。

樊继轩：《中国民办教育通史（古代卷）》，社会科学文献出版社，2019。

杨雪梅：《中国民办教育通史（近代卷）》，社会科学文献出版社，2019。

史仲文、胡晓林：《中国全史（教育卷）：秦汉分卷》，中国书籍出版社，2011。

牛苏林主编《2017年河南社会形势分析与预测》，社会科学文献出版社，2017。

王承哲、牛苏林主编《2020年河南社会形势分析与预测》，社会科学文献出版社，2020。

〔英〕托马斯·克伦普：《数字人类学》，郑元者译，中央编译出版社，2007。

〔捷〕夸美纽斯：《大教学论》，傅任敢译，教育科学出版社，1999。

后 记

在中国，参与教育的人、管理教育的人和关心教育的人，特别是与民办高等教育有关的人，对胡大白这个名字都不陌生，虽然很多人没有见过她。

我在公办高校工作时，多多少少对民办教育有一些不公允的看法，觉得民办学校"不正宗"，认为民办学校办学主要是为了经济效益。后来通过一步步地了解黄河科技学院等民办高校，我的认识发生了改变，我逐渐开始思考：为什么这些学校会取得这样的成就？

退休后，我参与了河南民办教育研究院的一些研究项目。胡大白担任河南民办教育研究院院长，在她的带领下，《河南民办教育蓝皮书》《中国民办教育通史》《当代河南教育发展报告》《中国当代教育名家》等著作得以顺利出版。其中三卷本145万字的《中国民办教育通史》填补了中国民办教育古今发展历史研究的空白，在业界引起重大反响。《河南民办教育蓝皮书》由社会科学文献出版社出版，到2023年已经连续出版了7部，是迄今为止第一部也是唯一一部省级民办教育蓝皮书。《当代河南教育发展报告》以六卷本203.6万字的篇幅从教育整体、高等教育、职业教育、民办教育、基础教育、学前教育等方面全景式地展示了新中国成立以来河南教育70年的发展历程和成就。

因为胡大白的突出贡献和感人事迹，关于她的新闻报道和文学作品很多，但是关于她教育实践、教育理论创新的研究却很少。我觉得这类研究应该成为当代中国民办教育发展的一笔宝贵财富，通过梳理提炼，形成可以推广的经验。

2019年初，我在西安、贵阳、井冈山参加会议期间，不少与会的民办教育人谈起胡大白的教育实践和教育创新对当代中国民办教育，特别是民办高等教育发展的贡献，并就许多问题和我交谈，我萌生了对胡大白教育实践活动进行理论探讨的念头。2019年11月初，我和河南民办教育研究院的几位同事到华中科技大学研修，在这期间拜访了华中科技大学原党委副书记、学术委员会副主任、《高等教育研究》主编、中国高等教育学会院校研究分会会长刘献君教授，长江学者、华中科技大学教育科学研究院原院长、我的导师张应强教授，时任华中科技大学教育科学研究院院长、中国高等教育学会理事、中国高等教育学会高等教育学专业委员会秘书长兼常务理事的陈廷柱教授等。通过访谈和研修，我对研究胡大白教育实践和教育创新的思考有了初步的方向。

我很清楚，虽然自己和胡大白相识，但是并没有真正理解胡大白的境界、胸怀、站位和抱负，我的研究能力和研究水平都难以胜任研究工作。但是那种强烈的"时不我待"的责任感一直在催促和鞭策着我。我在纠结中一边学习，一边研究。

2020年本书初稿形成。但是由于多年来反映胡大白事迹的文章、报道和图书太多，我始终克服不了内容雷同的问题，无法实现理论创新。我把初稿分别发给有关专家，请他们给建议、提意见，很多专家很客气，委婉地表示了"不错"，但也有熟悉和了解胡大白的专家不客气地指出，书稿没有价值。

我只能再从头做起，这个时候，是2023年的11月下旬，离出版社给的交稿期限还有一个多月的时间。我把文档名称定为"20231121"，开始匆匆赶稿。

放下原稿重新做起，我的注意力不能集中。这个时候，一些教育专家和民办教育领域的前辈给我提了不少积极的建议。原陕西省教育厅副巡视员、中国民办教育协会高等教育专业委员会原常务副理事长李维民发消息给我：这个研究很有必要，恰逢其时。在研究中，鉴于胡大姐在全国民办教育界的特殊地位和影响力，务必将胡大姐、黄河科技学院这个"点"，嵌入河南省民办教育发展这条波涛汹涌的"线"中，同时要展示在全国民办教育这一波澜壮阔大背景的"面"上，以点带线，以线布面，构建一座立体的、高高耸起的民办教育的大厦。我在华中科技大学攻读高等教育学硕士学位时的导师之一、时任华中科技大学教育研究院副院长、现任厦门大学教育研究院院长的别敦荣教授建议我采取半结构访谈方式收集资料。苏州大学教育学院教授、博士生导师，苏州大学民办教育研究中心主任王一涛建议我开辟新的写作领域。山西省民办教育协会原秘书长张忠泽建议认真学习研究胡大白不同时期的论述和指导思想，把握她的教育信仰、办学理念、治校方略和不断升华的目标追求，以及她的大国情怀和前瞻性思考。要以负责任的态度，沉下心来，对社会负责，对历史负责，书写一位当代真实的教育家的教育实践创新历史。

这些建议和鼓励，使我从无所适从的状态中走出来，也启发我换角度进行思考。别敦荣老师的"半结构访谈方式"，王一涛主任的"开辟新的写作领域"，引导我重新考虑结构和思路。我梳理了自己的优势：多年前通过媒体和图书，对胡大白有了初步了解；参加民办高校年检时和胡大白进行过简单交流；七年来在胡大白指导下参与民办教育研究；四年多来我们不断积累资料，整体认知水平不断提升。最重要的是，七年来，我和胡大白董事长有超过 200 次的非正式谈话，这是我独有的、最珍贵的资料。我们的谈话，都是由一件事情说开，围绕工作展开自然自如、不加修饰的漫谈。有时候是在董事长办公室；有时候是在她家简洁朴素的小客厅；有时候是在会议的间隙；有时候是在和她一起出差或外出开会的途中；有时候是在微信语音里。胡大白的办公室不大，有一张办公桌，一组老旧沙发和几把座椅，还有一排靠墙的书架和摆在上面的书。我去见她，她总是从办公桌旁起身，邀我坐下，然后提起暖水瓶给我倒水。董事长的办公室没有先进的热水器，用的依然是暖水瓶。董事长至今仍住在黄河科技学院附属中学院内的老旧的一套三室一厅的房子里，这套房子客厅面积估计不到 20 平方米，我去了，她烧水泡茶，我们说话。董事长坐的车，还是多年前的普通奥迪，已经 12 年了，跑了 38 万多公里。这个车不是她的专车，工作人员出差开会往返高铁站、飞机场，都会用这辆车。我和她的谈话并不像老板和雇员的谈话。我感觉，胡大白有时候像自己的党小组组长，像自己的大学辅导员，像自己的人生导师，更多的时候，像比自己大了十多岁的亲大姐，是自己可以交心的同事朋友。这是真话，是实在话，不是虚话假话客套话。

我简单梳理了这些资料，从一个侧面了解了胡大白。

在这期间，我到学校档案馆查找第一手资料，找黄河科技学院的师生员工座谈，阅读胡大白董事长出版的著作和发表的文章，向国内民办教育的参与者、研究人员征求意见，很受启发。我基本上每天凌晨四点起床开始赶稿。有时候思路泉涌，会彻夜不眠。一个多月的时间，总算写出了这部书稿。

基于自己对胡大白董事长的感性认识和所获得的资料，我用非传统的研究报告的形式对胡大白的教育实践创新进行了初步的、浅层次的研究，虽然笨拙，但是也做起来了。用非传统的研究报告的形式，是为了和先前写胡大白的图书、文章有所区别，也是为了弥补我研究水平、研究能力的不足。

研究过程中，中国民办教育协会高等教育专业委员会原常务副理事长李维民对本书结构和内在逻辑关系提出了重要修改意见；苏州大学民办教育研究中心王一涛主任就本书内容提出了许多修改建议；扬州大学教育科学学院讲师、江苏省民办教育研究中心研究员、教育学博士侯综从理论研究上给予了具体指导；河南省民办教育协会秘书长汤保梅提供了必要的帮助；不少专家和朋友从多方面表示了关心。河南民办教育研究院研究员樊继轩、王道勋、贾全明做了大量的工作，付出了辛勤的劳动；黄河科技学院教育教学中心副主任李海霞多次对书稿提出重要修改意见，并协同教育教学中心实践教学科副科长梁坤伦、科技发展部副主任张晓兵、教师中心副主任杨莉、教育教学中心教研科科长桑亚辉、创新创业学院副院长张红玉、教育教学中心主任科员苏艳红、教育教学中心干事杜月秀等学校中层干部和一线教职工提供了最新的学校教育教学改革资料；黄河科技学院副校长罗煜和于向东、校纪委书记王威、党委办公室主任成迎富、教师中心常务副主任李国柱、学生中心常务副主任陆竹棠、财务处处长于广超、商学部分党委书记郑月、职业技术学院院长李萍、附属中学校长程晓林、图书馆馆长兼中国民办教育博物馆馆长丁富云、档案馆副馆长韩捷、纪委综合室主任张光辉、监督室主任马新平、学生中心副主任王国彬、校长办公室法制科科长张晓红、图书馆副馆长唐玲、艺术与体育学部传媒艺术中心教师兼学部宣传干事潘丽娜等提供了及时必要的帮助。河南民办教育研究院研究助理董亚琦积极收集整理资料并阅读了初稿。可以说，这本书是集体劳动的成果。

在当代中国民办教育发展过程中，胡大白具有传奇色彩和科学精神的教育实践和教育创新是一个巨大的宝库，期待更多的专家学者和研究人员来发掘、推广和传承，期待更多的民办教育人从中汲取经验。本书仅仅是进行了尝试，可能会有不当之处，期待方家指正。

王建庄

2024 年 1 月

图书在版编目（CIP）数据

不忘初心得始终：胡大白教育实践创新研究／王建
庄著. -- 北京：社会科学文献出版社，2024.5
　（中国民办教育研究丛书）
　ISBN 978-7-5228-3365-1

　Ⅰ.①不…　Ⅱ.①王…　Ⅲ.①胡大白-教育思想-研
究　Ⅳ.①G40-092.7

　中国国家版本馆 CIP 数据核字（2024）第 047132 号

·中国民办教育研究丛书·

不忘初心得始终
　　——胡大白教育实践创新研究

著　　者／王建庄

出　版　人／冀祥德
组稿编辑／任文武
责任编辑／张丽丽
文稿编辑／郭文慧
责任印制／王京美

出　　　版／社会科学文献出版社·生态文明分社（010）59367143
　　　　　　地址：北京市北三环中路甲29号院华龙大厦　邮编：100029
　　　　　　网址：www.ssap.com.cn
发　　　行／社会科学文献出版社（010）59367028
印　　　装／三河市东方印刷有限公司

规　　　格／开　本：787mm×1092mm　1/16
　　　　　　印　张：19.25　字　数：285千字
版　　　次／2024年5月第1版　2024年5月第1次印刷
书　　　号／ISBN 978-7-5228-3365-1
定　　　价／98.00元

读者服务电话：4008918866